NCS

합격의 공식 시대에듀

자료해석 연습노트

200 제

Always **with you**

머리말

공사·공단 취업을 준비하는 수험생들은 NCS(국가직무능력표준)를 기반으로 실시하는 필기시험에 대비해야 한다. NCS 10개 영역에서 자주 출제되는 핵심영역이 있고, 핵심영역 중에서도 수리능력은 대부분의 공사·공단에서 출제된다.

최근 NCS 수리능력으로 PSAT 자료해석 유형의 난도 있는 문제들을 출제하는 공사·공단이 늘어나고 있고, 문제를 푸는 데 많은 시간이 걸려 직업기초능력평가에서 시간이 부족한 경우가 발생하곤 한다. 많은 문제를 풀어보는 연습을 통해 신속하고 정확하게 자료를 해석하고 필요한 정보를 도출해낼 수 있어야 한다.

취업준비생의 고충을 헤아려 (주)시대고시기획에서는 NCS 도서시리즈 1위의 출간경험을 토대로 다음과 같은 특징을 가진 도서를 출간하였다.

도서의 특징

첫   째 직접 작성하는 학습플랜으로 효율적인 자기 주도 학습 가능!
200문제를 푸는 동안 상승하는 실력을 한눈에 확인할 수 있도록 학습플랜을 제시하고 스스로 작성하고 체크할 수 있도록 하였다.

둘   째 유형별 기출예상문제로 실력 상승!
NCS 자료해석 문제 유형을 담은 약점공략 기출예상문제로 필기시험에 완벽히 대비할 수 있도록 하였다.

셋   째 확인 체크표를 통한 반복 학습!
문제별 확인 체크를 통해 수험생 스스로 부족한 부분을 점검할 수 있도록 하였다.

끝으로 본 도서를 통해 공사·공단 채용을 준비하는 모든 수험생 여러분이 합격의 기쁨을 누리기를 진심으로 기원한다.

NCS직무능력연구소 씀

도서 구성

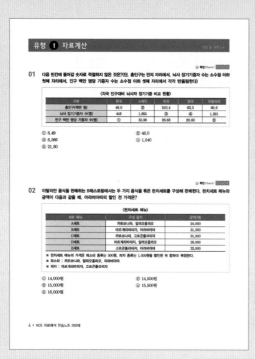

◀ 자료해석 유형별 연습

총 200문제를 푸는 과정을 통해서 짧은 시험 시간 안에 많은 문제를 정확히 푸는 연습을 할 수 있다.

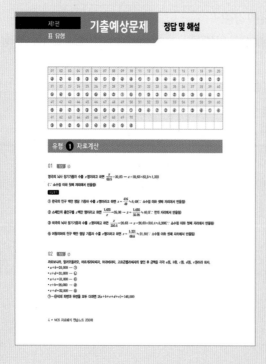

◀ 정답 및 해설

상세한 해설과 오답분석을 통해 혼자서도 분석학습이 가능하도록 하였다.

무료혜택 안내

── NCS 특강(기출풀이·영역별 전략) ──

❶ 시대플러스 홈페이지 접속
(www.sdedu.co.kr/plus)

❷ 홈페이지 상단 「이벤트」 클릭

❸ 「NCS 도서구매 특별혜택 이벤트」 클릭

❹ 쿠폰번호 확인 후 입력

── AI면접 ──

❶ 윈시대로(www.winsidaero.com) 접속

❷ 홈페이지 상단 「이벤트」 클릭

❸ 도서에 안내된 쿠폰번호 확인 후 입력

❹ 「마이페이지」에서 AI면접 실시

무료제공 쿠폰

AI면접 1회	OPE3-00000-D091D	NCS 통합 모의고사	BHS-00000-B97C7
NCS 특강(기출풀이 · 영역별 전략)	BEM-95697-13647	자료해석 30제 모의고사	VGG-00000-FB33E

주요 공기업 적중 예상문제

2020년 코레일 한국철도공사

포럼 유형 적중

05 다음 글의 내용과 일치하지 않는 것은?

최근 4차 산업혁명과 사물인터넷의 관심이 매우 증대하고 있다. 제4차 산업혁명은 디지털, 바이오, 물리학 등 다양한 경계를 융합한 기술혁명이 그 핵심이며 기술융합을 위하여 사물인터넷을 적극적으로 활용한다는 것이 주요내용이라 할 수 있다. 제4차 산업혁명은 2016년 초 세계경제포럼의 가장 중요한 회의인 다보스포럼의 주제로 '제4차 산업혁명의 이해'가 채택됨으로써 전 세계 많은 사람들의 주목을 받는 어젠다로 급부상하게 된다. 제4차 산업혁명을 촉발시키는 중요한 기술 중 하나는 사물인터넷이다.

미국의 정보기술 연구회사 가트너(Gartner)는 2011년 10대 전략기술 중 하나로 사물인터넷을 선정한 이후 사물인터넷과 그 확장개념들이라 할 수 있는 만물인터넷 및 만물정보 등을 현재까지 매년 10대 전략기술에 포함시키고 있을 정도로 사물인터넷은 정보통신기술 중 가장 중요한 기술로 자리잡았다.

사물인터넷을 활용하는 정보통신기술의 변화를 반영하는 스마트도시가 전 세계적으로 확산 중에 있다. 그 결과 2008년 선진국 중심으로 20여 개에 불과하던 스마트도시 관련 프로젝트는 최근 5년 사이 중국, 인도, 동남아시아, 남미, 중동 국가들을 포함하여 600여 개 이상의 도시에서 스마트도시 관련 프로젝트들이 추진 중에 있다.

우리나라는 한국형 스마트도시라고 할 수 있는 유비쿼터스도시(U-city) 프로젝트를 해외 도시들에 비하여 비교적 빠르게 추진하였다. 한국에서는 2003년부터 시민 삶의 질 향상 및 도시 경쟁력 제고를 목표로 신도시 개발과정에 직접 적용하는 U-city 프로젝트를 추진하였으며 해외 국가들에 비하여 빠른 정책적 지원 및 스마트도시 구축과 운영을 위한 재정투자 등을 통하여 실무적 경험이 상대적으로 우위에 있다.

하지만 최근 신도시형 스마트도시 구축 위주의 한국형 스마트도시 모델은 한계점을 노출하게 된다. 최근 국내 건설경기 침체, 수도권 제2기 신도시 건설의 만료 도래 등으로 U-city 투자가 위축되었으며 대기업의 U-city 참여 제한 등으로 신도시 중심의 U-city 사업 모델 성장 동력이 축소되는 과정을 최근까지 겪어왔다. 또한 U-city 사업이 지능화시설물 구축 혹은 통합운영센터의 건설로 표면화 되었지만 공공주도 및 공급자 중심의 스마트도시 시설투자는 정책 수혜자인 시민의 체감으로 이어지지 못하는 한계가 발생하게 된다.

※ 어젠다 : 모여서 서로 의논할 사항이나 주제

요일 구하기 유형 적중

 ☑ 오답 Check! ○ ×

06 다음 글을 근거로 판단할 때, B구역 청소를 하는 요일로 옳은 것은?

甲레스토랑은 매주 1회 휴업일(수요일)을 제외하고 매일 영업한다. 甲레스토랑의 청소시간은 영업일 저녁 9시부터 10시까지이다. 이 시간에 A구역, B구역, C구역 중 하나를 청소한다. 청소의 효율성을 위하여 청소를 한 구역은 바로 다음 영업일에는 하지 않는다. 각 구역은 매주 다음과 같이 청소한다.
- A구역 청소는 일주일에 1회 한다.
- B구역 청소는 일주일에 2회 하되, B구역 청소를 한 후 영업일과 휴업일을 가리지 않고 이틀간은 B구역 청소를 하지 않는다.
- C구역 청소는 일주일에 3회 하되, 그중 1회는 일요일에 한다.

① 월요일, 목요일
② 월요일, 금요일
③ 월요일, 토요일
④ 화요일, 금요일
⑤ 화요일, 토요일

TEST CHECK

2020년 LH 한국토지주택공사

신혼부부 전세임대 주제 적중

※ 다음은 한국토지주택공사의 신혼부부전세임대 분양에 대한 자료이다. 다음 자료를 읽고 이어지는 질문에 답하시오.
[52~53]

- 한국토지주택공사의 청약센터에서는 2차 신규 신혼부부전세임대사업 입주자 모집공고를 하였다. 신혼부부전세임대사업에 대한 설명은 다음과 같다.
- 신혼부부전세임대사업 : 도심 내 저소득계층 (예비)신혼부부가 현 생활권에서 안정적으로 거주할 수 있도록 기존주택을 전세계약 체결하여 저렴하게 재임대하는 임대사업
- 입주자격
  - 모집공고일(2020년 2월 14일) 기준 무주택세대구성원인 혼인 7년 이내의 신혼부부 또는 예비 신혼부부로 생계·의료급여 수급자 또는 해당 세대의 월평균소득이 전년도 도시근로자 가구당 월평균소득의 70% 이하인 사람
    ※ 소득·자산기준(영구임대주택 자산기준)을 충족하지 못하는 경우 입주대상에서 제외
  - 1순위 : 입주자 모집공고일 현재 혼인 7년 이내이고, 그 기간 내에 임신 중이거나 출산(입양 포함)하여 자녀가 있는 무주택세대구성원
  - 2순위 : 입주자 모집공고일 현재 혼인 7년 이내인 자 또는 예비신혼부부
  ※ 동일순위 경쟁 시 해당 세대의 월평균소득, 자녀의 수, 혼인기간, 입주대상자의 나이순으로 필요성이 인정되는 정도에 따라 입주자 선정
  - 임신의 경우 입주자 모집공고일 이후 임신진단서 등으로 확인
  - 출산의 경우 자녀의 기본증명서상 출생신고일, 입양의 경우 입양신고일 기준

임대료 구하기 문제 적중

57 다음은 5년 분양전환 임대주택에 적용되는 각 항목에 따른 공식을 나열한 자료이다. 주택에 대한 정보를 보고 분양전환 시 공급가격으로 옳은 것은?

〈분양전환 임대주택 항목별 공식〉

- (공급가격)=(건설원가와 감정평가금액을 산술평균한 금액)
- (건설원가)=(최초 입주자모집당시의 주택가격)+(자기자금이자)-(감가상각비)
- (감정평가금액 산정가격)=(분양전환당시의 건축비)+(입주자모집공고 당시의 택지비)+(택지비 이자)
- (택지비 이자)=(입주자모집공고 당시의 택지비)×[(이자율(연)]×(임대기간(월)]]
- (자기자금이자)=[(최초 입주자모집당시의 주택가격)-(국민주택기금융자금)-(임대보증금과 임대료의 상호전환전 임대보증금)]×[(이자율(연)]×(임대기간(월)]]

〈정보〉

- 최초 입주자모집당시의 주택가격 : 3억 원
- 감가상각비 : 5천만 원
- 국민주택기금융자금 : 1억 원
- 임대보증금과 임대료의 상호전환전 임대보증금 : 6천만 원
- 분양전환당시의 건축비 : 1억 5천만 원
- 입주자모집공고 당시의 택지비 : 1억 5천만 원
- 이자율 : 연 2%
- 임대기간 : 5년

① 412,000,000원
② 416,000,000원
③ 428,000,000원
④ 445,000,000원
⑤ 449,000,000원

이 책의 차례

Add+ 특별부록

기출복원문제

※ 정답 및 해설은 최신기출문제 바로 뒤 p.14에 있습니다.

※ 다음은 2020년도의 시·도별 질병 환자 현황을 조사한 자료이다. 자료를 보고 이어지는 질문에 답하시오. **[1~2]**

〈시·도별 질병 환자 현황〉

(단위 : 명)

구분	질병 환자 수	감기 환자 수	한 명당 가입한 의료보험의 수	발열 환자 수
전국	1,322,406	594,721	1.3	594,409
서울특별시	246,867	96,928	1.3	129,568
부산광역시	77,755	37,101	1.3	33,632
대구광역시	56,985	27,711	1.2	23,766
인천광역시	80,023	36,879	1.3	33,962
광주광역시	35,659	19,159	1.2	16,530
대전광역시	37,736	15,797	1.3	17,166
울산광역시	32,861	18,252	1.2	12,505
세종특별자치시	12,432	5,611	1.3	6,351
경기도	366,403	154,420	1.3	166,778
강원도	35,685	15,334	1.3	15,516
충청북도	40,021	18,556	1.3	17,662
충청남도	56,829	27,757	1.3	23,201
전라북도	38,328	18,922	1.3	16,191
전라남도	40,173	19,691	1.3	15,614
경상북도	61,237	30,963	1.3	24,054
경상남도	85,031	43,694	1.3	33,622
제주특별자치도	18,387	7,950	1.4	8,294

01 다음 자료에 대한 〈보기〉의 설명으로 옳은 것을 모두 고르면?

> **보기**
>
> ㄱ. 부산광역시는 경상남도보다 감기 환자의 수가 적다.
> ㄴ. 대구광역시의 질병 환자가 가입한 의료보험의 총 수는 6만 5천개 이상이다.
> ㄷ. 질병 환자 한 명당 발열 환자 수는 강원도가 제일 적다.
> ㄹ. 질병 환자 한 명당 발열 환자 수는 서울특별시가 제일 크다.

① ㄱ, ㄴ

② ㄴ, ㄷ

③ ㄱ, ㄴ, ㄹ

④ ㄱ, ㄷ, ㄹ

02 다음 중 자료를 그래프로 나타낸 것으로 적절하지 않은 것은?

① 시·도별 질병 환자 수

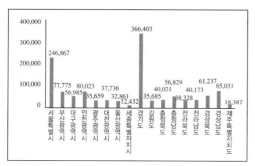

② 시·도별 감기 환자 수

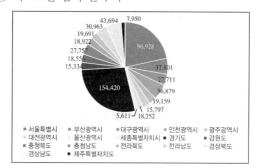

③ 한 명당 가입한 의료보험의 수

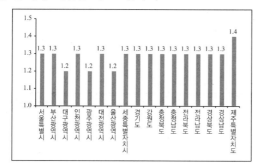

④ 질병 환자 한 명당 발열 환자 비율

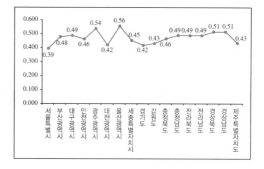

03 A대리는 2019년 교통사고 발생 현황 자료를 정리하여 보고서를 작성하려고 한다. 다음 2019년 교통사고 현황 자료를 참고하여 A대리가 작성한 보고서 중 틀린 곳을 모두 고르면?

〈2019년 월별 전체 교통사고 발생 현황〉

구분	1월	2월	3월	4월	5월	6월	7월	8월	9월	10월	11월	12월
발생 건수	100,132	87,308	99,598	106,064	111,774	101,112	106,358	112,777	109,540	121,461	123,366	113,374
사망	296	203	252	286	305	279	241	253	287	337	297	313
부상	155,811	144,198	157,731	166,231	177,394	159,268	167,460	186,674	175,881	192,058	193,540	177,725

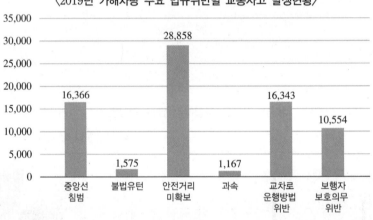

〈2019년 가해차량 주요 법규위반별 교통사고 발생현황〉

〈2019년 월별 어린이 교통사고 발생 현황〉

구분	1월	2월	3월	4월	5월	6월	7월	8월	9월	10월	11월	12월
발생 건수	5,705	6,172	6,143	6,178	7,431	6,886	7,058	8,603	7,399	7,606	7,438	6,529
사망	1	1	5	1	4	4	1	3	3	3	1	1
부상	8,050	8,894	8,490	8,522	10,304	9,357	9,663	12,247	10,420	10,500	10,272	9,114
중상	132	107	156	177	201	227	199	177	163	182	175	108
경상	1,808	2,139	1,955	2,074	2,440	2,271	2,351	2,933	2,527	2,528	2,525	2,128
부상 신고	6,110	6,648	6,379	6,271	7,663	6,859	7,113	9,137	7,730	7,790	7,572	6,878

〈2019년 월별 노인 교통사고 발생 현황〉

구분	1월	2월	3월	4월	5월	6월	7월	8월	9월	10월	11월	12월
발생 건수	12,287	10,550	12,207	13,213	14,358	12,422	12,853	14,203	13,873	15,834	15,651	13,790
사망	141	97	105	133	138	124	109	112	129	157	149	129
부상	13,672	11,889	13,865	15,205	16,285	14,133	14,474	16,217	15,739	18,038	17,768	15,537
중상	1,831	1,481	1,846	1,953	2,134	1,854	1,755	1,911	1,861	2,318	2,125	1,846
경상	4,763	4,139	4,885	5,362	5,840	5,041	5,202	5,724	5,498	6,388	6,310	5,289
부상 신고	7,078	6,269	7,134	7,890	8,311	7,238	7,517	8,582	8,380	9,332	9,333	8,402

<보고서>

⊙ 전체 교통사고 발생 건수는 2월에 최소치를, 11월에 최대치를 기록하였으며, ⓛ 2월부터 증가하기 시작하여 6월까지 지속적으로 증가하는 경향을 보이고 있습니다. 다음으로 가해차량의 주요 법규위반별 교통사고 발생현황을 보면 흔히 생각하는 것과는 반대로 ⓒ 과속이 원인이 되는 경우는 그 비중이 매우 낮은 것으로 드러났습니다. 교통사고 사망자는 ⓡ 어린이의 경우 전체 교통사고 사망자 대비 2% 미만을 차지하는 반면, 노인의 경우 전체 교통사고 사망자의 과반을 차지하고 있습니다.

① ⊙, ⓛ   ② ⊙, ⓒ

③ ⊙, ⓡ   ④ ⓛ, ⓒ

⑤ ⓛ, ⓡ

| 한국철도공사 / 2020년

04 철수, 영희, 상수는 재충전 횟수에 따른 업체들의 견적을 비교하여 리튬이온배터리를 구매하려고 한다. 다음 〈조건〉에 따라 옳지 않은 것은?

방수액 재충전	유	무
0회 이상 100회 미만	5,000원	5,000원
100회 이상 300회 미만	10,000원	5,000원
300회 이상 500회 미만	20,000원	10,000원
500회 이상 1000회 미만	30,000원	15,000원
12,000회 이상	50,000원	20,000원

조건
- 철수 : 재충전이 12,000회 이상은 되어야 해.
- 영희 : 나는 그렇게 많이는 필요하지 않고, 200회면 충분해.
- 상수 : 나는 무조건 방수액을 발라야 해.

① 철수, 영희, 상수가 리튬이온배터리를 가장 저렴하게 구매하는 가격은 30,000원이다.
② 철수, 영희, 상수가 리튬이온배터리를 가장 비싸게 구매하는 가격은 110,000원이다.
③ 영희가 리튬이온배터리를 가장 저렴하게 구매하는 가격은 10,000원이다.
④ 영희가 가장 비싸게 구매하는 가격과 상수가 가장 비싸게 구매하는 가격의 차이는 30,000원 이상이다.
⑤ 상수가 구매하는 리튬이온배터리의 가장 저렴한 가격과 가장 비싼 가격의 차이는 45,000원이다.

05 다음은 2017년 직업별 실제 근무시간 및 희망 근무시간에 대한 자료이다. 〈보기〉 중 자료를 바탕으로 판단할 때, 주 52시간 근무제 도입으로 인한 변화를 추론한 것으로 옳은 것을 모두 고르면?

• 분야별 실제 근무시간

구분	사례 수(명)	주 40시간 이하(%)	주 41～52시간 이하(%)	주 53시간 이상(%)
소계	50,091	52.3	27.2	20.5
관리자	291	63.6	30.1	6.3
전문가 및 관련종사자	10,017	64.5	26.6	9.0
사무종사자	9,486	70.8	25.1	4.2
서비스종사자	6,003	39.6	21.9	38.5
판매종사자	6,602	34.7	29.1	36.1
농림어업 숙련종사자	2,710	54.8	24.5	20.7
기능원 및 관련기능종사자	4,853	35.1	37.1	27.8
장치, 기계조작 및 조립종사자	5,369	41.8	32.2	26.0
단순노무종사자	4,642	57.4	21.9	20.7
군인	118	71.9	23.8	4.3

• 분야별 희망 근무시간

구분	사례 수(명)	주 40시간 이하(%)	주 41～52시간 이하(%)	주 53시간 이상(%)
소계	50,037	63.8	25.1	11.1
관리자	291	73.8	23.8	2.4
전문가 및 관련종사자	10,006	76.5	19.7	3.8
사무종사자	9,469	80.2	17.6	2.2
서비스종사자	5,992	49.8	28.2	22.0
판매종사자	6,597	48.3	31.4	20.3
농림어업 숙련종사자	2,703	67.1	22.8	10.1
기능원 및 관련기능종사자	4,852	47.5	36.9	15.6
장치, 기계조작 및 조립종사자	5,368	56.0	30.1	13.9
단순노무종사자	4,641	66.6	22.5	10.9
군인	119	72.1	23.3	4.6

〈주 52시간 근무제〉

주 52시간 근무제는 주당 법정 근로시간을 기존 68시간에서 52시간(법정근로 40시간＋연장근로 12시간)으로 단축한 근로제도이다. 국회가 2018년 2월 28일 주당 법정 근로시간을 52시간(법정근로 40시간＋연장근로 12시간)으로 단축하는 내용의 '근로기준법 개정안'을 통과시킴에 따라, 그해 7월 1일부터 우선 종업원 300인 이상의 사업장을 대상으로 시행됐다. 개정안은 '일주일은 7일'이라는 내용을 명시하면서 주 최대 근로시간이 현재 68시간(평일 40시간＋평일 연장 12시간＋휴일근로 16시간)에서 52시간(주 40시간＋연장근로 12시간)으로 16시간이 줄어들었다.

> **보기**
>
> ㄱ. 주 52시간 근무제를 도입한 후, 주 근무시간이 감소하는 근로자의 수가 가장 많은 분야는 판매종사자이다.
> ㄴ. 희망 근무시간이 53시간 이상인 근로자의 수가 가장 적은 분야는 관리자이다.
> ㄷ. 주 52시간 근무제 도입 시, 근로시간 단축효과는 관리자보다 단순노무종사자에서 더욱 클 것이다.

① ㄱ   ② ㄱ, ㄴ
③ ㄱ, ㄷ   ④ ㄴ, ㄷ
⑤ ㄱ, ㄴ, ㄷ

▌한국산업인력공단 / 2019년

06 다음은 제54회 전국기능경기대회 지역별 결과이다. 다음 자료에 대한 내용 중 옳은 것은?

<제54회 전국기능경기대회 지역별 결과표>

(단위 : 개)

지역 \ 상	금메달	은메달	동메달	최우수상	우수상	장려상
합계(점)	3,200	2,170	900	1,640	780	1,120
서울	2	5		10		
부산	9		11	3	4	
대구	2					16
인천			1	2	15	
울산	3				7	18
대전	7		3	8		
제주		10				
경기도	13	1				22
경상도	4	8		12		
충청도		7		6		

※ 합계는 전체 참가지역의 각 메달 및 상의 점수합계이다.

① 메달 한 개당 점수는 금메달은 80점, 은메달은 70점, 동메달은 60점이다.
② 메달 및 상을 가장 많이 획득한 지역은 경상도이다.
③ 전국기능경기대회 결과표에서 메달 및 상 중 동메달 개수가 가장 많다.
④ 울산 지역에서 획득한 메달 및 상의 총점은 800점이다.
⑤ 장려상을 획득한 지역 중 금·은·동메달 총 개수가 가장 적은 지역은 대전이다.

07 다음은 한국의 최근 20년간 수출입 동향을 나타낸 자료이다. 자료를 보고 〈보기〉에서 옳지 않은 것을 모두 고르면?

〈20년간 수출입 동향〉

(단위 : 천 달러, %)

연도	수출		수입		수지
	금액	증감률	금액	증감률	
2019년	542,232,610	−10.4	503,342,947	−6.0	38,889,663
2018년	604,859,657	5.4	535,202,428	11.9	69,657,229
2017년	573,694,421	15.8	478,478,296	17.8	95,216,125
2016년	495,425,940	−5.9	406,192,887	−6.9	89,233,053
2015년	526,756,503	−8.0	436,498,973	−16.9	90,257,530
2014년	572,664,607	2.3	525,514,506	1.9	47,150,101
2013년	559,632,434	2.1	515,585,515	−0.8	44,046,919
2012년	547,869,792	−1.3	519,584,473	−0.9	28,285,319
2011년	555,213,656	19.0	524,413,090	23.3	30,800,566
2010년	466,383,762	28.3	425,212,160	31.6	41,171,602
2009년	363,533,561	−13.9	323,084,521	−25.8	40,449,040
2008년	422,007,328	13.6	435,274,737	22.0	−13,267,409
2007년	371,489,086	14.1	356,845,733	15.3	14,643,353
2006년	325,464,848	14.4	309,382,632	18.4	16,082,216
2005년	284,418,743	12.0	261,238,264	16.4	23,180,479
2004년	253,844,672	31.0	224,462,687	25.5	29,381,985
2003년	193,817,443	19.3	178,826,657	17.6	14,990,786
2002년	162,470,528	8.0	152,126,153	7.8	10,344,375
2001년	150,439,144	−12.7	141,097,821	−12.1	9,341,323
2000년	172,267,510	19.9	160,481,018	34.0	11,786,492
1999년	143,685,459	8.6	119,752,282	28.4	23,933,177

보기

가. 수출입 금액이 1조 이상이면 가입할 수 있는 '1조 달러 클럽'에 가입 가능한 연도는 7번이다.
나. 무역수지가 적자였던 해는 2008년뿐이다.
다. 수출 증감률이 전년 대비 가장 높은 해는 수입 증감률도 가장 높다.
라. 2002년부터 2008년까지 수출 금액과 수입 금액은 지속적으로 증가했다.
마. 1999년에 비해 2019년 수출 금액은 4배 이상 증가했다.

① 가, 나
② 나, 다
③ 나, 라
④ 다, 라
⑤ 다, 마

08 다음은 2019년 우리나라 반도체 회사의 시장점유율과 반도체 종류에 따른 수출 현황을 나타낸 자료이다. 다음 중 자료에 대한 해석으로 옳지 않은 것은?(단, 점유율 및 증감률은 소수점 이하 둘째 자리에서 반올림한다)

〈2019년 우리나라 반도체 회사의 시장점유율〉

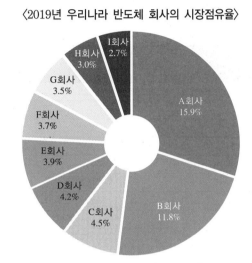

※ A ~ I회사를 제외한 기타 반도체 회사의 시장점유율은 46.8%이다.

〈우리나라 반도체 종류별 수출 현황〉

(단위 : 백만 달러, %)

구분		2018년	2019년				
			1분기	2분기	3분기	4분기	합계
반도체	금액	62,229	20,519	23,050	26,852	29,291	99,712
	증감률	−1.1	46.9	56.6	64.8	69.8	60.2
집적회로 반도체	금액	55,918	18,994	21,368	24,981	27,456	92,799
	증감률	−2.1	52.1	63.1	70.5	75.1	66.0
개별소자 반도체	금액	5,677	1,372	1,505	1,695	1,650	6,222
	증감률	10.5	4.2	3.8	14.8	15.1	9.6
실리콘 웨이퍼	금액	634	153	177	176	185	691
	증감률	−2.2	−7.5	2.2	7.5	41.3	9.0

※ 2018년 증감률은 전년도 대비 수출금액 증감률이며, 2019년 합계 증감률도 전년도 대비 수출금액 증감률을 뜻한다.
※ 2019년 분기별 증감률은 2018년도 동분기 대비 수출금액 증감률을 나타낸다.

① 2018년 수출액이 전년 대비 증가한 반도체의 전년 대비 수출액 증가율은 2019년이 2018년보다 낮다.
② 2019년 환율이 1,100원/달러로 일정할 때, 실리콘 웨이퍼의 4분기 수출액은 1분기보다 300억 원 이상 많다.
③ 시장점유율이 수출에서 차지하는 비율과 동일할 때, C회사의 2019년 반도체 수출액은 총 40억 달러 미만이다.
④ A ~ E회사의 2019년 시장점유율의 합은 I회사 점유율의 약 15배이다.
⑤ 반도체 수출 현황에서 2018 ~ 2019년 동안 수출액이 많은 순서는 매년 동일하다.

09 다음은 제9회 사법고시 시험에 대한 대학별 결과를 나타낸 자료이다. 다음 중 자료에 대한 해석으로 옳지 않은 것은?(단, 선택지 비율은 소수점 이하 둘째 자리에서 반올림한다)

〈제9회 사법고시 시험 결과표〉

(단위 : 명)

로스쿨	입학인원	석사학위 취득자	제9회 사법고시 시험	
			응시자	합격자
A대학	154	123	123	117
B대학	70	60	60	49
C대학	44	32	32	30
D대학	129	104	103	87
E대학	127	97	95	85
F대학	66	48	49	41
G대학	128	95	95	78
H대학	52	41	40	31
I대학	110	85	85	65
J대학	103	82	80	59

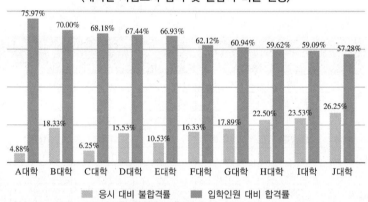

〈대학별 사법고시 합격 및 불합격 비율 현황〉

※ 합격률과 불합격률은 소수점 이하 셋째 자리에서 반올림한 값이다.

① B대학과 I대학은 입학인원 차이가 석사학위 취득자의 차이보다 15명 많다.
② A∼J대학 중 응시 대비 합격률이 가장 높은 로스쿨 3곳은 A, C, E대학이다.
③ 입학자 중 석사학위 취득자 비율은 D대학이 G대학보다 6.4%p 높다.
④ 입학인원 대비 합격률이 가장 낮은 곳의 응시 대비 불합격률은 입학인원 대비 합격률의 50% 이상이다.
⑤ A∼J대학 전체 입학인원 중 D, E, F대학의 총 입학인원은 30% 이상이다.

10 다음은 태양광 발전기로 전기 사용 시 절감되는 예상 전기료와 태양광 발전기 전체 설치 가구 수 및 대여 설치 가구 수에 대한 자료이다. 자료에 대한 해석으로 옳은 것은?(단, 적용되는 전기료는 조사기간 동안 동일하다)

〈태양광 전기 350kWh 사용 시 예상 절감비용〉

(단위 : 원)

1개월 사용량	정상요금	요금발생 전기량	실제요금	절감효과
350kWh	62,900	0kWh	1,130	61,770
400kWh	78,850	50kWh	3,910	74,940
450kWh	106,520	100kWh	7,350	99,170
500kWh	130,260	150kWh	15,090	115,170
600kWh	217,350	250kWh	33,710	183,640
700kWh	298,020	350kWh	62,900	235,120
800kWh	378,690	450kWh	106,520	272,170

(예시) 1개월 사용량이 400kWh일 때, 태양광 발전기로 얻은 전기 350kWh를 사용하고 나머지 50kWh에 대한 전기요금만 부과된다. 따라서 1개월 사용량의 정상요금에서 태양광 전기사용량의 절감효과를 제외한 실제요금만 부과된다.

〈태양광 발전기 전체 설치 및 대여 설치 가구 수〉

(단위 : 가구)

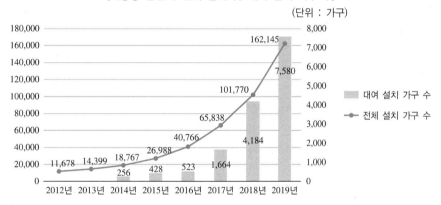

① 태양광 전기 350kWh 사용 시 한 달 전기사용량이 많을수록 정상요금에서 실제요금의 비율은 커진다.

② 2015 ~ 2019년 태양광 발전기 대여 설치 가구의 전년 대비 증가량은 매년 증가하고 있다.

③ 2014년부터 전체 태양광 발전기 설치 가구에서 대여 설치하지 않은 가구의 비율은 점차 감소했다.

④ 2014년 모든 태양광 발전기 대여 설치 가구의 한 달 전기사용량이 350kWh이고, 이들이 태양광 전기만 사용했을 경우 한 달 전기요금은 총 30만 원 이상이다.

⑤ 2017년과 2018년의 전년 대비 태양광 발전기 대여 설치 가구의 증가율 차이는 55%p 미만이다.

11 다음은 2018년도 국가별 국방예산 그래프이다. 그래프를 이해한 내용으로 옳지 않은 것은?(단, 비중은 소수점 이하 둘째 자리에서 반올림한다)

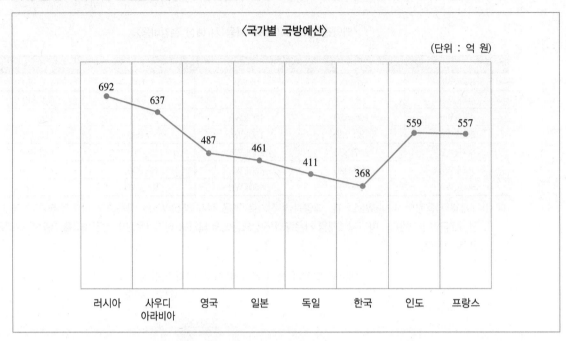

〈국가별 국방예산〉

(단위 : 억 원)

① 국방예산이 가장 많은 국가와 가장 적은 국가의 예산 차이는 324억 원이다.
② 사우디아라비아의 국방예산은 프랑스의 국방예산보다 14% 이상 많다.
③ 인도보다 국방예산이 적은 국가는 5개 국가이다.
④ 영국과 일본의 국방예산 차액은 독일과 일본의 국방예산 차액의 55% 이상이다.
⑤ 8개 국가 국방예산 총액에서 한국이 차지하는 비중은 약 8.8%이다.

12 다음은 연도별 국내 은행대출 현황을 나타낸 표이다. 다음 표를 이해한 내용으로 옳은 것은?

〈연도별 국내 은행대출 현황〉

(단위 : 조 원)

구분	2010년	2011년	2012년	2013년	2014년	2015년	2016년	2017년	2018년
가계대출	403.5	427.1	437.5	450.0	486.4	530.0	583.6	621.8	640.6
주택담보대출	266.8	289.7	298.9	309.3	344.7	380.6	421.5	444.2	455.0
기업대출	404.5	432.7	447.2	468.0	493.3	527.6	539.4	569.4	584.3
부동산담보대출	136.3	153.7	168.9	185.7	205.7	232.8	255.4	284.4	302.4

※ (은행대출)＝(가계대출)＋(기업대출)

① 2012 ~ 2017년 주택담보대출의 전년 대비 증가액은 부동산담보대출의 증가액보다 매년 높다.

② 2011 ~ 2018년 가계대출이 전년 대비 가장 많이 증가한 해는 2016년이다.

③ 부동산담보대출이 세 번째로 많은 해의 주택담보대출은 가계대출의 70% 미만이다.

④ 2018년 주택담보대출의 2016년 대비 증가율은 기업대출 증가율보다 높다.

⑤ 2015년도 은행대출은 2010년에 비해 40% 이상 증가했다.

01	02	03	04	05	06	07	08	09	10
③	④	⑤	③	③	①	⑤	③	④	①
11	12								
④	②								

01 　정답　③

ㄱ. 부산광역시의 감기 환자의 수는 37,101명으로 경상남도의 감기 환자의 수인 43,694명보다 적다.

ㄴ. 대구광역시의 질병 환자가 가입한 의료보험의 총 수는 56,985×1.2＝68,382개로 6만 5천개 이상이다.

ㄹ. 질병 환자 한 명당 발열 환자 수는 서울이 129,568÷246,867≒0.52로 가장 크다. 그 외 지역들은 발열 환자 수가 전체 질병 환자의 반이 되지 않는다.

오답분석

ㄷ. 질병 환자 한 명당 발열 환자 수는 강원도의 경우 15,516÷35,685≒0.430이지만, 울산광역시의 경우는 12,505÷32,861≒0.38이므로 옳지 않다.

02 　정답　④

해당 그래프는 질병 환자 한 명당 발열 환자 비율이 아닌 질병 환자 한 명당 감기 환자 비율을 나타낸 그래프이다.

03 　정답　⑤

ⓒ 전체 교통사고 발생 건수는 2월부터 5월까지 증가하다가 6월에 감소하였다.

ⓔ 전체 교통사고 사망자 대비 교통사고 사망자는 어린이의 경우 2% 미만이고, 노인의 경우 11월을 제외하면 전체 교통사고 사망자 수의 50%에 미치지 못한다.

04 　정답　③

영희는 방수액의 유무와 상관없이 재충전 횟수가 200회 이상이면 충분하다고 하였으므로 100회 이상 300회 미만 충전이 가능한 리튬이온배터리를 구매한다. 방수액을 바르지 않은 것이 더 저렴하므로 영희가 가장 저렴하게 구매하는 가격은 5,000원이다.

오답분석

① • 철수가 가장 저렴하게 구매하는 가격 : 20,000원
　• 영희가 가장 저렴하게 구매하는 가격 : 5,000원
　• 상수가 가장 저렴하게 구매하는 가격 : 5,000원
　따라서 철수, 영희, 상수가 리튬이온배터리를 가장 저렴하게 구매하는 가격은 20,000＋5,000＋5,000＝30,000원이다.

② • 철수가 가장 비싸게 구매하는 가격 : 50,000원
　• 영희가 가장 비싸게 구매하는 가격 : 10,000원
　• 상수가 가장 비싸게 구매하는 가격 : 50,000원
　따라서 철수, 영희, 상수가 리튬이온배터리를 가장 비싸게 구매하는 가격은 50,000＋10,000＋50,000＝110,000원이다.

④ 영희가 가장 비싸게 구매하는 가격은 10,000원, 상수가 가장 비싸게 구매하는 가격은 50,000원이다. 두 가격의 차이는 40,000원으로 30,000원 이상이다.

⑤ 상수가 가장 비싸게 구매하는 가격은 50,000원, 가장 저렴하게 구매하는 가격은 5,000원이므로 두 가격의 차이는 45,000원이다.

05 　정답　③

ㄱ. 판매종사자의 경우, 다른 직업에 비해 주 근무시간이 주 52시간을 초과하던 근로자의 수가 6,602×36.1%≒2,383명으로 가장 많다.

ㄷ. 실제 근로시간이 주 52시간을 초과하는 근로자의 비중이 높은 직업일수록 주 52시간 근무제 도입 후 근로시간 단축효과가 클 것임을 추론할 수 있다. 관리자의 경우, 해당 비율이 6.3%이고, 단순노무종사자의 경우 20.7%이므로 옳은 설명이다.

오답분석

ㄴ. 군인의 경우, 다른 직업에 비해 희망 근무시간이 53시간 이상인 근로자의 수가 119×4.6%≒5명으로 가장 적다.

06 정답 ①

메달 및 상별 점수는 다음 표와 같다.

구분	금메달	은메달	동메달	최우수상	우수상	장려상
총 개수	40개	31개	15개	41개	26개	56개
개당 점수	3,200 ÷40 =80점	2,170 ÷31 =70점	900 ÷15 =60점	1,640 ÷41 =40점	780 ÷26 =30점	1,120 ÷56 =20점

따라서 금메달은 80점, 은메달은 70점, 동메달은 60점임을 알 수 있다.

오답분석
② 경상도가 획득한 메달 및 상의 총 개수는 4+8+12=24개이며, 가장 많은 지역은 13+1+22=36개인 경기도이다.
③ 표를 참고하면 전국기능경기대회 결과표에서 동메달이 아닌 장려상이 56개로 가장 많다.
④ 울산에서 획득한 메달 및 상의 총점은 (3×80)+(7×30)+(18×20)=810점이다.
⑤ 장려상을 획득한 지역은 대구, 울산, 경기도이며 세 지역 중 금·은·동메달 총 개수가 가장 적은 지역은 금메달만 2개인 대구이다.

07 정답 ⑤

다. 자료에서 수출 증감률이 가장 높은 해는 2004년이고, 수입 증감률이 가장 높은 해는 2000년이라는 것을 알 수 있다.
마. 1999년의 수출 금액의 4배는 143,685,459×4=574,741,836천 달러이고, 2019년 수출 금액은 542,232,610천 달러로, 4배 미만으로 증가한 것을 알 수 있다.

오답분석
가. 수출입 금액이 1조 이상이면 가입할 수 있는 '1조 달러 클럽'에 가입 가능한 연도는 2019년, 2018년, 2017년, 2014년, 2013년, 2012년, 2011년으로 총 7번이다.
- 2019년 수출입 금액 : 542,232,610+503,342,947 =1,045,575,557천 달러
- 2018년 수출입 금액 : 604,859,657+535,202,428 =1,140,062,085천 달러
- 2017년 수출입 금액 : 573,694,421+478,478,296 =1,052,172,717천 달러
- 2014년 수출입 금액 : 572,664,607+525,514,506 =1,098,179,113천 달러
- 2013년 수출입 금액 : 559,632,434+515,585,515 =1,075,217,949천 달러
- 2012년 수출입 금액 : 547,869,792+519,584,473 =1,067,454,265천 달러
- 2011년 수출입 금액 : 555,213,656+524,413,090 =1,079,626,746천 달러

나. 자료에서 무역수지가 음(−)의 값을 나타내는 해는 2008년 한 번이다.
라. 자료에서 2002∼2008년 전년 대비 증감률은 양의 값을 나타내므로 수출 금액과 수입 금액은 매년 증가했다는 것을 알 수 있다.

08 정답 ③

시장점유율이 수출액에서 차지하는 비율과 동일할 때, 2019년 반도체 수출액은 99,712백만 달러이며 이중 C회사의 수출액은 99,712×0.045=4,487.04백만 달러이다. 따라서 수출액은 40억 달러 이상이다.

오답분석
① 2018년 수출액이 전년 대비 증가한 반도체인 '개별소자 반도체'의 2019년의 전년 대비 수출액 증가율은 9.6%이고, 2018년에는 10.5%이므로 2019년 전년 대비 증가율이 더 낮다.
② 2019년 환율이 1,100원/달러로 일정할 때, 실리콘 웨이퍼의 4분기 수출액은 1분기보다 (185−153)×1,100=35,200백만 원=352억 원 더 많다.
④ A∼E회사의 2019년 시장점유율의 합은 15.9+11.8+4.5+4.2+3.9=40.3%이며, I회사 점유율(2.7%)의 $\frac{40.3}{2.7}$ ≒ 15배이다.
⑤ 반도체 수출 현황에서 2018∼2019년 동안 수출액이 많은 순서는 '집적회로 반도체>개별소자 반도체>실리콘 웨이퍼'로 매년 동일하다.

09 정답 ④

입학인원 대비 합격률이 가장 낮은 곳은 57.28%인 J대학이며, 응시 대비 불합격률은 26.25%이다. 따라서 입학인원 대비 합격률의 50%는 57.28×0.5=28.64%로 응시 대비 불합격률보다 크므로 옳지 않은 해석이다.

오답분석
① B대학과 I대학의 입학인원 차이는 110−70=40명이고, 석사학위 취득자의 차이는 85−60=25명으로 입학인원 차이가 석사학위 취득자보다 40−25=15명 더 많다.
② A∼J대학 중 응시 대비 합격률이 가장 높은 로스쿨 3곳은 응시 대비 불합격률이 가장 낮은 3곳으로 A, C, E대학이며, 응시 대비 합격률은 각각 100−4.88=95.12%, 100−6.25=93.75%, 100−10.53=89.47%이다.
③ 입학자 중 석사학위 취득자 비율은 D대학$\left(\frac{104}{129}\times100≒80.6\%\right)$이 G대학$\left(\frac{95}{128}\times100≒74.2\%\right)$보다 80.6−74.2=6.4%p 더 높다.
⑤ A∼J대학 전체 입학인원은 154+70+44+129+127+66+128+52+110+103=983명이고, D, E, F대학의 총 입학인원은 129+127+66=322명이다. 따라서 A∼J대학 전체 입학인원 대비 D, E, F대학의 총 입학인원 비율은 $\frac{322}{983}\times100≒32.8\%$이다.

10 정답 ①

태양광 전기 350kWh 사용 시 한 달 전기사용량에 따른 정상요금에서 실제요금의 비율은 전기사용량이 많아질수록 커진다.

- 350kWh : $\dfrac{1,130}{62,900} \times 100 \fallingdotseq 1.8\%$

- 600kWh : $\dfrac{33,710}{217,350} \times 100 \fallingdotseq 15.5\%$

- 400kWh : $\dfrac{3,910}{78,850} \times 100 \fallingdotseq 5.0\%$

- 700kWh : $\dfrac{62,900}{298,020} \times 100 \fallingdotseq 21.1\%$

- 450kWh : $\dfrac{7,350}{106,520} \times 100 \fallingdotseq 6.9\%$

- 800kWh : $\dfrac{106,520}{378,690} \times 100 \fallingdotseq 28.1\%$

- 500kWh : $\dfrac{15,090}{130,260} \times 100 \fallingdotseq 11.6\%$

오답분석

② 2015 ~ 2019년까지 태양광 발전기 대여 설치 가구의 전년 대비 증가량은 다음과 같다.
- 2014년 : 256-0=256
- 2015년 : 428-256=172
- 2016년 : 523-428=95
- 2017년 : 1,664-523=1,141
- 2018년 : 4,184-1,664=2,520
- 2019년 : 7,580-4,184=3,396

따라서 2015년과 2016년의 태양광 발전기 대여 설치 가구의 증가량은 전년 대비 감소하였다.

③ 2014년부터 전체 태양광 발전기 설치 가구 중 대여 설치 가구의 비율은 다음과 같다.
- 2014년 : $\dfrac{256}{18,767} \times 100 \fallingdotseq 1.4\%$

- 2015년 : $\dfrac{428}{26,988} \times 100 \fallingdotseq 1.6\%$

- 2016년 : $\dfrac{523}{40,766} \times 100 \fallingdotseq 1.3\%$

- 2017년 : $\dfrac{1,664}{65,838} \times 100 \fallingdotseq 2.5\%$

- 2018년 : $\dfrac{4,184}{101,770} \times 100 \fallingdotseq 4.1\%$

- 2019년 : $\dfrac{7,580}{162,145} \times 100 \fallingdotseq 4.7\%$

2016년은 전체 설치 가구 중 대여 설치 가구의 비율이 전년보다 낮아졌으므로 대여 설치하지 않은 가구의 비율은 높아졌음을 알 수 있다.

④ 2014년 태양광 발전기를 대여 설치한 가구는 256가구이며, 한 달 전기사용량 350kWh를 태양광으로 사용할 경우 전기요금은 총 256×1,130=289,280원으로 30만 원 미만이다.

⑤ 2017년과 2018년 태양광 발전기 대여 설치 가구의 전년 대비 증가율은 각각 $\dfrac{1,664-523}{523} \times 100 \fallingdotseq 218.2\%$, $\dfrac{4,184-1,664}{1,664} \times 100 \fallingdotseq 151.4\%$이므로 두 증가율의 차이는 218.2-151.4=66.8%p이다.

11 정답 ④

독일과 일본의 국방예산 차액은 461-411=50억 원이고, 영국과 일본의 국방예산 차액은 487-461=26억 원이다. 따라서 영국과 일본의 차액은 독일과 일본의 차액의 $\dfrac{26}{50} \times 100 = 52\%$를 차지한다.

오답분석

① 국방예산이 가장 많은 국가는 러시아(692억 원)이며, 가장 적은 국가는 한국(368억 원)으로 두 국가의 예산 차액은 692-368=324억 원이다.

② 사우디아라비아의 국방예산은 프랑스의 국방예산보다 $\dfrac{637-557}{557} \times 100 \fallingdotseq 14.4\%$ 많다.

③ 인도보다 국방예산이 적은 국가는 영국, 일본, 독일, 한국, 프랑스이다.

⑤ 8개 국가 국방예산 총액은 692+637+487+461+411+368+559+557=4,172억 원이며, 한국이 차지하는 비중은 $\dfrac{368}{4,172} \times 100 \fallingdotseq 8.8\%$이다.

12 정답 ②

2011 ~ 2018년 가계대출의 전년 대비 증가액은 다음과 같다.
- 2011년 : 427.1-403.5=23.6
- 2012년 : 437.5-427.1=10.4
- 2013년 : 450-437.5=12.5
- 2014년 : 486.4-450=36.4
- 2015년 : 530-486.4=43.6
- 2016년 : 583.6-530=53.6
- 2017년 : 621.8-583.6=38.2
- 2018년 : 640.6-621.8=18.8

따라서 2011 ~ 2018년 가계대출이 전년 대비 가장 많이 증가한 해는 583.6-530=53.6조 원인 2016년도이다.

오답분석

① 2012년, 2013년, 2017년, 2018년은 주택담보대출의 전년 대비 증가액이 부동산담보대출 증가액보다 높지 않다.

③ 부동산담보대출이 세 번째로 많은 해는 2016년이며, 이때의 주택담보대출은 가계대출의 $\dfrac{421.5}{583.6} \times 100 \fallingdotseq 72.2\%$이다.

④ 2018년 주택담보대출의 2016년 대비 증가율은 $\dfrac{455-421.5}{421.5} \times 100 \fallingdotseq 7.9\%$이고, 기업대출 증가율은 $\dfrac{584.3-539.4}{539.4} \times 100 \fallingdotseq 8.3\%$이므로 기업대출 증가율이 더 높다.

⑤ 2015년 은행대출의 2010년 대비 증가율은 $\dfrac{(530+527.6)-(403.5+404.5)}{(403.5+404.5)} \times 100 \fallingdotseq 30.9\%$이다.

NCS

합격의 공식 시대에듀

자료해석
연습노트

200 제

1

PART

자료[표 유형]
해석 연습

☑ 확인 Check! ○△✕

01 다음 빈칸에 들어갈 숫자로 적절하지 않은 것은?(단, 총인구는 만의 자리에서, 뇌사 장기기증자 수는 소수점 이하 첫째 자리에서, 인구 백만 명당 기증자 수는 소수점 이하 셋째 자리에서 각각 반올림한다)

〈각국 인구대비 뇌사자 장기기증 비교 현황〉

구분	한국	스페인	미국	영국	이탈리아
총인구(백만 명)	49.0	②	310.4	63.5	60.6
뇌사 장기기증자 수(명)	416	1,655	③	④	1,321
인구 백만 명당 기증자 수(명)	①	35.98	26.63	20.83	⑤

① 8.49
② 46.0
③ 8,266
④ 1,540
⑤ 21.80

☑ 확인 Check! ○△✕

02 이탈리안 음식을 판매하는 B레스토랑에서는 두 가지 음식을 묶은 런치세트를 구성해 판매한다. 런치세트 메뉴와 금액이 다음과 같을 때, 아라비아따의 할인 전 가격은?

〈런치세트 메뉴〉

세트 메뉴	구성 음식	금액(원)
A세트	까르보나라, 알리오올리오	24,000
B세트	마르게리따피자, 아라비아따	31,000
C세트	까르보나라, 고르곤졸라피자	31,000
D세트	마르게리따피자, 알리오올리오	28,000
E세트	고르곤졸라피자, 아라비아따	32,000

※ 런치세트 메뉴의 가격은 파스타 종류는 500원, 피자 종류는 1,000원을 할인한 뒤 합하여 책정한다.
※ 파스타 : 까르보나라, 알리오올리오, 아라비아따
※ 피자 : 마르게리따피자, 고르곤졸라피자

① 14,000원
② 14,500원
③ 15,000원
④ 15,500원
⑤ 16,000원

03 중소기업의 생산 관리팀에서 근무하고 있는 귀하는 총 생산 비용의 감소율을 30%로 설정하려고 한다. 1단위 생산 시 단계별 부품 단가가 아래의 자료와 같을 때 ⓐ+ⓑ의 값으로 적절한 것은?

단계	부품 1단위 생산 시 투입비용(원)	
	개선 전	개선 후
1단계	4,000	3,000
2단계	6,000	ⓐ
3단계	11,500	ⓑ
4단계	8,500	7,000
5단계	10,000	8,000

① 4,000원 ② 6,000원
③ 8,000원 ④ 10,000원
⑤ 12,000원

04 다음은 5개 업체에서 판매 중인 사이다를 비교한 자료이다. 어느 업체에서 사이다를 사는 것이 가장 저렴한가?(단, 소수점 이하 셋째 자리에서 반올림한다)

〈업체별 사이다 용량 및 가격〉					
구분	A업체	B업체	C업체	D업체	E업체
가격(원)	25,000	25,200	25,400	25,600	25,800
한 개당 용량(mL)	340	345	350	355	360
한 묶음 개수(개)	25	24	25	24	24

※ 사이다는 한 묶음으로만 판매한다.

① A업체 ② B업체
③ C업체 ④ D업체
⑤ E업체

05 소비자물가지수란 가계가 일상생활을 영위하기 위해 구입하는 상품가격과 서비스 요금의 변동을 종합적으로 측정하기 위해 작성하는 지수를 의미한다. K국가에서는 국민들이 오로지 보리와 쌀만을 사고 팔고 서비스는 존재하지 않는다고 가정할 때, 2018 ~ 2020년 보리와 쌀의 가격은 아래의 표와 같다. 다음 중 매년 K국가 국민들은 보리 200g, 쌀 300g을 소비한다고 가정했을 때, 2020년도 물가상승률은 얼마인가?(단, 2018년이 기준연도이며, 소비자 물가지수를 100으로 가정한다)

〈1g당 보리 및 쌀 가격〉

(단위 : 원)

구분	보리	쌀
2018년	120	180
2019년	150	220
2020년	180	270

※ 물가상승률(%) = $\dfrac{(해당연도\ 소비자물가지수) - (기준연도\ 소비자물가지수)}{(기준연도\ 소비자물가지수)} \times 100$

※ 소비자물가는 연간 국민이 소비한 상품 및 서비스의 총 가격이다.

① 10%

② 30%

③ 50%

④ 100%

⑤ 150%

06 다음 자료는 A레스토랑의 신메뉴인 콥샐러드를 만들기 위해 필요한 재료의 단가와 B지점의 재료 주문 수량이다. B지점의 재료 구입 비용의 총합은 얼마인가?

〈A레스토랑의 콥샐러드 재료 단가〉

재료명	단위	단위당 단가	구입처
올리브 통조림	1캔(3kg)	5,200원	A유통
메추리알	1봉지(1kg)	4,400원	B상사
방울토마토	1박스(5kg)	21,800원	C농산
옥수수 통조림	1캔(3kg)	6,300원	A유통
베이비 채소	1박스(500g)	8,000원	C농산

〈B지점의 재료 주문 수량〉

재료명	올리브 통조림	메추리알	방울토마토	옥수수 통조림	베이비 채소
주문량	15kg	7kg	25kg	18kg	4kg

① 264,600원

② 265,600원

③ 266,600원

④ 267,600원

⑤ 268,600원

07 다음은 10대 무역수지 흑자국에 대한 자료이다. 미국의 2017년 대비 2019년의 흑자액 증가율은 얼마인가?(단, 소수점 이하 둘째 자리에서 반올림한다)

<10대 무역수지 흑자국>

(단위 : 백만 달러)

순번	2017년		2018년		2019년	
	국가명	금액	국가명	금액	국가명	금액
1	중국	32,457	중국	45,264	중국	47,779
2	홍콩	18,174	홍콩	23,348	홍콩	28,659
3	마샬군도	9,632	미국	9,413	싱가포르	11,890
4	미국	8,610	싱가포르	7,395	미국	11,635
5	멕시코	6,161	멕시코	7,325	베트남	8,466
6	싱가포르	5,745	베트남	6,321	멕시코	7,413
7	라이베리아	4,884	인도	5,760	라이베리아	7,344
8	베트남	4,780	라이베리아	5,401	마샬군도	6,991
9	폴란드	3,913	마샬군도	4,686	브라질	5,484
10	인도	3,872	슬로바키아	4,325	인도	4,793

① 35.1%

② 37.8%

③ 39.9%

④ 41.5%

⑤ 52.5%

08 다음은 산업 및 가계별 대기배출량과 기체별 지구온난화 유발 확률에 관한 자료이다. 어느 부문의 대기배출량을 줄여야 지구온난화 예방에 가장 효과적인가?

〈산업 및 가계별 대기배출량〉

(단위 : 천 톤 CO_2eq)

구분		이산화탄소	아산화질소	메탄	수소불화탄소
산업부문	전체	45,950	3,723	17,164	0.03
	농업, 임업 및 어업	10,400	810	12,000	0
	석유, 화학 및 관련제품	6,350	600	4,800	0.03
	전기, 가스, 증기 및 수도사업	25,700	2,300	340	0
	건설업	3,500	13	24	0
가계부문		5,400	100	390	0

〈기체별 지구온난화 유발 확률〉

(단위 : %)

구분	이산화탄소	아산화질소	메탄	수소불화탄소
유발 확률	30	20	40	10

① 농업, 임업 및 어업
② 석유, 화학 및 관련제품
③ 전기, 가스, 증기 및 수도사업
④ 건설업
⑤ 가계부문

09 다음은 2019년 공항철도를 이용한 월별 여객 수송실적이다. 다음 표를 보고 (A), (B), (C)에 들어갈 알맞은 수로 옳은 것은?

〈공항철도 이용 여객 현황〉

(단위 : 명)

구분	수송인원	승차인원	유입인원
1월	209,807	114,522	95,285
2월	208,645	117,450	(A)
3월	225,956	133,980	91,976
4월	257,988	152,370	105,618
5월	266,300	187,329	78,971
6월	(B)	189,243	89,721
7월	328,450	214,761	113,689
8월	327,020	209,875	117,145
9월	338,115	(C)	89,209
10월	326,307	219,077	107,230

※ 유입인원은 환승한 인원이다.

※ (수송인원)=(승차인원)+(유입인원)

	(A)	(B)	(C)
①	101,195	278,884	243,909
②	101,195	268,785	243,909
③	91,195	268,785	248,906
④	91,195	278,964	248,906
⑤	90,095	278,964	249,902

10 다음 중 (가)와 (나)에 들어갈 값을 올바르게 나열한 것은?

〈팀별 인원수 및 평균점수〉

(단위 : 명, 점)

구분	A	B	C
인원수	( )	( )	( )
평균 점수	40.0	60.0	90.0

※ 각 참가자는 A, B, C팀 중 하나의 팀에만 속하고, 개인별로 점수를 획득함

※ (팀 평균점수) = $\dfrac{(\text{해당 팀 참가자 개인별 점수의 합})}{(\text{해당 팀 참가자 인원수})}$

〈팀 연합 인원수 및 평균점수〉

(단위 : 명, 점)

구분	A+B	B+C	C+A
인원수	80	120	(가)
평균 점수	52.5	77.5	(나)

※ A+B는 A팀과 B팀, B+C는 B팀과 C팀, C+A는 C팀과 A팀의 인원을 합친 팀 연합임

※ (팀 연합 평균점수) = $\dfrac{(\text{해당 팀 연합 참가자 개인별 점수의 합})}{(\text{해당 팀 연합 참가자 인원수})}$

	(가)	(나)
①	90	72.5
②	90	75.0
③	100	72.5
④	100	75.0
⑤	120	72.5

11 다음 표는 2014 ~ 2019년 한·중·일 3국의 무역수지를 나타낸 것이다. 빈칸에 들어갈 수치로 가장 적절한 것은?(단, 각 수치는 매년 일정한 규칙으로 변화한다)

구분	한국		중국		일본	
	수출	수입	수출	수입	수출	수입
2014년	797	812	965	1,473	1,307	784
2015년	759	786	959	1,457	1,379	854
2016년	814		1,021	1,557	1,421	897
2017년	867	890	1,215	1,705	1,456	943
2018년	845	865	1,164	1,633	1,478	989
2019년	858	870	1,227	1,423	1,289	1,081

① 802
② 818
③ 833
④ 838
⑤ 841

12 다음 표는 A국의 토지구성 변화를 나타내는 자료이다. 이 자료를 보고 빈칸에 들어갈 숫자로 가장 적절한 것은? (단, 일정한 규칙에 따라 변하고 있다)

〈A국의 토지구성〉					
구분	도시	산림	하천	농경지	기타
1990년	360	5,890	550	2,780	550
1995년	420	5,930	310	2,880	610
2000년	490	5,850	330	2,830	620
2010년	580	6,010	350	2,780	640
2015년	730	5,690	400	2,630	670
2020년	820		430	2,570	670

① 6,330
② 6,340
③ 6,350
④ 6,360
⑤ 6,370

13 다음은 2019년 지자체별 쌀 소득보전 직불금 지급에 대한 자료이다. (A), (B), (C)에 들어갈 숫자로 옳은 것은?
(단, 소수 둘째 자리 및 천 원 단위에서 반올림한다)

구분	대상자 수(명)	대상 면적(ha)	직불금액(천 원)	총액대비(%)	1인당 평균 지급액(만 원)
경기	77,581	71,800	71,372,460	8.6	92
강원	32,561	36,452	35,913,966	4.2	110
충북	53,562	44,675	43,923,103	5.2	82
충남	121,341	145,099	147,152,697	(A)	121
전북	90,539	136,676	137,441,060	16.4	(C)
전남	130,321	171,664	175,094,641	20.9	134
경북	140,982	120,962	119,398,465	14.2	85
경남	107,406	80,483	80,374,802	(B)	75
광역·자치시	39,408	29,615	27,597,745	3.3	70
합계	793,701	837,426	838,268,939	–	–

	(A)	(B)	(C)
①	17.6	9.5	151
②	17.6	9.5	152
③	17.6	9.6	152
④	17.5	9.5	151
⑤	17.5	9.6	151

☑ 확인 Check! ○ △ ✕

14 다음은 A, B, C 세 사람의 신장과 체중을 비교한 자료이다. 자료에 대한 설명으로 옳은 것은?

〈A, B, C 세 사람의 신장·체중 비교표〉

(단위 : cm, kg)

구분	2010년		2015년		2020년	
	신장	체중	신장	체중	신장	체중
A	136	41	152	47	158	52
B	142	45	155	51	163	49
C	138	42	153	48	166	55

① 세 사람 모두 신장과 체중은 계속 증가하였다.
② 세 사람의 연도별 신장 순위와 체중 순위는 동일하다.
③ 2020년 현재 B는 세 사람 중 가장 키가 크다.
④ 2010년 대비 2020년 신장이 가장 많이 증가한 사람은 C이다.
⑤ 2010년 대비 2015년 체중이 가장 많이 증가한 사람은 B이다.

☑ 확인 Check! ○ △ ✕

15 다음은 2017년 상반기부터 2019년 하반기까지 내용별 이메일 스팸 수신량 비율 추이를 조사한 자료이다. 이에 대한 설명으로 옳은 것은?

〈내용별 이메일 스팸 수신량 비율 추이〉

(단위 : %)

구분	2017년 상반기	2017년 하반기	2018년 상반기	2018년 하반기	2019년 상반기	2019년 하반기
성인 이메일	14.8	11.6	26.5	49.0	19.2	29.5
대출·금융 이메일	0.0	1.9	10.2	7.9	2.1	0.1
일반 이메일	85.2	86.5	63.3	43.1	78.7	70.4
합계	100.0	100.0	100.0	100.0	100.0	100.0

① 일반 이메일 스팸 비율의 전반기 대비 증감추이는 대출·금융 이메일 스팸의 전반기 대비 증감추이와 같다.
② 성인 이메일 스팸 수신량은 2017년 상반기보다 2019년 하반기에 더 많았다.
③ 일반 이메일 스팸의 경우 2018년 하반기부터 비율이 계속 증가하고 있다.
④ 2018년 하반기 대출·금융 이메일 스팸의 비율은 전년 동기의 4배 이상이다.
⑤ 성인 이메일 스팸 비율은 2017년 상반기보다 2019년 상반기에 50% 이상 증가하였다.

16 다음은 세계 각국의 경제성장과 1차 에너지소비 간의 인과관계를 분석한 결과이다. 〈보기〉 중 적절한 설명을 모두 고른 것은?

〈경제성장과 1차 에너지소비 간의 인과관계〉

구분	한국	일본	영국	미국	캐나다	프랑스	이탈리아	독일
경제성장 → 에너지소비	○	○	✕	✕	○	○	✕	✕
경제성장 ← 에너지소비	✕	✕	✕	✕	✕	✕	✕	✕
경제성장 ↔ 에너지소비	✕	✕	✕	✕	✕	✕	✕	✕

보기

ㄱ. 미국, 영국, 독일 및 이탈리아에서 경제성장과 1차 에너지소비 사이에는 아무런 인과관계가 존재하지 않음이 발견되었다.

ㄴ. 캐나다, 프랑스, 일본에서는 에너지소비절약 정책이 경제구조를 왜곡시키지 않고 추진할 수 있는 유용한 정책임을 알 수 있다.

ㄷ. 한국에서는 범국민 차원에서 '에너지소비절감 10%' 정책이 추진되고 있는데, 이는 경제성장에 장애를 유발할 가능성이 있음을 알 수 있다.

ㄹ. 한국을 제외한 국가에서는 경제성장과 1차 에너지소비간의 관계가 상호독립적임을 알 수 있다.

① ㄱ, ㄴ   ② ㄷ, ㄹ

③ ㄱ, ㄷ   ④ ㄴ, ㄹ

⑤ ㄱ, ㄹ

17 K공사 홍보실의 H사원은 명절날 KTX 이용자들의 소비심리를 연구하기 위해 4인 가족(어른 2명, 아동 2명)을 기준으로 귀성길 교통수단별 비용을 작성하였다. 다음 표를 작성한 후 H사원의 분석으로 옳지 않은 것은?

〈4인 가족 귀성길 교통수단별 비용〉

(단위 : 원)

교통수단 통행료	경차	중형차	고속버스	KTX
어른요금(2명)	45,600	74,600	68,400	114,600
아동요금(2명)	12,500	25,100	34,200	57,200

※ 경차의 경우 4인 가족 승차 시 아동요금에서 30% 할인된다.
※ 중형차의 경우 4인 가족 승차 시 아동요금에서 20% 할인된다.
※ 고속버스의 경우 4인 가족 승차 시 전체요금에서 20% 할인된다.
※ KTX의 경우 4인 가족 승차 시 전체요금에서 30% 할인된다.

① 4인 가족이 중형차를 이용할 경우 94,680원의 비용이 든다.
② 4인 가족의 경우 KTX 이용 시 가장 비용이 많이 든다.
③ 4인 가족이 고속버스를 이용하는 것이 중형차를 이용하는 것보다 더 저렴하다.
④ 4인 가족이 경차를 이용하는 것이 가장 비용이 저렴하다.
⑤ 4인 가족의 경우 중형차를 이용하는 것이 세 번째로 비용이 많이 든다.

18 다음은 E사의 모집단위별 지원자 수 및 합격자 수를 나타낸 표이다. 표에 대한 설명 중 옳지 않은 것은?

〈모집단위별 지원자 수 및 합격자 수〉

(단위 : 명)

모집단위	남성		여성		합계	
	합격자 수	지원자 수	합격자 수	지원자 수	모집정원	지원자 수
A	512	825	89	108	601	933
B	353	560	17	25	370	585
C	138	417	131	375	269	792
합계	1,003	1,802	237	508	1,240	2,310

※ (경쟁률) $= \dfrac{(지원자 \ 수)}{(모집정원)}$

① 세 개의 모집단위 중, 총 지원자 수가 가장 많은 집단은 A이다.
② 세 개의 모집단위 중, 합격자 수가 가장 적은 집단은 C이다.
③ E사의 남자 합격자 수는 여자 합격자 수의 5배 이상이다.
④ B집단의 경쟁률은 $\dfrac{117}{74}$ 이다.
⑤ C집단에서는 남성의 경쟁률이 여성의 경쟁률보다 높다.

19 다음은 연도별 국가지정문화재 현황에 관한 자료이다. 이에 대한 설명으로 옳은 것을 모두 고르면?

〈연도별 국가지정문화재 현황〉

(단위 : 건)

구분	2014년	2015년	2016년	2017년	2018년	2019년
합계	3,385	3,459	3,513	3,583	3,622	3,877
국보	314	315	315	315	317	328
보물	1,710	1,758	1,774	1,813	1,842	2,060
사적	479	483	485	488	491	495
명승	82	89	106	109	109	109
천연기념물	422	429	434	454	455	456
국가무형문화재	114	116	119	120	122	135
중요민속문화재	264	269	280	284	286	294

㉠ 2015년에서 2019년 사이 전체 국가지정문화재가 전년 대비 가장 많이 증가한 해는 2019년이다.
㉡ 국보 문화재는 2014년보다 2019년에 지정된 건수가 증가했으며, 전체 국가지정문화재에서 차지하는 비중 또한 증가했다.
㉢ 2014년 대비 2019년 국가지정문화재 건수의 증가율이 가장 높은 문화재 종류는 명승 문화재이다.
㉣ 조사기간 중 사적 문화재 지정 건수는 매해 국가무형문화재 지정 건수의 4배가 넘는 수치를 보이고 있다.

① ㉠, ㉡

② ㉠, ㉢

③ ㉡, ㉢

④ ㉡, ㉣

⑤ ㉢, ㉣

20 다음은 암 발생률 추이에 관한 자료이다. 이에 대한 설명으로 옳은 것은?

〈암 발생률 추이〉

(단위 : %)

구분	2008년	2010년	2012년	2014년	2016년	2018년	2019년
위암	31.5	30.6	28.8	25.5	23.9	24.0	24.3
간암	24.1	23.9	23.0	21.4	20.0	20.7	21.3
폐암	14.4	17.0	18.8	19.4	20.6	22.1	24.4
대장암	4.5	4.6	5.6	6.3	7.0	7.9	8.9
유방암	1.7	1.9	1.9	2.2	2.1	2.4	4.9
자궁암	7.8	7.5	7.0	6.1	5.6	5.6	5.6

① 위암의 발생률은 점차 감소하는 추세를 보이고 있다.
② 폐암의 경우 발생률이 계속적으로 증가하고 있으며, 2019년 암 발생의 전년 대비 증가폭이 다른 암에 비해서 가장 크다.
③ 2008년 대비 2019년에 발생률이 증가한 암은 폐암, 대장암, 유방암이다.
④ 2019년에 위암으로 죽은 사망자 수가 가장 많으며, 이러한 추세는 지속될 것으로 보인다.
⑤ 자궁암의 경우 발생 비율이 지속적으로 감소하는 추세를 보이고 있다.

21 다음은 A ~ E 5개국의 경제 및 사회 지표 자료이다. 자료에 대한 설명 중 옳지 않은 것은?

〈주요 5개국의 경제 및 사회 지표〉

구분	1인당 GDP(달러)	경제성장률(%)	수출(백만 달러)	수입(백만 달러)	총 인구(백만 명)
A	27,214	2.6	526,757	436,499	50.6
B	32,477	0.5	624,787	648,315	126.6
C	55,837	2.4	1,504,580	2,315,300	321.8
D	25,832	3.2	277,423	304,315	46.1
E	56,328	2.3	188,445	208,414	24.0

※ (총 GDP)=(1인당 GDP)×(총 인구)

① 경제성장률이 가장 큰 나라가 총 GDP는 가장 작다.
② 총 GDP가 가장 큰 나라의 GDP는 가장 작은 나라의 GDP보다 10배 이상 더 크다.
③ 5개국 중 수출과 수입에 있어서 규모에 따라 나열한 순위는 서로 일치한다.
④ A국이 E국보다 총 GDP가 더 크다.
⑤ 1인당 GDP에 따른 순위와 총 GDP에 따른 순위는 서로 일치한다.

22 다음은 D공단에서 발표한 2013년부터 2019년까지 어린이 보호구역 지정대상 및 현황이다. 〈보기〉에서 아래 자료에 대한 옳지 않은 설명을 모두 고른 것은?

〈어린이 보호구역 지정대상 및 지정현황〉

(단위 : 곳)

구분		2013년	2014년	2015년	2016년	2017년	2018년	2019년
어린이보호구역 지정대상		17,339	18,706	18,885	21,274	21,422	20,579	21,273
어린이 보호구역 지정현황	합계	14,921	15,136	15,444	15,799	16,085	16,355	16,555
	초등학교	5,917	5,946	5,975	6,009	6,052	6,083	6,127
	유치원	6,766	6,735	6,838	6,979	7,056	7,171	7,259
	특수학교	131	131	135	145	146	148	150
	보육시설	2,107	2,313	2,481	2,650	2,775	2,917	2,981
	학원	–	11	15	16	56	36	38

보기

ㄱ. 2016년부터 2019년까지 어린이보호구역 지정대상은 전년 대비 매년 증가하였다.
ㄴ. 2014년 어린이보호구역 지정대상 중 어린이보호구역으로 지정된 구역의 비율은 75% 이상이다.
ㄷ. 어린이보호구역으로 지정된 구역 중 학원이 차지하는 비중은 2017년부터 2019년까지 전년 대비 매년 증가하였다.
ㄹ. 어린이보호구역으로 지정된 구역 중 초등학교가 차지하는 비중은 2013년부터 2016년까지 매년 60% 이상이다.

① ㄱ, ㄴ
② ㄴ, ㄷ
③ ㄷ, ㄹ
④ ㄱ, ㄷ, ㄹ
⑤ ㄴ, ㄷ, ㄹ

23 A공사의 운영본부에서 근무 중인 귀하는 국토교통부에서 제공한 국제 여객·화물 수송량 및 분담률 통계자료를 확인하였으며, 여객서비스 및 화물운영에 필요한 자료를 추려 각 부서에 전달하고자 한다. 다음의 자료를 토대로 귀하가 올바르게 이해하지 못한 것은?

〈국제 여객·화물 수송량 및 분담률〉

[단위 : 여객(천 명), 화물(천 톤), 분담률(%)]

구분			2015년	2016년	2017년	2018년	2019년
여객	해운	수송량	2,534	2,089	2,761	2,660	2,881
		분담률	6.7	5.9	6.4	5.9	5.7
	항공	수송량	35,341	33,514	40,061	42,649	47,703
		분담률	93.3	94.1	93.6	94.1	94.3
화물	해운	수송량	894,693	848,299	966,193	1,069,556	1,108,538
		분담률	99.7	99.7	99.7	99.7	99.7
	항공	수송량	2,997	2,872	3,327	3,238	3,209
		분담률	0.3	0.3	0.3	0.3	0.3

※ 수송분담률 : 여객 및 화물의 총수송량에서 분야별 수송량이 차지하는 비율

① 2015년부터 2019년까지 항공 여객 수송량의 평균은 약 39,853천 명이다.
② 여객 수송은 해운보다 항공이 차지하는 비중이 절대적인 반면, 화물 수송은 그 반대이다.
③ 여객 총수송량과 화물 총수송량은 2016년부터 꾸준히 증가하고 있다.
④ 2019년 해운 여객 수송량은 2016년 대비 37% 이상 증가하였다.
⑤ 2019년 항공 화물 수송량은 2017년 대비 4% 이상 감소하였다.

24 다음은 5월 22일 당일을 기준으로 하여 5월 15일부터 일주일간 수박 1개의 판매가이다. 자료를 이해한 내용으로 옳지 않은 것은?

〈5월 15일 ~ 5월 22일 수박 판매가〉

(단위 : 원/개)

구분		5/15	5/16	5/17	5/18	5/19	5/22(당일)
평균		18,200	17,400	16,800	17,000	17,200	17,400
최고		20,000	20,000	20,000	20,000	20,000	18,000
최저		16,000	15,000	15,000	15,000	16,000	16,000
등락률		−4.4%	0.0%	3.6%	2.4%	1.2%	−
지역별	서울	16,000	15,000	15,000	15,000	17,000	18,000
	부산	18,000	17,000	16,000	16,000	16,000	16,000
	대구	19,000	19,000	18,000	18,000	18,000	18,000
	광주	18,000	16,000	15,000	16,000	17,000	18,000

① 대구의 경우 5월 16일까지는 가격 변동이 없었지만, 5일 전인 5월 17일에 감소했다.

② 5월 17일부터 전체 수박의 평균 가격은 200원씩 일정하게 증가하고 있다.

③ 5월 16일부터 증가한 서울의 수박 가격은 최근 높아진 기온의 영향을 받은 것이다.

④ 5월 15 ~ 18일 서울의 수박 평균 가격은 동기간 부산의 수박 평균 가격보다 낮다.

⑤ 5월 16 ~ 19일 나흘간 광주의 수박 평균 가격은 16,000원이다.

25 다음은 세계 주요 터널 화재 사고 A ~ F에 관한 자료이다. 이에 대한 설명으로 옳은 것은?

〈세계 주요 터널 화재 사고 통계〉

사고	터널길이(km)	화재규모(MW)	복구비용(억 원)	복구기간(개월)	사망자(명)
A	50.5	350	4,200	6	1
B	11.6	40	3,276	36	39
C	6.4	120	72	3	12
D	16.9	150	312	2	11
E	0.2	100	570	10	192
F	1.0	20	18	8	0

※ (사고비용)=(복구비용)+{(사망자 수)×5억 원}

① 터널길이가 길수록 사망자가 많다.

② 화재규모가 클수록 복구기간이 길다.

③ 사고 A를 제외하면 복구기간이 길수록 복구비용이 크다.

④ 사망자가 가장 많은 사고 E는 사고비용도 가장 크다.

⑤ 사망자가 30명 이상인 사고를 제외하면 화재규모가 클수록 복구비용이 크다.

26 다음 표는 국가별 자동차 보유 대수를 나타낸 것이다. 다음 중 옳은 것은?(단, 모든 비율은 소수점 이하 둘째 자리에서 반올림한다)

〈국가별 자동차 보유 대수〉

(단위 : 천 대)

구분		전체	승용차	트럭·버스
유럽	네덜란드	3,585	3,230	355
	독일	18,481	17,356	1,125
	프랑스	17,434	15,100	2,334
	영국	15,864	13,948	1,916
	이탈리아	15,400	14,259	1,414
캐나다		10,029	7,823	2,206
호주		5,577	4,506	1,071
미국		129,943	104,898	25,045

① 자동차 보유 대수에서 승용차가 차지하는 비율이 가장 높은 나라는 프랑스이다.
② 자동차 보유 대수에서 트럭·버스가 차지하는 비율이 가장 높은 나라는 미국이다.
③ 자동차 보유 대수에서 승용차가 차지하는 비율이 가장 낮은 나라는 호주지만, 그래도 90%를 넘는다.
④ 프랑스는 승용차와 트럭·버스의 비율이 3 : 1로 거의 비슷하다.
⑤ 유럽 국가는 미국, 캐나다, 호주와 비교했을 때, 자동차 보유 대수에서 승용차가 차지하는 비율이 높다.

27 다음은 대륙별 인터넷 이용자 수에 관한 자료이다. 자료에 대한 설명으로 적절하지 않은 것은?

〈대륙별 인터넷 이용자 수〉

(단위 : 백만 명)

구분	2012년	2013년	2014년	2015년	2016년	2017년	2018년	2019년
중동	66	86	93	105	118	129	141	161
유럽	388	410	419	435	447	466	487	499
아프리카	58	79	105	124	148	172	193	240
아시아·태평양	726	872	988	1,124	1,229	1,366	1,506	1,724
아메리카	428	456	483	539	584	616	651	647
독립국가연합	67	95	114	143	154	162	170	188

① 2019년 중동의 인터넷 이용자 수는 2012년에 비해 9천 5백만 명이 늘었다.
② 2018년에 비해 2019년의 인터넷 이용자 수가 감소한 대륙은 한 곳이다.
③ 2019년 아프리카의 인터넷 이용자 수는 2015년에 비해 약 1.9배 증가했다.
④ 조사 기간 중 아시아·태평양의 인터넷 이용자 수의 증가량이 전년 대비 가장 큰 해는 2013년이다.
⑤ 조사 기간 중 대륙별 인터넷 이용자 수의 1·2·3순위는 2019년까지 계속 유지되고 있다.

28 다음은 주요 항만별 선박 입항 현황에 대한 자료이다. 이에 대한 설명으로 옳지 않은 것은?

〈주요 항만별 선박 입항 현황〉

(단위 : 대)

구분	2015년	2016년	2017년	2018년 3/4분기			2019년 3/4분기		
				소계	외항	내항	소계	외항	내항
전체	139,080	151,109	163,451	119,423	43,928	75,495	126,521	45,395	81,126
부산항	32,803	34,654	37,571	27,681	16,248	11,433	28,730	17,127	11,603
울산항	20,828	22,742	24,241	17,977	7,233	10,744	17,676	7,434	10,242
인천항	19,383	20,337	22,475	16,436	5,044	11,392	17,751	4,854	12,897
광양항	15,759	17,810	19,476	14,165	5,581	8,584	14,372	5,548	8,824
목포항	6,116	7,358	7,418	6,261	273	5,988	8,496	274	8,222
포항항	6,508	6,935	7,077	5,242	1,950	3,292	5,950	1,906	4,044

① 2015년부터 2017년까지 부산항은 가장 많은 입항 횟수를 지속적으로 유지하고 있다.

② 2019년 3/4분기에 전년 동분기 대비 가장 높은 증가율을 보이고 있는 항구는 목포항이다.

③ 2018년 3/4분기와 2019년 3/4분기의 내항의 입항 선박 차이가 가장 큰 항구는 인천항이다.

④ 2019년 입항 선박 규모가 전년 동분기 대비 감소한 항구는 1곳이다.

⑤ 2015년과 비교했을 때, 2017년 입항 선박 수가 가장 많이 늘어난 항은 부산항이다.

29 다음은 A도서관에서 특정시점에 구입한 도서 10,000권에 대한 5년간의 대출현황을 조사한 자료이다. 이에 대한 설명 중 옳지 않은 것은?

〈도서 10,000권의 5년간 대출현황〉

(단위 : 권)

구분	구입 ~ 1년	구입 ~ 3년	구입 ~ 5년
0회	5,302	4,021	3,041
1회	2,912	3,450	3,921
2회	970	1,279	1,401
3회	419	672	888
4회	288	401	519
5회	109	177	230
합계	10,000	10,000	10,000

① 구입 후 1년 동안 도서의 절반 이상이 대출됐다.

② 도서의 약 40%가 구입 후 3년 동안 대출되지 않았으며, 도서의 약 30%가 구입 후 5년 동안 대출되지 않았다.

③ 구입 후 1년 동안 1회 이상 대출된 도서의 60% 이상이 단 1회 대출됐다.

④ 구입 후 1년 동안 도서의 평균 대출횟수는 약 0.78권이다.

⑤ 구입 후 5년 동안 적어도 2회 이상 대출된 도서의 비율은 전체 도서의 약 30%이다.

30 다음은 2019년 1 ~ 7월 지하철 승차인원에 관한 자료이다. 이에 대한 설명으로 옳지 않은 것은?

〈2019년 1 ~ 7월 서울 지하철 승차인원〉

(단위 : 만 명)

구분	1월	2월	3월	4월	5월	6월	7월
1호선	818	731	873	831	858	801	819
2호선	4,611	4,043	4,926	4,748	4,847	4,569	4,758
3호선	1,664	1,475	1,807	1,752	1,802	1,686	1,725
4호선	1,692	1,497	1,899	1,828	1,886	1,751	1,725
5호선	1,796	1,562	1,937	1,910	1,939	1,814	1,841
6호선	1,020	906	1,157	1,118	1,164	1,067	1,071
7호선	2,094	1,843	2,288	2,238	2,298	2,137	2,160
8호선	548	480	593	582	595	554	566
합계	14,243	12,537	15,480	15,007	15,389	14,379	14,665

① 3월의 전체 승차인원이 가장 많았다.
② 4호선을 제외한 7월의 호선별 승차인원은 전월보다 모두 증가했다.
③ 8호선의 7월 승차인원은 1월 대비 3% 이상 증가했다.
④ 2호선과 8호선의 전월 대비 2 ~ 7월의 증감 추이는 같다.
⑤ 3호선과 4호선의 승차인원 차이는 5월에 가장 컸다.

31 다음은 우리나라의 농축산물 대미 수입규모에 대한 자료이다. 자료를 분석한 것 중 옳지 않은 것은?

〈농축산물 대미 수입규모〉

(단위 : 천 톤/백만 달러)

구분	전체 수입규모		대미 수입규모		
	물량	금액	물량	금액	비중
농산물	32,777	17,896	8,045	4,408	24.6%
곡류	15,198	3,872	4,867	1,273	24.6%
밀	4,064	1,127	1,165	363	32.9%
옥수수	10,368	2,225	3,539	765	32.3%
대두	1,330	654	532	287	43.9%
축산물	1,464	5,728	410	1,761	30.7%
쇠고기	331	2,008	115	802	39.9%
돼지고기	494	1,424	151	455	32.0%
치즈	116	502	55	251	50.0%
합계	34,241	23,624	8,455	6,169	26.1%

① 대두에 대한 수입규모는 미국이 모든 나라 중 가장 크다.

② 전체 수입규모 중 금액이 가장 큰 품목은 곡류이다.

③ 수입품목 중 대미 수입규모가 가장 큰 비중을 차지하는 것은 치즈이다.

④ 밀은 미국에서 수입하는 물량보다 전체 수입하는 물량이 3배 이상 많다.

⑤ 돼지고기는 축산물 수입품목 중 물량이 가장 많다.

32 다음은 2019년 소양강댐의 수질정보에 관한 자료이다. 이에 대한 내용으로 옳지 않은 것은?

〈2019년 소양강댐의 수질정보〉

(단위 : ℃, mg/L)

구분	수온	DO	BOD	COD
1월	5	12.0	1.4	4.1
2월	5	11.5	1.1	4.5
3월	8	11.3	1.3	5.0
4월	13	12.1	1.5	4.6
5월	21	9.4	1.5	6.1
6월	23	7.9	1.3	4.1
7월	27	7.3	2.2	8.9
8월	29	7.1	1.9	6.3
9월	23	6.4	1.7	6.6
10월	20	9.4	1.7	6.9
11월	14	11.0	1.5	5.2
12월	9	11.6	1.4	6.9

※ DO : 용존산소량
※ BOD : 생화학적 산소요구량
※ COD : 화학적 산소요구량

① 조사기간 중 8월의 수온이 가장 높았다.
② DO가 가장 많았을 때와 가장 적었을 때의 차는 5.7mg/L이다.
③ 소양강댐의 COD는 항상 DO보다 적었다.
④ 7월 대비 12월의 소양강댐의 BOD 감소율은 30% 이상이다.
⑤ DO는 대체로 여름철보다 겨울철에 더 높았다.

33 다음은 우리나라 역대 대통령 선거의 투표율을 지역별로 구별한 표이다. 다음 중 옳지 않은 것은?

〈역대 대통령 선거 지역별 투표율〉

(단위 : %)

구분	15대	16대	17대	18대
서울	80.5	71.4	62.9	75.1
부산	78.9	71.2	62.1	76.2
대구	78.9	71.1	66.8	79.7
인천	80	67.8	60.3	74
광주	89.9	78.1	64.3	80.4
대전	78.6	67.6	61.9	76.5
울산	81.1	70	64.6	78.4
세종	–	–	–	74.1
경기	80.6	69.6	61.2	75
강원	78.5	68.4	62.6	73.8
충북	79.3	68	61.3	75
충남	77	66	60.4	72.9
전북	85.5	74.6	67.2	77
전남	87.3	76.4	64.7	76.6
경북	79.2	71.6	68.5	78.2
경남	80.3	72.4	64.1	77
제주	77.1	68.6	60.9	73.3

① 15 ~ 18대 대통령 선거 전체에서 투표율이 가장 높은 지역은 광주이다.
② 17대 대통령 선거에서 가장 투표율이 높은 지역은 경북이다.
③ 18대 대통령 선거 투표율이 15대 대통령 선거 투표율보다 높은 지역은 없다.
④ 15 ~ 18대 대통령 선거 지역별 투표율 중 최저치를 기록한 지역은 매번 같은 곳은 아니다.
⑤ 17대 대통령 선거의 전체 투표율은 68.5%를 넘지 않는다.

34 다음은 국제 대출금리 동향에 대한 자료이다. 자료에 대한 해석으로 옳지 않은 것은?

〈국제 대출금리 동향〉

(단위 : %)

구분		2013년	2014년	2015년	2016년	2017년	2018년	2019년
한국	금리	5.59	5.99	6.55	7.17	5.65	5.51	5.76
	지수	85.34	91.45	100.00	109.47	86.26	84.12	87.94
미국	금리	5.86	6.41	6.34	6.04	5.04	4.69	4.46
	지수	92.43	101.10	100.00	95.27	79.50	73.97	70.35
독일	금리	2.09	2.82	3.87	3.86	0.71	0.44	0.87
	지수	54.01	72.87	100.00	99.74	18.35	11.37	22.48
중국	금리	5.58	6.12	7.47	5.31	5.31	5.81	6.56
	지수	74.70	81.93	100.00	71.08	71.08	77.78	87.82
일본	금리	1.68	1.67	1.88	1.91	1.72	1.60	N.A.
	지수	89.36	88.83	100.00	101.60	91.49	85.11	N.A.

※ N.A(Not Available) : 참고 예상 수치 없음

① 2013년 대비 2015년의 대출금리 증가율이 가장 높은 나라는 독일이다.

② 2013 ~ 2019년 대출금리의 등락폭이 가장 큰 나라는 독일로, 가장 높았을 때와 가장 낮았을 때의 포인트 차이는 3.5%p 이상이다.

③ 독일의 대출금리가 일본보다 떨어지기 시작한 해는 2017년이었으며, 2018년에도 일본의 대출금리를 앞지르지 못했다.

④ 조사 기간 중 가장 높은 금리를 기록한 나라는 중국이다.

⑤ 2017년에 전년 대비 지수의 등락폭이 가장 큰 나라와 가장 작은 나라와의 지수 차이는 50%p 이상이다.

35 다음은 우리나라의 환경보호 관련 지출 및 수입에 관한 자료이다. 이에 대한 설명으로 옳지 않은 것은?

〈우리나라의 환경보호 관련 지출 및 수입〉

(단위 : 백만 원, %)

구분	투자지출	내부 경상지출	보조금	부산물 수입	부담금	지출 합계	수입 합계
대기보호	1,345,897 (16.5)	1,624,621 (16.2)	456 (8.0)	38,947 (6.0)	144,180 (2.8)	2,970,974 (16.3)	183,127 (3.2)
폐수관리	3,767,561 (46.1)	2,631,914 (26.3)	0 (0.0)	16,808 (2.6)	1,824,371 (35.9)	6,399,475 (35.2)	1,841,179 (32.1)
폐기물관리	1,153,593 (14.1)	4,193,745 (41.9)	83 (1.5)	591,270 (90.5)	2,911,455 (57.3)	5,347,421 (29.4)	3,502,725 (61.1)
토양·수질 보호	337,874 (4.1)	320,435 (3.2)	273 (4.8)	521 (0.1)	39,379 (0.8)	658,582 (3.6)	39,900 (0.7)
소음·진동 방지	140,846 (1.7)	71,290 (0.7)	0 (0.0)	63 (0.0)	17,229 (0.3)	212,136 (1.2)	17,292 (0.3)
생태계보호	987,942 (12.1)	447,740 (4.5)	2,590 (45.3)	0 (0.0)	33,494 (0.7)	1,438,272 (7.9)	33,494 (0.6)
방사선피해 방지	51,544 (0.6)	105,305 (1.1)	0 (0.0)	0 (0.0)	28,696 (0.6)	156,849 (0.9)	28,696 (0.5)
연구개발	237,482 (2.9)	169,624 (1.7)	0 (0.0)	350 (0.1)	4,227 (0.1)	407,106 (2.2)	4,577 (0.1)
기타 환경보호	142,592 (1.7)	439,788 (4.4)	2,312 (40.4)	5,471 (0.8)	74,814 (1.5)	584,692 (3.2)	80,285 (1.4)
합계	8,165,331 (100.0)	10,004,462 (100.0)	5,714 (100.0)	653,430 (100.0)	5,077,845 (100.0)	18,175,507 (100.0)	5,731,275 (100.0)

① 환경보호 관련 지출액이 가장 많은 분야는 폐수관리이고, 수입액이 가장 많은 분야는 폐기물관리이다.
② 대기보호 분야의 투자지출액은 대기보호 분야 전체 지출액의 40% 미만이다.
③ 부산물 수입이 10% 미만인 분야가 보조금이 10% 미만인 분야보다 많다.
④ 생태계보호 분야의 투자지출액은 생태계보호 분야 전체 지출액의 70% 미만이다.
⑤ 투자지출액이 가장 많은 분야는 폐수관리이다.

36 다음은 국가별 PCT 출원에 대한 자료이다. 이에 대한 설명으로 옳지 않은 것은?

〈국가별 PCT(지적재산권) 출원 건수와 비율〉

(단위 : 건, %)

구분		2013년	2014년	2015년	2016년	2017년	2018년	2019년
한국	건수	4,686	5,945	7,064	7,899	8,035	9,669	9,292
	비중	3.43	3.97	4.42	4.84	5.17	5.88	5.75
일본	건수	24,870	27,025	27,743	28,760	29,802	32,150	35,331
	비중	18.19	18.06	17.35	17.62	19.18	19.57	21.85
중국	건수	2,503	3,942	5,455	6,120	7,900	12,296	14,318
	비중	1.83	2.63	3.41	3.75	5.08	7.48	8.86
독일	건수	15,991	16,736	17,821	18,855	16,797	17,568	16,675
	비중	11.69	11.18	11.14	11.55	10.81	10.69	10.31
프랑스	건수	5,742	6,256	6,560	7,072	7,237	7,245	6,474
	비중	4.20	4.18	4.10	4.33	4.66	4.41	4.00
미국	건수	26,882	51,280	54,042	51,642	45,625	45,000	43,076
	비중	34.28	34.27	33.79	31.64	29.36	27.39	26.64

① 한국의 PCT 국제출원 건수는 2019년을 제외하고는 매년 모두 증가했다.

② 2013년에 비해 2019년의 비중이 가장 크게 증가한 나라는 중국이다.

③ 2013년에 비해 2019년의 비중이 낮아진 나라는 모두 세 나라이다.

④ 제시된 나라 중 매년 가장 큰 비중을 차지하고 있는 나라는 미국이다.

⑤ 조사기간 동안 프랑스의 출원 건수는 한국의 출원 건수보다 매년 조금씩 많다.

37 다음은 행정구역별 화재현황에 관한 자료이다. 이에 대한 설명으로 옳은 것은?

〈행정구역별 화재현황〉

(단위 : 건)

구분	2014년	2015년	2016년	2017년	2018년
전국	42,135	44,435	43,413	44,178	42,338
서울특별시	5,815	5,921	6,443	5,978	6,368
부산광역시	2,026	1,973	2,199	2,609	2,471
대구광역시	1,767	1,817	1,739	1,612	1,440
인천광역시	1,818	1,875	1,790	1,608	1,620
광주광역시	1,010	1,006	956	923	860
대전광역시	1,291	1,254	974	1,059	1,094
울산광역시	890	874	928	959	887
세종특별자치시	223	252	300	316	236
경기도	9,675	10,333	10,147	9,799	9,632
강원도	2,182	2,485	2,315	2,364	2,228
충청북도	1,316	1,373	1,379	1,554	1,414
충청남도	2,838	3,031	2,825	2,775	2,605
전라북도	1,652	1,962	1,983	1,974	2,044
전라남도	2,620	2,647	2,454	2,963	2,635
경상북도	2,803	3,068	2,651	2,817	2,686
경상남도	3,622	3,960	3,756	4,117	3,482
제주특별자치도	587	604	574	751	636

① 매년 화재 건수가 3번째로 많은 지역은 경상북도이다.

② 충청북도는 매년 화재 건수가 증가하는 추이를 보인다.

③ 전국의 화재 건수와 동일한 증감 추이를 보이는 지역은 총 5곳이다.

④ 강원도의 2018년 화재 건수는 전년 대비 7% 이상 감소했다.

⑤ 2018년 서울의 화재 건수는 전체의 20% 이상이다.

38 다음은 A보험사에서 조사한 직업별 생명보험 가입 건수를 나타내는 자료이다. 이에 대한 설명으로 적절하지 않은 것은?

〈직업별 생명보험 가입 건수〉

(단위 : %)

구분	사례 수	1건	2건	3건	4건	5건	6건	7건 이상	평균
관리자	40건	1.6	30.2	14.9	25.9	3.9	8.9	14.6	4건
전문가 및 관련종사자	108건	7.3	20.1	19.5	18.3	5.3	12.6	16.9	4.3건
사무 종사자	410건	10.3	16.9	16.8	24.1	18.9	5.9	7.1	3.8건
서비스 종사자	259건	13.4	18.9	20.5	20.8	12.1	4.1	10.2	3.7건
판매 종사자	443건	10.6	22.2	14.5	18.6	12	10.7	11.4	4건
농림어업 숙련 종사자	86건	26.7	25.2	22.2	13.6	6.1	4.1	2.1	2.7건
기능원 및 관련 종사자	124건	7.3	25.6	17.1	21.3	19.4	6.2	3.1	3.5건
기계조작 및 조립 종사자	59건	11.0	18.3	18.2	25.4	17.6	5.4	4.1	3.7건
단순 노무 종사자	65건	26.0	33.8	15.4	9.3	3.5	7.2	4.8	2.8건
주부	9건	55.2	13.7	20.8	0	10.3	0	0	2건
기타	29건	19.9	39.2	6.1	15.1	6.2	5.6	7.9	3.1건

① 3건 가입한 사례 수를 비교하면, 판매 종사자 가입 건수가 서비스 종사자 가입 건수보다 많다.

② 5건 가입한 사례 수를 비교하면, 가입 건수가 가장 많은 직업은 사무 종사자이다.

③ 전문가 및 관련종사자와 단순 노무 종사자 모두 가입 건수는 2건 가입한 사례 수가 가장 많다.

④ 기계조작 및 조립 종사자가 단순 노무 종사자보다 평균적으로 생명보험을 많이 가입함을 알 수 있다.

⑤ 6건 가입한 사례 수를 비교하면, 서비스 종사자 가입 건수가 기능원 및 관련 종사자 가입 건수보다 적다.

39 다음은 상품군별 온라인 및 모바일쇼핑 거래액에 관한 자료이다. 자료를 해석한 것으로 옳지 않은 것은?

〈상품군별 온라인 및 모바일쇼핑 거래액〉

(단위 : 억 원, %)

구분	2018년 9월		2019년 9월	
	온라인	모바일	온라인	모바일
합계	50,000	30,000	70,000	42,000
컴퓨터 및 주변기기	2,450	920	3,700	1,180
가전 · 전자 · 통신기기	5,100	2,780	7,000	3,720
소프트웨어	50	10	50	10
서적	1,000	300	1,300	500
사무 · 문구	350	110	500	200
음반 · 비디오 · 악기	150	65	200	90
의복	5,000	3,450	6,000	4,300
신발	750	520	1,000	760
가방	900	640	1,500	990
패션용품 및 액세서리	900	580	1,500	900
스포츠 · 레저용품	1,450	1,000	2,300	1,300
화장품	4,050	2,970	5,700	3,700
아동 · 유아용품	2,200	1,500	2,400	1,900
음 · 식료품	6,200	4,500	11,500	7,600
농축수산물	2,000	915	2,400	1,500
생활 · 자동차용품	5,500	3,340	6,700	4,500
가구	1,300	540	1,850	1,000
애완용품	250	170	400	300
여행 및 예약서비스	9,000	4,360	11,000	5,800
각종서비스 및 기타	1,400	1,330	3,000	1,750

① 2019년 9월 온라인쇼핑 거래액은 7조 원으로 전년 동월 대비 40% 증가했다.

② 2019년 9월 모바일쇼핑 거래액은 4조 2,000억 원으로 전년 동월 대비 40% 증가했다.

③ 2019년 9월 모바일쇼핑 거래액은 온라인쇼핑 거래액의 60%를 차지한다.

④ 2019년 9월 온라인쇼핑 거래액이 전년 동월보다 낮아진 상품군이 있다.

⑤ 2019년 9월 온라인쇼핑 대비 모바일쇼핑 거래액의 비중이 가장 작은 상품군은 소프트웨어이다.

40 다음은 우리나라 학생들의 성별, 학교 및 연령별 체력검정 현황이다. 이에 대한 설명으로 옳은 것은?

<성별 및 연령별 초·중·고 체력검정 현황>

성별	학교	연령	2016년			2018년		
			50m 달리기(초)	제자리 멀리뛰기(cm)	윗몸 일으키기(회)	50m 달리기(초)	제자리 멀리뛰기(cm)	윗몸 일으키기(회)
남자	초등학교	10세	10.1	152.9	32.0	9.7	156.0	31.0
		11세	9.5	165.0	35.0	9.2	166.8	36.0
	중학교	12세	8.8	181.9	38.0	9.1	180.8	36.0
		13세	8.4	196.4	41.0	8.3	197.5	38.0
		14세	8.1	207.3	43.0	8.1	204.8	38.0
	고등학교	15세	7.8	219.1	44.0	7.7	226.5	46.0
		16세	7.8	224.1	45.0	7.7	225.0	45.0
		17세	7.9	226.0	45.0	7.5	236.0	45.0
여자	초등학교	10세	10.5	136.8	24.0	1.1	142.2	24.0
		11세	10.2	165.0	26.0	10.1	143.3	29.0
	중학교	12세	10.0	149.7	27.0	9.8	154.3	26.0
		13세	10.1	151.8	27.0	10.0	152.3	29.0
		14세	10.2	154.0	28.0	10.1	154.7	26.0
	고등학교	15세	10.1	157.0	29.0	9.9	151.3	26.0
		16세	10.3	156.0	30.0	9.7	159.0	28.0
		17세	10.5	154.1	28.0	9.9	159.8	28.0

① 남학생의 경우, 2016년과 2018년 모두 연령이 높아질수록 50m 달리기 기록이 좋아진다.

② 2018년 11세 여학생의 제자리 멀리뛰기 기록은 16세 남학생의 제자리 멀리뛰기 기록의 60% 이상이다.

③ 2018년 14세 여학생의 경우, 모든 체력검정 영역에서 2016년의 14세 여학생 대비 기록이 좋아졌다.

④ 2016년 중학교 남학생의 경우, 연령이 높아질수록 직전연령 대비 윗몸 일으키기 기록의 증가율이 커진다.

⑤ 남학생의 경우, 2016년과 2018년 모두 제자리 멀리뛰기 기록이 가장 좋은 연령이 윗몸 일으키기 기록도 가장 좋다.

41 다음은 외국인 국내 방문객 및 내국인 해외 여행객에 대한 자료이다. 자료를 보고 판단한 것으로 옳지 않은 것은? (단, 소수점 이하 둘째 자리에서 반올림한다)

〈외국인 국내 방문객 및 내국인 해외 여행객〉

(단위 : 명)

구분	외국인 국내 방문객		내국인 해외 여행객	
	2019년 10월	2018년 10월	2019년 10월	2018년 10월
총계	574,690	475,442	757,538	648,385
아시아	428,368	346,303	553,875	454,102
일본	256,813	179,212	122,777	126,283
중국	59,730	58,477	232,885	164,603
홍콩	11,337	12,276	28,068	20,576
대만	29,415	26,881	10,975	8,137
필리핀	19,098	19,148	30,789	28,554
태국	10,398	8,978	68,309	55,416
싱가포르	7,094	7,572	14,477	13,316
말레이시아	7,847	10,356	5,449	5,204
인도네시아	4,654	5,092	8,247	9,511
인도	5,344	4,489	2,257	1,499
오세아니아	7,149	6,066	31,347	28,165
호주	5,345	4,610	14,740	15,902
뉴질랜드	1,445	1,137	7,169	5,865
북아메리카	59,133	50,285	52,372	54,973
미국	49,225	42,159	42,392	45,332
캐나다	7,404	6,253	8,620	8,383
유럽	49,320	43,376	46,460	42,160
아프리카	1,738	2,142	1,831	1,830
기타*	28,982	27,270	71,653	67,155

※ 기타 : 교포, 승무원 등

① 2019년 10월 외국인 국내 방문객 수가 전년 동월 대비 감소한 아시아 국가는 5개국이다.
② 2019년 10월 내국인 미국 여행객의 전년 동월 대비 감소량은 말레이시아의 국내 방문객 감소량보다 크다.
③ 2019년 10월 뉴질랜드의 국내 방문객과 내국인의 뉴질랜드 여행객 수는 전년 동월 대비 모두 증가했다.
④ 아시아 국가 중 2018년 10월과 2019년 10월 내국인 해외 여행객 수가 많은 순으로 나열하면 상위 5개국의 순서는 동일하다.
⑤ 유럽의 2019년 10월 국내 방문객의 전년 동월 대비 증가율은 내국인의 유럽 여행객 증가율보다 낮다.

42 다음은 국내 주택보급에 대한 자료이다. 다음 〈보기〉에서 자료에 대한 옳지 않은 설명을 모두 고른 것은?

〈국내 주택보급현황〉

(단위 : 천 호)

구분	2017년		2018년		2019년	
	가구 수	주택 수	가구 수	주택 수	가구 수	주택 수
전국	19,110	19,558	19,367	19,876	19,673	20,313
수도권	9,214	9,016	9,332	9,161	9,496	9,335
지방	9,896	10,542	10,035	10,715	10,177	10,978
서울	3,784	3,633	3,784	3,644	3,813	3,671
부산	1,335	1,370	1,344	1,375	1,354	1,396
대구	928	943	935	966	948	988
인천	1,047	1,055	1,064	1,073	1,080	1,084
광주	567	586	569	595	575	606
대전	582	595	590	600	597	604
울산	423	452	426	457	428	468
경기	4,383	4,328	4,484	4,444	4,603	4,580
세종	75	92	90	98	104	116
강원	606	646	616	655	620	668
충북	601	669	617	684	629	700
충남	796	862	813	888	835	922
전북	717	770	724	777	728	785
전남	720	795	727	805	733	816
경북	1,062	1,195	1,076	1,216	1,087	1,247
경남	1,258	1,338	1,273	1,358	1,293	1,404
제주	226	229	235	241	246	258

※ 주택보급률(%)$=\dfrac{(주택 수)}{(가구 수)}\times 100$

※ 수도권은 서울, 인천, 경기지역이고, 지방은 나머지 지역이다.

보기

ㄱ. 경기도의 전년 대비 가구 수 증가율은 2018년이 2019년보다 높다.
ㄴ. 전라남도의 2017년 주택보급률은 대구광역시의 2019년 주택보급률보다 높다.
ㄷ. 2018년 서울의 주택 수가 수도권의 주택 수에서 차지하는 비중은 30% 미만이다.
ㄹ. 광주광역시의 주택보급률은 2018년과 2019년 모두 전년 대비 감소하였다.

① ㄱ
② ㄱ, ㄷ
③ ㄴ, ㄹ
④ ㄱ, ㄷ, ㄹ
⑤ ㄴ, ㄷ, ㄹ

43 다음은 2018년과 2019년 친환경 인증 농산물의 생산 현황에 관한 자료이다. 다음 〈보기〉에서 자료에 대한 옳지 않은 설명을 모두 고른 것은?

(단위 : 톤)

구분		2019년				2018년
		합계	인증형태			
			유기 농산물	무농약 농산물	저농약 농산물	
종류	곡류	343,380	54,025	269,280	20,075	371,055
	과실류	341,054	9,116	26,850	305,088	457,794
	채소류	585,004	74,750	351,340	158,914	753,524
	서류	41,782	9,023	30,157	2,602	59,407
	특용작물	163,762	6,782	155,434	1,546	190,069
	기타	23,253	14,560	8,452	241	20,392
	소계	1,498,235	168,256	841,513	488,466	1,852,241
지역	서울	1,746	106	1,544	96	1,938
	부산	4,040	48	1,501	2,491	6,913
	대구	13,835	749	3,285	9,801	13,852
	인천	7,663	1,093	6,488	82	7,282
	광주	5,946	144	3,947	1,855	7,474
	대전	1,521	195	855	471	1,550
	울산	10,859	408	5,142	5,309	13,792
	세종	1,377	198	826	353	0
	경기도	109,294	13,891	71,521	23,882	126,209
	강원도	83,584	17,097	52,810	13,677	68,300
	충청도	159,495	29,506	64,327	65,662	207,753
	전라도	611,468	43,330	443,921	124,217	922,641
	경상도	467,259	52,567	176,491	238,201	457,598
	제주도	20,148	8,924	8,855	2,369	16,939
	소계	1,498,235	168,256	841,513	488,466	1,852,241

보기

ㄱ. 2019년 친환경 인증 농산물의 모든 종류는 무농약 농산물의 비중이 가장 크다.

ㄴ. 2019년 각 지역 내에서 인증형태별 생산량 순위가 제주도와 동일한 지역은 없다.

ㄷ. 2019년 친환경 인증 농산물의 생산량이 전년 대비 30% 이상 감소한 지역은 총 2곳이다.

ㄹ. 2019년 전라도와 경상도에서 생산된 친환경 인증 농산물 생산량의 합은 전체의 75% 이상을 차지한다.

① ㄱ, ㄴ   ② ㄱ, ㄹ

③ ㄴ, ㄷ   ④ ㄴ, ㄹ

⑤ ㄷ, ㄹ

44 다음은 2019년 경영주 연령 · 영농교육일수별 농가 수를 나타낸 자료이다. 다음 중 옳지 않은 것은?

〈경영주 연령 · 영농교육일수별 농가 수〉

(단위 : 가구)

구분	합계	없음	1 ~ 5일	5 ~ 10일	10 ~ 20일	20 ~ 30일	30 ~ 60일	60 ~ 90일	90일 이상
24세 이하	43	16	27	-	-	-	-	-	-
25 ~ 29세	410	190	119	93	-	-	8	-	-
30 ~ 34세	2,285	1,229	817	144	82	-	-	-	13
35 ~ 39세	7,209	4,118	2,278	499	131	117	57	-	9
40 ~ 44세	27,849	17,766	7,926	1476	507	54	30	28	62
45 ~ 49세	54,481	32,342	17,862	2,730	862	255	235	122	73
50 ~ 54세	101,930	56,824	36,163	5,446	2,275	707	229	31	255
55 ~ 59세	150,577	78,767	58,289	9,554	2,784	626	315	98	144
60 ~ 64세	151,692	77,541	62,360	8,570	2,345	446	201	131	98
65 ~ 69세	179,391	95,164	73,970	7,971	1,622	356	112	128	69
70 ~ 74세	184,822	109,854	68,966	4,795	730	306	22	136	13
75 ~ 79세	170,945	113,370	54,406	2,654	388	59	12	48	8
80세 이상	89,144	69,274	18,977	753	27	-	9	73	31
합계	1,120,778	656,454	402,161	44,690	11,753	2,926	1,260	795	775

① 전체 농가 중 영농교육을 받지 않은 비율은 50%가 넘는다.

② 30세 이상 농가는 절반 이상이 영농교육을 받지 않았다.

③ 50 ~ 59세 중 1 ~ 5일의 교육을 받은 농가 수는 65 ~ 69세의 교육을 받지 않은 농가 수보다 많다.

④ 전체 농가 중 20일 이상 교육을 받은 농가의 비율은 1% 미만이다.

⑤ 1 ~ 5일의 교육을 받은 농가 수는 25 ~ 69세까지는 연령대가 높아질수록 많아진다.

45 다음은 2017 ~ 2019년도의 지방자치단체 재정력 지수에 대한 자료이다. 이 자료에 대한 설명으로 옳은 것은?

⟨2017 ~ 2019년도 지방자치단체 재정력 지수⟩

구분	2017년	2018년	2019년	평균
서울	1.106	1.088	1.010	1.068
부산	0.942	0.922	0.878	0.914
대구	0.896	0.860	0.810	0.855
인천	1.150	0.984	1.011	1.033
광주	0.772	0.737	0.681	0.730
대전	0.874	0.873	0.867	0.871
울산	0.843	0.837	0.832	0.837
경기	1.004	1.065	1.032	1.034
강원	0.417	0.407	0.458	0.427
충북	0.462	0.446	0.492	0.467
전북	0.379	0.391	0.408	0.393
전남	0.319	0.330	0.320	0.323
경북	0.424	0.440	0.433	0.432
경남	0.653	0.642	0.664	0.653

※ 매년 지방자치단체의 기준 재정수입액이 기준 재정수요액에 미치지 않는 경우, 중앙 정부는 그 부족만큼의 지방교부세를 당해 연도에 지급함

※ (재정력 지수)＝(기준 재정수입액)÷(기준 재정수요액)

① 3년간 지방교부세를 지원받은 적이 없는 지방자치단체는 서울, 인천, 경기 3곳이다.

② 3년간 충북은 전남보다 기준 재정수입액이 매년 많았다.

③ 3년간 재정력 지수가 지속적으로 상승한 지방자치단체는 전북이 유일하다.

④ 3년간 지방교부세를 가장 많이 지원받은 지방자치단체는 전남이다.

⑤ 3년간 대전과 울산의 기준 재정수입액이 매년 서로 동일했다면 기준 재정수요액은 대전이 울산보다 항상 많았다.

46 다음은 전력사용에 대한 절약 실천 설문조사 결과이다. 이에 대한 설명으로 옳은 것은?(단, 인원과 비율은 소수점 이하 둘째 자리에서 반올림한다)

〈전력 절약 실천 현황〉

(단위 : %)

구분	2018년				2019년			
	실천 안함	조금 실천함	실천함	매우 실천함	실천 안함	조금 실천함	실천함	매우 실천함
남성	2.5	38.0	43.7	15.8	3.5	32.4	42.1	22.0
여성	3.4	34.7	45.1	16.8	3.9	35.0	41.2	19.9
10대	12.4	48.1	22.5	17.0	13.1	43.2	25.8	17.9
20대	10.4	39.5	27.6	22.5	10.2	38.2	28.4	23.2
30대	11.5	26.4	38.3	23.8	10.7	21.9	42.7	24.7
40대	10.5	25.7	42.1	21.7	9.4	23.9	44.0	22.7
50대	9.3	28.4	40.5	21.8	9.5	30.5	39.2	20.8
60대 이상	10.0	31.3	32.4	26.3	10.4	30.7	33.2	25.7

① 2019년에 '실천함'을 선택한 인원은 남성과 여성 모두 전년 대비 증가했다.

② 2018 ~ 2019년 모든 연령대에서 '실천 안함'의 비율은 50대가 가장 낮다.

③ 여성 조사인구가 매년 500명일 때, '매우 실천함'을 택한 인원은 2019년도에 전년 대비 15명 이상 늘어났다.

④ 2019년의 60대 이상 '조금 실천함'의 비율은 전년 대비 2% 이상의 증가율을 보인다.

⑤ 각 연령대별 '매우 실천함'을 선택한 비율은 2018년 대비 2019년에 모두 증가하였다.

47 다음은 어린이 안전지킴이집 현황에 관한 자료이다. 자료를 보고 〈보기〉에서 옳지 않은 설명을 모두 고른 것은?

〈어린이 안전지킴이집 현황〉

(단위 : 개)

구분		2015년	2016년	2017년	2018년	2019년
선정위치별	유치원	2,151	1,731	1,516	1,381	1,373
	학교	10,799	9,107	7,875	7,700	7,270
	아파트단지	2,730	2,390	2,359	2,460	2,356
	놀이터	777	818	708	665	627
	공원	1,044	896	893	958	918
	통학로	6,593	7,040	7,050	7,348	7,661
	합계	24,094	21,982	20,401	20,512	20,205
선정업소 형태별	24시 편의점	3,013	2,653	2,575	2,528	2,542
	약국	1,898	1,708	1,628	1,631	1,546
	문구점	4,311	3,840	3,285	3,137	3,012
	상가	9,173	7,707	6,999	6,783	6,770
	기타	5,699	6,074	5,914	6,433	6,335
	합계	24,094	21,982	20,401	20,512	20,205

보기

㉠ 선정위치별 어린이 안전지킴이집의 경우 통학로를 제외한 모든 곳에서 매년 감소하고 있다.

㉡ 선정업소 형태별 어린이 안전지킴이집 중 2015년 대비 2019년에 가장 많이 감소한 업소는 상가이다.

㉢ 2018년 대비 2019년의 학교 안전지킴이집의 감소율은 2018년 대비 2019년의 유치원 안전지킴이집의 감소율의 10배 이상이다.

㉣ 2019년 선정업소 형태별 안전지킴이집 중에서 24시 편의점의 개수가 차지하는 비중은 2018년보다 감소하였다.

① ㉠, ㉡
② ㉠, ㉣
③ ㉡, ㉢
④ ㉠, ㉡, ㉣
⑤ ㉠, ㉢, ㉣

48 다음은 우리나라의 예산분야별 재정지출 추이를 나타낸 자료이다. 이에 대한 설명으로 옳은 것은?

〈우리나라 예산분야별 재정지출 추이〉

(단위 : 조 원, %)

구분	2015년	2016년	2017년	2018년	2019년	연평균 증가율
예산	137.3	147.5	153.7	165.5	182.8	7.4
기금	59.0	61.2	70.4	72.9	74.5	6.0
교육	24.5	27.6	28.8	31.4	35.7	9.9
사회복지·보건	32.4	49.6	56.0	61.4	67.5	20.1
R&D	7.1	7.8	8.9	9.8	10.9	11.3
SOC	27.1	18.3	18.4	18.4	18.9	−8.6
농림·해양·수산	12.3	14.1	15.5	15.9	16.5	7.6
산업·중소기업	11.4	11.9	12.4	12.6	12.6	2.5
환경	3.5	3.6	3.8	4.0	4.4	5.9
국방비	18.1	21.1	22.5	24.5	26.7	10.2
통일·외교	1.4	2.0	2.6	2.4	2.6	16.7
문화·관광	2.3	2.6	2.8	2.9	3.1	7.7
공공질서·안전	7.6	9.4	11.0	10.9	11.6	11.2
균형발전	5.0	5.5	6.3	7.2	8.1	12.8
기타	43.5	35.2	35.1	37.0	38.7	−2.9
총지출	196.3	208.7	224.1	238.4	257.3	7.0

※ (총지출)=(예산)+(기금)

① 총지출에 대한 기금의 비중이 가장 컸던 해는 2015년이다.
② 교육 분야의 지출 증가율이 전년 대비 가장 높은 해는 2016년이다.
③ 기타를 제외하고 전년 대비 지출액이 동일한 해가 있는 분야는 2개이다.
④ 사회복지·보건 분야가 차지하고 있는 비율은 언제나 가장 높다.
⑤ 기금의 연평균 증가율보다 낮은 연평균 증가율을 보이는 분야는 3개이다.

49 다음은 시도별 인구변동 현황에 대한 자료이다. 이에 대한 〈보기〉의 설명 중 옳은 것을 모두 고르면?

〈시도별 인구변동 현황〉

(단위 : 천 명)

구분	2010년	2011년	2012년	2013년	2014년	2015년	2016년
전체	49,582	49,782	49,990	50,269	50,540	50,773	51,515
서울	10,173	10,167	10,181	10,193	10,201	10,208	10,312
부산	3,666	3,638	3,612	3,587	3,565	3,543	3,568
대구	2,525	2,511	2,496	2,493	2,491	2,489	2,512
인천	2,579	2,600	2,624	2,665	2,693	2,710	2,758
광주	1,401	1,402	1,408	1,413	1,423	1,433	1,455
대전	1,443	1,455	1,466	1,476	1,481	1,484	1,504
울산	1,081	1,088	1,092	1,100	1,112	1,114	1,126
경기	10,463	10,697	10,906	11,106	11,292	11,460	11,787

보기

ㄱ 서울인구와 경기인구의 차이는 2010년에 비해 2016년에 더 커졌다.
ㄴ 2010년과 비교했을 때, 2016년 인구가 감소한 지역은 부산뿐이다.
ㄷ 전년 대비 증가한 인구수를 비교했을 때, 광주는 2016년에 가장 많이 증가했다.
ㄹ 대구는 전년 대비 2012년부터 인구가 지속적으로 감소했다.

① ㄱ, ㄴ

② ㄱ, ㄷ

③ ㄴ, ㄷ

④ ㄴ, ㄹ

⑤ ㄱ, ㄴ, ㄷ

50 다음 자료는 국가별 총 에너지 소비실적 및 수요전망이다. 이에 대한 내용으로 올바르지 않은 것은?

〈국가별 총 에너지 소비실적 및 수요전망〉

(단위 : Moe)

구분	소비실적		수요전망				연평균 증감률(%)
	1990년	2012년	2025년	2030년	2035년	2040년	2012 ~ 2040년
OECD	4,522	5,251	5,423	5,392	5,399	5,413	0.1
미국	1,915	2,136	2,233	2,197	2,192	2,190	0.1
유럽	1,630	1,769	1,738	1,717	1,704	1,697	−0.1
일본	439	452	440	434	429	422	−0.2
Non – OECD	4,059	7,760	10,031	10,883	11,656	12,371	1.7
러시아	880	741	748	770	798	819	0.4
아시아	1,588	4,551	6,115	6,653	7,118	7,527	1.8
중국	879	2,909	3,802	4,019	4,145	4,185	1.3
인도	317	788	1,170	1,364	1,559	1,757	2.9
중동	211	680	899	992	1,070	1,153	1.9
아프리카	391	739	994	1,095	1,203	1,322	2.1
중남미	331	611	784	857	926	985	1.7
합계	8,782	13,361	15,871	16,720	17,529	18,293	1.1

① 2012년 아시아 에너지 소비실적은 1990년의 3배 이상이다.

② Non – OECD 국가의 에너지 수요전망은 2012 ~ 2040년 연평균 1.7%씩 증가한다.

③ 1990년 전체 소비실적에서 중국과 인도의 에너지 소비 비중은 13% 이상이다.

④ 중남미의 소비실적과 수요전망은 모두 증가 추세이다.

⑤ OECD 국가의 수요전망은 2035년부터 증가 추세로 돌아선다.

51 다음은 우리나라의 시·군 중 2019년 경지 면적, 논 면적, 밭 면적 상위 5개 시·군에 대한 자료이다. 〈보기〉 중 옳은 설명을 모두 고른 것은?

〈경지 면적, 논 면적, 밭 면적 상위 5개 시·군〉

(단위 : ha)

구분	순위	시·군	면적
경지 면적	1	해남군	35,369
	2	제주시	31,585
	3	서귀포시	31,271
	4	김제시	28,501
	5	서산시	27,285
논 면적	1	김제시	23,415
	2	해남군	23,042
	3	서산시	21,730
	4	당진시	21,726
	5	익산시	19,067
밭 면적	1	제주시	31,577
	2	서귀포시	31,246
	3	안동시	13,231
	4	해남군	12,327
	5	상주시	11,047

※ (경지면적)=(논 면적)+(밭 면적)

보기

ㄱ. 서산시의 밭 면적은 김제시의 밭 면적보다 더 넓다.
ㄴ. 서귀포시의 논 면적은 제주시의 논 면적의 약 5배이다.
ㄷ. 상주시의 논 면적은 당진시 논 면적의 80% 이하이다.
ㄹ. 2020년 해남군의 밭 면적이 2.5% 증가하였다면, 2020년 해남군의 밭 면적은 약 12,635ha이다.

① ㄱ, ㄷ
② ㄷ, ㄹ
③ ㄱ, ㄷ, ㄹ
④ ㄴ, ㄷ, ㄹ
⑤ ㄱ, ㄴ, ㄷ, ㄹ

52 다음은 2019년 1호선 지하역사 공기질 측정결과에 관한 자료이다. 〈보기〉 중 옳지 않은 설명을 모두 고른 것은?

〈2019년 1호선 지하역사 공기질 측정결과〉

역사명	측정항목 및 기준								
	PM-10	CO_2	HCHO	CO	NO_2	Rn	석면	O_3	TVOC
	$\mu g/m^3$	ppm	$\mu g/m^3$	ppm	ppm	Bq/m^3	이하/cc	ppm	$\mu g/m^3$
기준치	140	1,000	100	9	0.05	148	0.01	0.06	500
1호선 평균	91.4	562	8.4	0.5	0.026	30.6	0.01 미만	0.017	117.7
서울역	86.9	676	8.5	0.6	0.031	25.7	0.01 미만	0.009	56.9
시청	102.0	535	7.9	0.5	0.019	33.7	0.01 미만	0.022	44.4
종각	79.4	562	9.5	0.6	0.032	35.0	0.01 미만	0.016	154.4
종각3가	87.7	495	6.4	0.6	0.036	32.0	0.01 미만	0.008	65.8
종로5가	90.1	591	10.4	0.4	0.020	29.7	0.01 미만	0.031	158.6
동대문	89.4	566	9.2	0.7	0.033	28.5	0.01 미만	0.016	97.7
동묘앞	93.6	606	8.3	0.5	0.018	32.0	0.01 미만	0.023	180.4
신설동	97.1	564	4.8	0.4	0.015	44.5	0.01 미만	0.010	232.1
제기동	98.7	518	8.0	0.5	0.024	12.0	0.01 미만	0.016	98.7
청량리	89.5	503	11.4	0.6	0.032	32.5	0.01 미만	0.014	87.5

보기

㉠ CO가 1호선 평균보다 낮게 측정된 역사는 종로5가와 신설동이다.

㉡ HCHO가 가장 높게 측정된 역과 가장 낮게 측정된 역의 평균은 1호선 평균 HCHO 수치보다 높다.

㉢ 시청역은 PM-10이 가장 높게 측정됐지만, TVOC는 가장 낮게 측정되었다.

㉣ 청량리역은 3가지 항목에서 1호선 평균이 넘는 수치가 측정됐다.

① ㉠, ㉡　　　　　　　　　　　② ㉠, ㉢

③ ㉡, ㉢　　　　　　　　　　　④ ㉡, ㉣

⑤ ㉢, ㉣

53 문화기획을 하는 A씨는 올해 새로운 공연을 기획하고자 한다. 문화예술에 대한 국민의 관심과 참여 수준을 파악하여 그것을 기획에 반영하고자 할 때, 아래 자료를 해석한 것으로 옳지 않은 것은?

〈문화예술 관람률〉

(단위 : %)

구분		2013년	2015년	2017년	2019년
문화예술 성별·연령별 관람률	전체	52.4	54.5	61.0	64.5
	남자	50.5	51.5	58.5	62.0
	여자	54.2	57.4	62.9	66.9
	20세 미만	77.2	77.9	82.6	84.5
	20~29세	79.6	78.2	83.4	83.8
	30~39세	68.2	70.6	77.2	79.2
	40~49세	53.4	58.7	67.4	73.2
	50~59세	35.0	41.2	48.1	56.2
	60세 이상	13.4	16.6	21.7	28.9
문화예술 종류별 관람률	음악·연주회	13.9	13.6	11.6	10.7
	연극	13.9	13.5	13.2	11.8
	무용	1.1	1.5	1.4	1.2
	영화	44.8	45.8	50.3	52.8
	박물관	13.8	14.5	13.3	13.7
	미술관	12.5	11.1	10.2	9.8

① 문화예술 관람률은 계속해서 증가하고 있다.

② 2017년도의 전체 인구수를 100명으로 가정했을 때 그 해 미술관을 관람한 사람은 10명이다.

③ 문화예술 관람률이 접근성을 반영한다면, 접근성이 가장 떨어지는 문화예술은 무용이다.

④ 문화예술 관람률은 남자보다는 여자, 고연령층보다는 저연령층의 관람률이 높다.

⑤ 60세 이상 문화예술 관람률은 2013년 대비 2019년에 100% 이상 증가했다.

54 다음은 2019년 우리나라 시·도별 연평균 문화예술 및 스포츠 관람횟수에 대해 조사한 자료이다. 다음 중 자료에 대한 설명으로 옳지 않은 것은?

〈2019년 시·도별 연평균 문화예술 및 스포츠 관람횟수〉

(단위 : 회)

구분	음악·연주회	연극·마당극·뮤지컬	무용	영화	박물관	미술관	스포츠
전국	2.5	2.4	2.7	6.6	2.6	2.5	3.5
서울특별시	2.9	2.5	2.7	7.2	2.8	2.9	3.9
부산광역시	2.0	2.0	2.0	6.6	2.7	2.0	3.2
대구광역시	2.7	2.2	3.4	6.3	2.5	1.9	2.9
인천광역시	2.2	2.4	2.8	6.3	2.5	2.5	3.6
광주광역시	2.4	2.1	2.7	6.8	2.6	2.3	3.5
대전광역시	2.9	2.1	3.2	6.9	3.1	2.2	3.1
울산광역시	2.2	2.0	2.3	6.2	2.4	2.3	2.9
세종특별자치시	2.7	2.2	3.0	6.8	2.9	2.4	3.2
경기도	2.3	2.5	2.4	6.6	2.4	2.5	3.5
강원도	2.7	2.0	4.9	6.9	2.7	2.5	3.5
충청북도	2.3	2.2	2.3	6.5	2.4	1.9	2.8
충청남도	2.1	2.3	2.2	6.1	2.7	2.0	2.8
전라북도	2.1	2.6	2.6	6.2	2.5	2.1	2.9
전라남도	2.2	2.0	3.5	5.7	2.5	2.5	3.2
경상북도	2.4	2.1	2.9	6.1	2.7	2.1	2.9
경상남도	2.3	2.1	3.4	6.9	2.6	2.4	3.8
제주특별자치도	2.5	2.0	2.1	6.2	2.9	2.7	3.2

① 모든 시·도는 연평균 무용 관람횟수보다 연평균 영화 관람횟수가 더 많다.

② 경상남도에서 영화 다음으로 연평균 관람횟수가 많은 항목은 스포츠 관람이다.

③ 연평균 무용 관람횟수가 가장 많은 시·도는 연평균 스포츠 관람횟수도 가장 높다.

④ 대구광역시의 연평균 박물관 관람횟수는 제주특별자치도의 연평균 박물관 관람횟수의 80% 이상이다.

⑤ 대전광역시는 연극·마당극·뮤지컬을 제외한 모든 항목에서 충청북도보다 연평균 관람횟수가 높다.

55 다음은 2013 ~ 2019년 사고유형별 사건발생현황에 대한 일부 자료이다. 다음 자료에 대한 해석으로 옳지 않은 것은?(단, 비율은 소수점 둘째 자리에서 반올림한다)

〈사고유형별 사고발생현황〉

(단위 : 건)

구분	2013년	2014년	2015년	2016년	2017년	2018년	2019년
합계	280,607	286,851	303,707	294,707	297,337	315,736	303,578
도로교통	226,878	221,711	223,656	215,354	223,552	232,035	220,917
화재	41,863	43,875	43,249	40,932	42,135	44,435	43,413
산불	282	277	197	296	492	623	391
열차	181	177	130	148	130	85	62
지하철	136	100	110	84	79	53	61
폭발	41	49	48	61	48	41	51
해양	1,627	1,750	1,632	1,052	1,418	2,740	2,839
가스	134	126	125	72	72	72	122
유도선	1	–	11	5	11	21	25
환경오염	102	68	92	244	316	246	116
공단내시설	22	11	11	20	43	41	31
광산	34	27	60	82	41	32	37
전기(감전)	585	581	557	605	569	558	546
승강기	129	97	133	88	71	61	42

① 전기(감전) 사고는 2016년부터 매년 감소하는 모습을 보이고 있다.

② 화재 사고는 전체 사고 건수에서 매년 13% 이상 차지하고 있다.

③ 2019년 해양 사고는 2013년 대비 약 74.5%의 증가율을 보였다.

④ 환경오염 사고는 2019년에 전년 대비 약 45.3%의 감소율을 보였다.

⑤ 전체 사고 건수에서 도로교통 사고의 비율은 2013년에 가장 높았다.

56 다음은 K국 6개 수종 삼나무, 낙엽송, 전나무, 참나무, 소나무, 오동나무의 기건비중 및 강도에 관한 자료이다. 〈조건〉에 따라 A와 C에 해당하는 수종을 바르게 나열한 것은?

〈6개 수종의 기건비중 및 강도〉

수종	기건비중 (ton/m³)	강도(N/mm²)			
		압축강도	인장강도	휨강도	전단강도
A	0.53	48	52	88	10
B	0.89	64	125	118	12
C	0.61	63	69	82	9
삼나무	0.37	41	45	72	7
D	0.31	24	21	39	6
E	0.43	51	59	80	7

조건

- 전단강도 대비 압축강도 비가 큰 상위 2개 수종은 낙엽송과 전나무이다.
- 휨강도와 압축강도 차가 큰 상위 2개 수종은 소나무와 참나무이다.
- 참나무의 기건비중은 오동나무 기건비중의 2.5배 이상이다.
- 인장강도와 압축강도의 차가 두 번째로 큰 수종은 전나무이다.

	A	C
①	소나무	낙엽송
②	소나무	전나무
③	오동나무	낙엽송
④	참나무	소나무
⑤	참나무	전나무

57 다음은 2018년과 2019년 어느 학원의 A~E강사의 시급과 수강생 만족도에 관한 자료이다. 이에 대한 설명으로 옳은 것은?

〈강사의 시급 및 수강생 만족도〉

(단위 : 원, 점)

구분	2018년		2019년	
	시급	수강생 만족도	시급	수강생 만족도
A강사	50,000	4.6	55,000	4.1
B강사	45,000	3.5	45,000	4.2
C강사	52,000	( )	54,600	4.8
D강사	54,000	4.9	59,400	4.4
E강사	48,000	3.2	( )	3.5

〈수강생 만족도 점수별 시급 인상률〉

수강생 만족도	인상률
4.5점 이상	10% 인상
4.0점 이상 4.5점 미만	5% 인상
3.0점 이상 4.0점 미만	동결
3.0점 미만	5% 인하

※ 다음 연도 시급의 인상률은 당해 연도 시급 대비 당해 연도 수강생 만족도에 따라 결정된다.
※ 강사가 받을 수 있는 시급은 최대 60,000원이다.

① E강사의 2019년 시급은 45,600원이다.
② 2020년 시급은 D강사가 C강사보다 높다.
③ 2019년과 2020년 시급 차이가 가장 큰 강사는 C이다.
④ C강사의 2018년 수강생 만족도 점수는 4.5점 이상이다.
⑤ 2020년 A강사와 B강사의 시급 차이는 10,000원이다.

58 다음은 초콜릿 수·출입 추이와 2019년 5개국 수·출입 추이에 관한 자료이다. 이에 대한 설명으로 옳지 않은 것은?

〈초콜릿 수·출입 추이〉

(단위 : 천 달러, 톤)

구분	수출금액	수입금액	수출중량	수입중량
2016년	24,351	212,579	2,853	30,669
2017년	22,684	211,438	2,702	31,067
2018년	22,576	220,479	3,223	32,973
2019년	18,244	218,401	2,513	32,649

〈2019년 5개국 초콜릿 수·출입 추이〉

(단위 : 천 달러, 톤)

구분	수출금액	수입금액	수출중량	수입중량
미국	518	39,090	89.9	6,008.9
중국	6,049	14,857	907.2	3,624.4
말레이시아	275	25,442	15.3	3,530.4
싱가포르	61	12,852	12.9	3,173.7
독일	1	18,772	0.4	2,497.4

※ (무역수지)=(수출금액)-(수입금액)

① 2016 ~ 2019년 동안 수출금액은 매년 감소했고, 수출중량 추이는 감소와 증가를 반복했다.
② 2019년 5개국 수입금액 총합은 전체 수입금액의 45% 이상 차지한다.
③ 무역수지는 2017년부터 2019년까지 매년 전년 대비 감소했다.
④ 2019년 5개 국가에서 수입중량이 클수록 수입금액도 높아진다.
⑤ 2019년 5개 국가에서 무역수지가 가장 낮은 국가는 미국이다.

59 다음은 A대학 재학생의 교육에 관한 영역별 만족도와 중요도 점수이다. 이에 대한 〈보기〉의 설명 중 옳은 것을 모두 고른 것은?

〈영역별 만족도 점수〉

(단위 : 점)

영역 \ 연도	2017년	2018년	2019년
교과	3.60	3.41	3.45
비교과	3.73	3.50	3.56
교수활동	3.72	3.52	3.57
학생복지	3.39	3.27	3.31
교육환경 및 시설	3.66	3.48	3.56
교육지원	3.57	3.39	3.41

〈영역별 중요도 점수〉

(단위 : 점)

영역 \ 연도	2017년	2018년	2019년
교과	3.74	3.54	3.57
비교과	3.77	3.61	3.64
교수활동	3.89	3.82	3.81
학생복지	3.88	3.73	3.77
교육환경 및 시설	3.84	3.69	3.73
교육지원	3.78	3.63	3.66

※ 해당영역별 요구충족도(%) = $\dfrac{\text{(해당영역 만족도 점수)}}{\text{(해당영역 중요도 점수)}} \times 100$

보기

ㄱ. 중요도 점수가 높은 영역부터 차례대로 나열하면 그 순서는 매년 동일하다.
ㄴ. 2019년 만족도 점수는 각 영역에서 전년보다 높다.
ㄷ. 만족도 점수가 가장 높은 영역과 가장 낮은 영역의 만족도 점수 차이는 2018년이 2017년보다 크다.
ㄹ. 2019년 요구충족도가 가장 높은 영역은 교과 영역이다.

① ㄱ, ㄴ
② ㄱ, ㄷ
③ ㄷ, ㄹ
④ ㄱ, ㄴ, ㄹ
⑤ ㄴ, ㄷ, ㄹ

60 다음은 실적별 및 투여경로별 의약품 생산 및 수입 실적 현황에 대한 자료이다. 이에 대한 〈보기〉의 설명 중 옳지 않은 것을 모두 고른 것은?

〈2018년 실적별 및 투여경로별 의약품 생산 및 수입 실적 현황〉

(단위 : 개, 억 원)

실적별	투여경로별	전체의약품		전문의약품		일반의약품	
		품목 수	금액	품목 수	금액	품목 수	금액
생산실적	전체	19,494	159,048	13,901	134,131	5,593	24,917
	경구약	14,659	111,025	10,308	91,225	4,351	19,800
	주사제	2,460	34,313	2,460	34,313	0	0
	외용약 등	2,375	13,710	1,133	8,593	1,242	5,117
수입실적	전체	2,194	43,717	1,954	42,262	240	1,455
	경구약	916	23,429	817	22,590	99	839
	주사제	789	15,851	789	15,851	0	0
	외용약 등	489	4,437	348	3,821	141	616

〈2019년 실적별 및 투여경로별 의약품 생산 및 수입 실적 현황〉

(단위 : 개, 억 원)

실적별	투여경로별	전체의약품		전문의약품		일반의약품	
		품목 수	금액	품목 수	금액	품목 수	금액
생산실적	전체	19,632	172,181	13,982	143,646	5,650	28,535
	경구약	14,766	118,945	10,346	96,478	4,420	22,467
	주사제	2,476	37,979	2,476	37,979	0	0
	외용약 등	2,390	15,257	1,160	9,189	1,230	6,068
수입실적	전체	2,202	42,717	1,979	41,336	223	1,381
	경구약	926	21,246	836	20,545	90	701
	주사제	779	16,359	779	16,359	0	0
	외용약 등	497	5,112	364	4,432	133	680

※ 모든 의약품은 경구약, 주사제, 외용약 등으로만 구분된다.

보기

ㄱ. 2018년과 2019년 모두 일반의약품 품목 수가 전문의약품 품목 수보다 모든 품목에서 크다.

ㄴ. 전체 경구약 수입품목 수는 2018년 대비 2019년에 5% 이상 감소하였다.

ㄷ. 2019년 경구약 전문의약품의 생산금액은 수입금액의 3.5배 이상이다.

ㄹ. 전체의약품의 전체 생산금액과 전문의약품의 전체 생산금액은 2018년과 2019년 모두 전년 대비 20% 이상 증가하였다.

① ㄱ, ㄴ 　　　　　　　② ㄱ, ㄹ

③ ㄴ, ㄷ 　　　　　　　④ ㄱ, ㄴ, ㄹ

⑤ ㄴ, ㄷ, ㄹ

61 다음은 국가별 음악 산업 수출·수입액 현황에 관한 자료이다. 이에 대한 설명으로 옳지 않은 것은?

〈국가별 음악 산업 수출액 현황〉

(단위 : 천 달러, %)

구분	2013년	2014년	2015년	전년 대비 증감률
중국	10,186	52,798	89,761	70.0
일본	221,739	235,481	242,370	2.9
동남아	38,166	39,548	40,557	2.6
북미	1,024	1,058	1,085	2.6
유럽	4,827	4,778	4,976	4.1
기타	1,386	1,987	2,274	14.4
전체	277,328	335,650	381,023	13.5

〈국가별 음악 산업 수입액 현황〉

(단위 : 천 달러, %)

구분	2013년	2014년	2015년	전년 대비 증감률
중국	103	112	129	15.2
일본	2,650	2,598	2,761	6.3
동남아	63	65	67	3.1
북미	2,619	2,604	2,786	7.0
유럽	7,201	7,211	7,316	1.5
기타	325	306	338	10.5
전체	12,961	12,896	13,397	3.9

※ 전년 대비 증감률은 2015년을 기준으로 한다.

① 중국의 2014년 대비 2015년의 음악 산업 수출액의 증가율은 다른 국가보다 높았으며, 수입액의 증가율 또한 다른 국가보다 높았다.

② 2014년에는 기타국가를 포함한 세 개 국가의 수입액이 전년보다 감소했으며, 전체 수입액 또한 전년보다 감소하였다.

③ 일본의 2013년 대비 2015년 음악 산업 수출액의 증가율은 수입액의 증가율보다 작다.

④ 조사기간 중 매해 동남아의 음악 산업 수출액은 수입액의 600배를 넘었다.

⑤ 2015년 전체 음악 산업 수입액 중 북미와 유럽의 음악 산업 수입액이 차지하는 비중은 70% 이상이다.

62 다음은 도로별 일평균 교통량에 대한 자료이다. 이에 대한 설명으로 옳지 않은 것은?

〈고속국도의 일평균 교통량〉

(단위 : 대)

구분	2012년	2013년	2014년	2015년	2016년
승용차	28,864	31,640	32,593	33,605	35,312
버스	1,683	1,687	1,586	1,594	1,575
화물차	13,142	11,909	12,224	13,306	13,211
합계	43,689	45,236	46,403	48,505	50,098

〈일반국도의 일평균 교통량〉

(단위 : 대)

구분	2012년	2013년	2014년	2015년	2016년
승용차	7,951	8,470	8,660	8,988	9,366
버스	280	278	270	264	256
화물차	2,945	2,723	2,657	2,739	2,757
합계	11,176	11,471	11,587	11,991	12,379

〈국가지원지방도의 일평균 교통량〉

(단위 : 대)

구분	2012년	2013년	2014년	2015년	2016년
승용차	5,169	5,225	5,214	5,421	5,803
버스	230	219	226	231	240
화물차	2,054	2,126	2,059	2,176	2,306
합계	7,453	7,570	7,499	7,828	8,349

① 조사기간 중 고속국도의 일평균 승용차 교통량은 일반국도와 국가지원지방도의 평균 승용차 교통량의 합보다 항상 많았다.

② 일반국도의 평균 화물차 교통량은 2014년까지 전년 대비 감소하다가 2015년부터 다시 증가하고 있다.

③ 2013 ~ 2016년 중 국가지원지방도의 평균 버스 교통량 중 전년 대비 증가율이 가장 큰 해는 2016년이다.

④ 조사기간 중 고속국도와 일반국도의 평균 버스 교통량의 증감 추이는 같다.

⑤ 2016년 고속국도의 평균 화물차 교통량은 2016년 일반국도와 국가지원지방도의 평균 화물차 교통량의 합의 2.5배 이상이다.

63 다음은 6,000가구에 대하여 가구별 보험가입 동기 및 보험가입 목적에 대해 조사한 자료이다. 이에 대한 〈보기〉의 설명 중 옳은 것을 모두 고르면?

〈가구별 보험가입 동기〉

(단위 : %)

구분	항목	비율
보험가입 동기	설계사 권유	34.2
	주변 환경 / 특정사건에 자극	29.1
	평소 필요성 인식	15.9
	신문 / TV / 인터넷 광고를 보고	11.4
	전화 / 우편을 통한 권유	4.9
	기타 / 모름	4.5

〈가구별 보험가입 목적〉

(단위 : %)

구분	항목	비율
보험가입 목적	만일의 경우에 대비한 가족의 생활보장	70.1
	사고나 질병 시 본인의 의료비 보장	59.3
	재해 교통사고 시 일시적인 소득상실에 대비	45.1
	노후의 생활자금	17.0
	자녀의 교육 결혼자금	6.7
	재산상속의 편의를 위하여	4.1
	세금혜택을 받기 위하여	5.0
	목돈마련	2.7

※ 조사대상인 가구는 가구별 보험가입 목적에 대하여 최대 3개까지 복수응답이 가능하다.

보기

ㄱ. 조사대상 가구 중 보험가입 목적에 대하여 3개의 항목에 복수 응답한 가구 수는 적어도 600가구이다.

ㄴ. 설계사의 권유로 보험에 가입한 가구 수 대비 평소 필요성을 인식하여 보험에 가입한 가구의 수의 비율은 40% 미만이다.

ㄷ. 노후의 생활자금 혹은 자녀의 교육 결혼자금을 목적으로 보험에 가입한 가구는 조사대상 가구 중 10.8%를 차지한다.

ㄹ. 사고나 질병 시 본인의 의료비 보장을 위해 보험에 가입한 가구의 수는 세금혜택을 받기 위해 보험에 가입한 가구의 수의 11배 이상이다.

① ㄱ, ㄴ
② ㄱ, ㄹ
③ ㄴ, ㄷ
④ ㄴ, ㄹ
⑤ ㄷ, ㄹ

64 다음은 국가별 지식재산권 사용료 현황에 관한 자료이다. 다음 자료에 대한 내용 중 옳지 않은 것은?(단, 증가율과 감소율은 절댓값으로 비교하고, 소수점 이하 둘째 자리에서 반올림한다)

〈연도별 지식재산권 사용료 수입〉

(단위 : 100만 달러)

구분	2017년	2016년	2015년
버뮤다	2	0	0
캐나다	4,458	4,208	4,105
멕시코	6	7	7
미국	127,935	124,454	124,442
칠레	52	43	42
콜롬비아	63	46	52
파라과이	36	33	33
페루	26	9	7
우루과이	35	33	38

〈연도별 지식재산권 사용료 지급〉

(단위 : 100만 달러)

구분	2017년	2016년	2015년
버뮤다	10	8	9
캐나다	10,928	10,611	10,729
멕시코	292	277	260
미국	48,353	44,392	39,858
칠레	1,577	1,614	1,558
콜롬비아	457	439	471
파라과이	19	19	19
페루	306	324	302
우루과이	113	109	101

① 2015 ~ 2017년 동안 지적재산권 사용료 수입이 지급보다 많은 국가는 2곳이다.

② 미국의 지식재산권은 2016 ~ 2017년까지 지급이 수입의 30% 이상을 차지한다.

③ 2016 ~ 2017년 동안 지식재산권 사용료 수입과 지급이 전년 대비 모두 증가한 나라는 1곳이다.

④ 2015년 캐나다 지식재산권 사용료 수입은 미국을 제외한 국가들의 총 수입보다 20배 이상이다.

⑤ 2017년 멕시코 지식재산권 사용료 지급의 전년 대비 증가율은 2016년 콜롬비아 지식재산권 사용료 수입의 전년 대비 감소율보다 5.5%p 더 높다.

65 다음은 우리나라의 보건 수준을 가늠하게 하는 신생아 사망률에 관한 자료이다. 이에 대한 설명으로 옳은 것은?

〈생후 1주일 이내 성별·생존기간별 신생아 사망률〉

(단위 : 명, %)

생존 기간	남		여	
	사망자 수	사망률	사망자 수	사망률
1시간 이내	31	2.7	35	3.8
1 ~ 12시간	308	26.5	249	27.4
13 ~ 24시간	97	8.3	78	8.6
25 ~ 48시간	135	11.6	102	11.2
49 ~ 72시간	166	14.3	114	12.5
73 ~ 168시간	272	23.4	219	24.1
미상	153	13.2	113	12.4
전체	1,162	100.0	910	100.0

〈생후 1주일 이내 산모 연령별 신생아 사망률〉

(단위 : 명, %)

산모 연령	출생아 수	사망률
19세 미만	6,356	8.8
20 ~ 24세	124,956	6.3
25 ~ 29세	379,209	6.8
30 ~ 34세	149,760	9.4
35 ~ 39세	32,560	13.5
40세 이상	3,977	21.9
전체	696,818	7.7

① 생후 첫날 여자 신생아 사망률은 남자 신생아 사망률보다 낮다.
② 생후 1주일 내 신생아 사망자 수가 가장 많은 산모 연령대는 40세 이상이다.
③ 생후 1주일 내에서 첫날의 신생아 사망률은 약 50%이다.
④ 생후 1주일 내 신생아 사망률 중 셋째 날 신생아 사망률은 약 13.5%이다.
⑤ 산모 연령 25 ~ 29세의 출생아 수가 가장 많고 신생아 사망률이 가장 낮다.

66 제약회사에서 근무하는 귀하는 의약품 특허출원과 관련하여 다음과 같이 보고서를 작성하였고, 상사에게 보고서를 제출하기 전에 최종 검토를 하고자 한다. 보고서를 작성할 때 참고한 자료가 다음과 같다면, 보고서 내용 중 수정이 필요한 부분은 무엇인가?

〈보고서 내용 일부〉

2017년부터 2019년까지 의약품의 특허출원은 (A) 매년 감소하였다. 그러나 기타 의약품이 전체 의약품 특허출원에서 차지하는 비중은 매년 증가하여 2019년에는 전체 의약품 특허출원의 (B) 25% 이상을 차지하였다. 다국적기업의 의약품별 특허출원 현황을 살펴보면, 원료 의약품에서 다국적기업 특허출원이 차지하는 비중은 다른 의약품에 비해 매년 그 비중이 높아져 2019년에는 (C) 20% 이상을 차지하게 되었다. 한편 2019년 다국적기업에서 출원한 완제 의약품 특허출원 중 다이어트제 출원은 (D) 11%였다.

[참고자료]

〈표1〉 의약품별 특허출원 현황

구분 \ 연도	2017년	2018년	2019년
완제 의약품	7,137건	4,394건	2,999건
원료 의약품	1,757건	797건	500건
기타 의약품	2,236건	1,517건	1,220건
합계	11,130건	6,708건	4,719건

〈표2〉 의약품별 특허출원 중 다국적기업 출원 현황

구분 \ 연도	2017년	2018년	2019년
완제 의약품	404건	284건	200건
원료 의약품	274건	149건	103건
기타 의약품	215건	170건	141건
합계	893건	603건	444건

〈표3〉 완제 의약품 특허출원 중 다이어트제 출원 현황

구분	2017년	2018년	2019년
출원 건수	53건	32건	22건

① (A) ② (B)
③ (C) ④ (D)
⑤ 없음

67 다음은 2019년 노인의 연간 총 소득을 항목에 따라 금액을 나타낸 자료이다. 다음 자료를 참고하여 옳지 않은 내용은 무엇인가?

〈2019년 노인 항목별 현황〉

(단위 : 만 원)

구분		총 소득	근로소득	사업소득	재산소득	기타소득
지역별	동부	2,759.2	1,028.7	262.6	284.6	1,183.3
	읍·면부	2,219.0	572.9	505.5	91.9	1,048.7
성별	남자	2,817.3	915.9	428.0	268.5	1,204.9
	여자	2,421.5	863.4	272.9	191.3	1,093.9
연령별	65 ~ 69세	3,055.3	1,158.4	515.0	221.0	1,160.9
	70 ~ 74세	2,502.6	792.6	299.0	251.7	1,159.3
	75 ~ 79세	2,324.8	706.3	271.1	233.6	1,113.8
	80 ~ 84세	2,050.2	631.2	154.3	174.6	1,090.1
	85세 이상	2,565.5	959.9	238.4	208.1	1,159.1

〈2019년 노인 기타소득 세부항목 현황〉

(단위 : 만 원)

구분		사적이득소득	공적이전소득	사적연금소득
지역별	동부	390.5	744.9	47.9
	읍·면부	396.4	635.0	17.3
성별	남자	369.6	793.3	42.0
	여자	409.2	649.2	35.5
연령별	65 ~ 69세	306.1	814.5	40.3
	70 ~ 74세	375.1	746.8	37.4
	75 ~ 79세	473.1	605.5	35.2
	80 ~ 84세	481.6	569.2	39.3
	85세 이상	432.2	686.8	40.1

① 노인 항목별 현황에서 네 항목 중 세 항목이 65 ~ 69세가 70 ~ 74세보다 많다.

② 남자의 연간 총 소득에서 사업소득의 비율은 여자의 연간 총 소득에서 재산소득 비율보다 1.5배 이상이다.

③ 기타소득 세부항목 중 동부의 공적이전소득은 85세 이상의 사적연금소득보다 704.8만 원 많다.

④ 85세 이상을 제외한 모든 연령대의 총 재산소득에서 75 ~ 79세의 재산소득 비중은 25% 미만이다.

⑤ 사적이득소득에서 동부와 읍·면부의 차액은 남자와 여자 차액의 8% 이상 차지한다.

68 다음은 지역별 공무원 우정직 인원 현황을 나타낸 자료이다. 다음 자료에 대한 설명 중 옳은 것은?(단, 전국은 모든 지역의 총 인원이며, 비율은 소수점 이하 둘째 자리에서 반올림한다)

〈지역별 우정직 인원 현황 Ⅰ〉

(단위 : 명)

구분	전국	서울특별시	부산광역시	대구광역시	인천광역시	광주광역시	대전광역시	울산광역시
우정3급	27	2	−	−	1	1	2	−
우정4급	107	15	3	7	2	10	2	−
우정5급	759	102	54	32	26	43	25	11
우정6급	2,257	275	153	120	52	134	86	29
우정7급	7,571	1,282	A	B	301	279	243	112
우정8급	5,384	958	370	244	294	169	174	102
우정9급	3,293	514	193	166	224	101	95	70
합계	19,398	3,148	1,287	989	900	737	627	324

〈지역별 우정직 인원 현황 Ⅱ〉

(단위 : 명)

구분	세종특별자치시	경기도	강원도	충청북도	충청남도	전라북도	전라남도	경상북도	경상남도
우정3급	−	3	3	−	3	5	−	5	2
우정4급	1	11	9	2	7	4	8	10	16
우정5급	−	110	45	21	44	57	53	74	62
우정6급	12	324	167	74	105	180	198	182	166
우정7급	40	1,600	386	261	292	465	382	486	508
우정8급	25	1,280	231	198	234	189	243	303	370
우정9급	20	815	149	115	164	109	120	215	223
합계	98	4,143	( )	671	849	( )	1,004	1,275	1,347

※ 급수의 숫자가 작아질수록 급수가 높아지는 것이다.

① A, B에 들어갈 수의 합은 1,034이다.

② 우정4급 전체 인원에서 전체 광역시 우정4급이 차지하는 비율은 32% 이상이다.

③ 강원도의 우정직 전체 직원 수는 전라북도 전체 직원 수보다 21명 적다.

④ 경기도 우정직 전체 직원은 우정8급 전체 직원의 70% 이상이다.

⑤ 모든 지역에서 급수가 높아질수록 급수에 해당되는 인원은 줄어든다.

69 다음은 고등학생 5,000명을 대상으로 학교생활 및 교우관계에 대해 만족도를 조사한 표이다. 다음 자료를 보고 〈보기〉에서 옳지 않은 것만을 모두 고른 것은?(단, 설문지 선택지는 하나만 선택하고, 인원은 소수점 이하에서 버림한다)

〈학교생활 만족도 현황〉

(단위 : 명, %)

구분		인원	매우 만족	약간 만족	보통	약간 불만족	매우 불만족
성별	남자	2,500	15.6	31.2	40.6	9.8	2.8
	여자	2,500	10.9	31.6	43.4	12.6	1.5
지역	A	670	12.6	20.3	45.0	17.5	4.6
	B	820	12.2	37.8	38.3	10.5	1.2
	C	750	12.7	31.6	45.5	9.1	1.1
	D	620	11.9	29.6	41.0	14.2	3.2
	E	670	15.1	30.0	45.8	6.6	2.5
	F	500	13.0	30.5	42.3	12.2	2.0
	G	970	14.3	32.6	38.4	12.7	2.0

〈교우관계 만족도 현황〉

(단위 : 명, %)

구분		인원	매우 만족	약간 만족	보통	약간 불만족	매우 불만족
성별	남자	2,500	35.5	42.6	20.0	1.8	0.1
	여자	2,500	31.5	43.6	22.7	2.0	0.2
지역	A	670	27.5	43.3	25.7	3.5	−
	B	820	34.5	37.6	23.1	4.6	0.2
	C	750	28.8	46.3	23.6	1.1	0.2
	D	620	31.1	44.8	21.5	2.5	0.1
	E	670	33.1	45.2	20.6	1.1	−
	F	500	37.4	41.3	19.8	1.5	−
	G	970	37.4	41.1	19.6	1.6	0.3

보기

ㄱ. 학교생활 만족도에서 '매우만족'을 택한 학생이 교우관계 만족도에서도 동일한 선택지를 택했다고 할 때, 교우관계에서 '매우만족'을 택하고 학교생활에서 다른 선택지를 택한 학생 수는 1,000명 미만이다.

ㄴ. B지역에서 교우관계를 '보통'을 택한 학생 비율은 F지역의 '약간 만족'을 택한 학생 비율보다 낮지만 인원은 많다.

ㄷ. A, D, E지역의 교우관계에 '약간 불만족, 매우 불만족'을 택한 인원이 전체 인원에서 차지하는 비중은 2% 이하이다.

ㄹ. 학교생활 만족도는 모든 지역에서 '약간 불만족' 비율이 '매우 불만족' 비율의 4배 이상이다.

① ㄱ
② ㄷ
③ ㄴ, ㄷ
④ ㄱ, ㄹ
⑤ ㄱ, ㄴ, ㄹ

70 다음은 우리나라 행정구역별 주택유형 구성비이다. 이에 대한 설명으로 옳은 것은?

〈2019년 행정구역별 주택유형 구성비〉

(단위 : %)

구분	합계	단독주택	아파트	연립주택	다세대주택	비거주용 건물 내 주택	주택이외의 거처
전국	100.0	34.3	48.6	2.2	9.2	1.6	4.1
서울	100.0	30.1	42.0	2.9	17.3	2.1	5.6
부산	100.0	29.6	52.6	2.1	9.6	1.5	4.6
대구	100.0	36.2	53.9	0.9	5.4	1.5	2.1
인천	100.0	19.0	53.0	2.0	19.8	1.2	5.0
광주	100.0	30.2	63.7	1.2	1.2	1.3	2.4
대전	100.0	34.9	54.8	1.5	5.2	1.3	2.3
울산	100.0	32.4	56.8	1.5	4.8	2.0	2.5
세종	100.0	28.8	65.0	0.9	1.2	0.9	3.2
경기	100.0	25.0	55.4	2.4	11.6	1.2	4.4
강원	100.0	47.3	43.7	2.6	1.4	2.1	2.9
충북	100.0	44.9	45.9	2.2	2.5	1.7	2.8
충남	100.0	45.6	43.4	2.1	3.7	1.6	3.6
전북	100.0	47.1	46.0	1.7	1.4	1.6	2.2
전남	100.0	54.7	37.3	1.6	1.1	1.8	3.5
경북	100.0	51.2	38.5	2.2	3.6	1.8	2.7
경남	100.0	43.5	47.5	1.7	2.5	1.6	3.2
제주	100.0	49.3	25.5	7.2	10.2	2.8	5.0

〈2018년 행정구역별 주택유형 구성비〉

(단위 : %)

구분	합계	단독주택	아파트	연립주택	다세대주택	비거주용 건물 내 주택	주택이외의 거처
전국	100.0	35.3	48.1	2.2	8.9	1.7	3.8
서울	100.0	31.2	41.6	2.7	16.5	0.7	7.3
부산	100.0	30.7	51.6	2.1	9.4	1.4	4.8
대구	100.0	37.1	52.8	0.9	5.5	1.9	1.8
인천	100.0	19.5	52.6	1.8	20.2	0.4	5.5
광주	100.0	31.6	62.7	1.1	1.2	3.4	0.0
대전	100.0	35.1	54.3	1.5	5.3	3.1	0.7
울산	100.0	33.5	55.7	1.4	4.8	4.6	0.0
경기	100.0	45.3	44.3	1.9	3.6	0.9	4.0
강원	100.0	25.9	55.2	2.5	10.8	0.4	5.2
충북	100.0	47.8	42.7	2.6	1.4	3.9	1.6
충남	100.0	45.3	45.3	2.2	2.4	4.8	0.0
전북	100.0	47.9	45.9	1.7	1.4	3.1	0.0
전남	100.0	55.6	36.4	1.5	1.1	3.4	2.0
경북	100.0	51.9	38.1	2.1	3.6	3.9	0.4
경남	100.0	45.8	47.6	1.8	2.6	2.2	0.0
제주	100.0	50.6	24.8	6.6	9.5	6.2	2.3

① 2018년 다세대주택 비율이 단독주택 비율의 50% 이상인 행정구역은 5곳이다.

② 2019년 아파트의 전년 대비 증가율은 대구가 부산보다 더 높다.

③ 충북의 주택유형 구성비 순위는 2018년과 2019년이 동일하다.

④ 경기의 아파트 수 대비 주택이외의 거처 수의 비율은 2018년이 2019년보다 높다.

⑤ 인천광역시의 2019년 단독주택의 수는 비거주용 건물 내 주택 수의 12배 미만이다.

2

PART

자료[그래프 유형] 해석 연습

☑ 확인 Check! ○△✕

71 다음은 초·중·고등학생의 사교육비에 관한 자료이다. 학생 만 명당 사교육비가 가장 높은 해는?

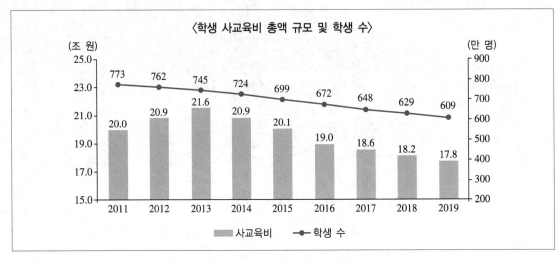

〈학생 사교육비 총액 규모 및 학생 수〉

① 2019년   ② 2017년
③ 2015년   ④ 2013년
⑤ 2011년

72 다음은 가구주들이 노후준비방법에 대해 응답한 자료를 반영한 그래프이다. 다음 중 가장 구성비가 큰 항목의 구성비 대비 네 번째로 구성비가 큰 항목의 구성비의 비율로 옳은 것은?(단, 소수점 아래 둘째 자리에서 반올림한다)

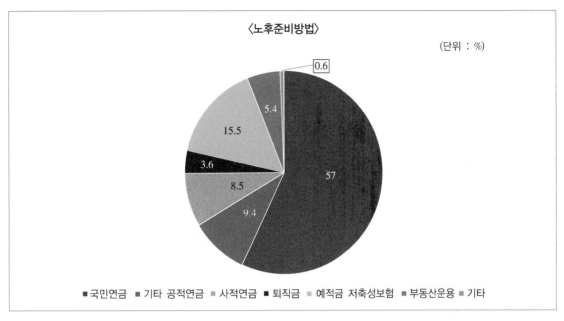

〈노후준비방법〉

(단위 : %)

0.6
5.4
15.5
3.6
8.5
9.4
57

■ 국민연금 ■ 기타 공적연금 ▨ 사적연금 ■ 퇴직금 ▨ 예적금 저축성보험 ■ 부동산운용 ▨ 기타

① 11.2% ② 14.9%

③ 17.4% ④ 19.1%

⑤ 22.4%

73 다음은 2018년 7월부터 2019년 6월까지 원/달러 추이(종가기준)에 관한 그래프이다. 다음 중 원/달러 환율의 전월 대비 변화율이 가장 큰 달은?(단, 비율은 소수점 이하 셋째 자리에서 반올림하여 비교한다)

① 2018년 10월
② 2019년 2월
③ 2019년 4월
④ 2019년 5월
⑤ 2019년 6월

74 다음은 노인 취업률 추이에 관한 그래프이다. 다음 중 노인 취업률의 변화율이 조사한 직전 연도 대비 가장 큰 연도는?(단, 비율은 소수점 이하 둘째 자리에서 반올림하여 비교한다)

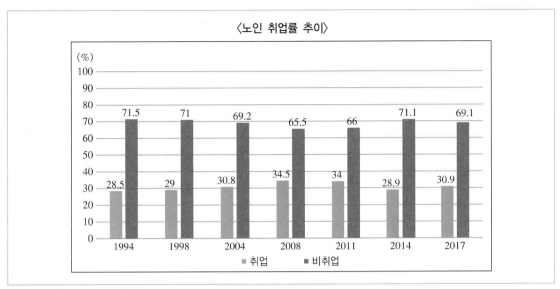

〈노인 취업률 추이〉

① 1998년   ② 2008년
③ 2011년   ④ 2014년
⑤ 2017년

75 다음은 2010년부터 2019년까지 국가 온실가스 총 배출량에 관한 그래프이다. 다음 중 온실가스 총 배출량의 증가율이 가장 큰 연도는?(단, 비율은 소수점 이하 둘째 자리에서 반올림하여 비교한다)

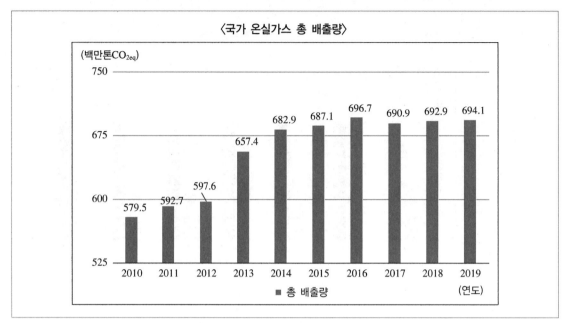

① 2014년   ② 2015년
③ 2016년   ④ 2017년
⑤ 2018년

76 다음은 2009년부터 2018년까지 연도별 청년 고용률 및 실업률에 관한 그래프이다. 다음 중 고용률과 실업률의 차이가 가장 큰 연도로 옳은 것은?

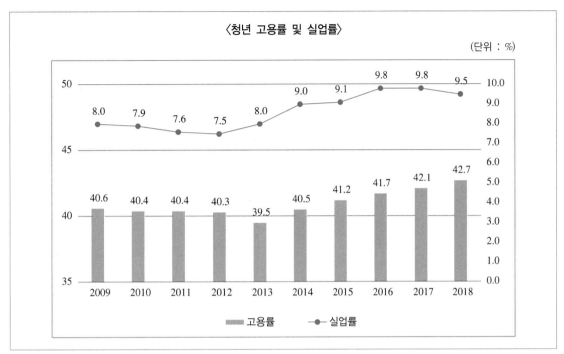

① 2011년   ② 2012년
③ 2015년   ④ 2017년
⑤ 2018년

77 다음은 2015년부터 2019년까지 교육수준으로 최종학력별 인구분포 비율에 관한 그래프이다. 다음 중 최종학력이 대학교 이상인 인구 구성비의 2015년 대비 2019년 증가율과 중학교 이하인 인구 구성비의 2015년 대비 2018년 감소율이 순서대로 옳게 나열한 것은?(단, 증감률은 소수점 이하 둘째 자리에서 반올림한다)

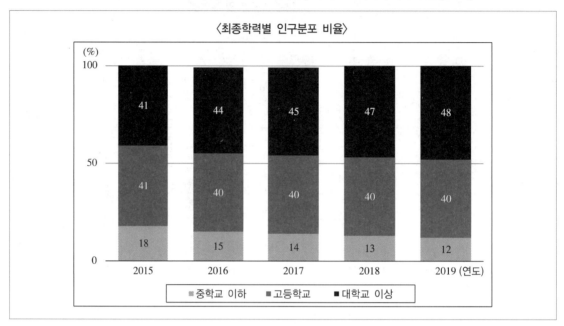

① 15.6%, −22.4%   ② 15.6%, −27.8%
③ 17.1%, −22.4%   ④ 17.1%, −27.8%
⑤ 17.1%, −32.1%

78 다음은 2014년부터 2018년까지의 학교 수 현황에 관한 그래프이다. 다음 〈보기〉의 설명 중 옳은 것을 모두 고른 것은?

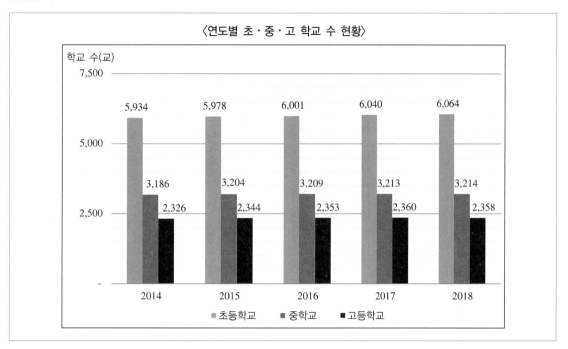

〈연도별 초·중·고 학교 수 현황〉

보기

ㄱ. 2015년부터 2018년까지 초등학교 수와 고등학교 수의 전년 대비 증감추이는 동일하다.
ㄴ. 2014년부터 2018년까지 초등학교 수와 중학교 수의 차이가 가장 큰 해는 2017년이다.
ㄷ. 초·중·고등학교 수의 총합은 2016년 대비 2018년에 증가하였다.

① ㄱ
② ㄷ
③ ㄱ, ㄴ
④ ㄴ, ㄷ
⑤ ㄱ, ㄴ, ㄷ

79 다음은 2009년부터 2019년까지 우리나라의 유엔 정규분담률 현황에 관한 그래프이다. 다음 중 2010년과 2016년 유엔 정규분담률의 전년 대비 증가율을 순서대로 나열한 것은?(단, 증가율은 소수점 아래 둘째 자리에서 반올림한다)

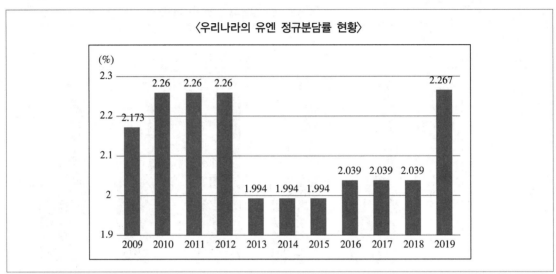

① 4.0%, 2.1%

② 4.0%, 2.3%

③ 4.0%, 2.5%

④ 3.2%, 2.3%

⑤ 3.2%, 2.5%

80 다음은 2013년부터 2017년까지 아동 10만 명당 안전사고 사망자 수에 관한 그래프이다. 다음 중 2014년과 2016년 아동 10만 명당 안전사고 사망자 수의 전년 대비 감소율이 순서대로 나열된 것은?(단, 감소율은 소수점 이하 둘째 자리에서 반올림한다)

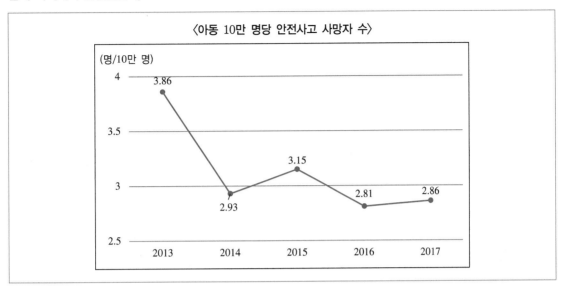

〈아동 10만 명당 안전사고 사망자 수〉

① 19.2%, 8.4%

② 19.2%, 10.8%

③ 24.1%, 8.4%

④ 24.1%, 9.1%

⑤ 24.1%, 10.8%

81 다음은 2015년부터 2019년까지 총 수출액 중 10대 수출품목 비중 변화추이에 관한 그래프이다. 다음 중 총 수출액이 두 번째로 적은 연도는?(단, 총 수출액은 소수점 첫째 자리에서 반올림한다)

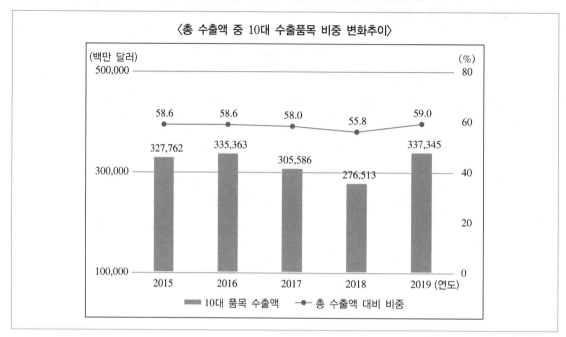

⟨총 수출액 중 10대 수출품목 비중 변화추이⟩

① 2015년　　　　　　　　　　② 2016년
③ 2017년　　　　　　　　　　④ 2018년
⑤ 2019년

82 다음 측량학 용어에 관한 자료를 통해 〈보기〉의 빈칸 안에 들어갈 수를 올바르게 구한 것은?

〈측량학 용어〉

• 축척 : 실제 수평 거리를 지도상에 얼마나 축소해서 나타냈는지를 보여주는 비율. 1/50,000, 1/25,000, 1/10,000, 1/5,000 등을 일반적으로 사용함

• 표고 : 표준 해면으로부터 지표의 어느 지점까지의 수직거리

• 등고선 : 지도에서 표고가 같은 지점들을 연결한 선, 축척 1/50,000 지도에서는 표고 20m마다, 1/25,000 지도에서는 표고 10m마다 등고선을 그림

예 축척 1/50,000 지도에서 등고선이 그려진 모습

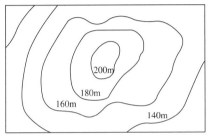

• 경사도 : 어떤 두 지점 X와 Y를 잇는 사면의 경사도는 다음의 식으로 계산

$$(\text{경사도}) = \frac{(\text{두 지점 사이의 표고 차이})}{(\text{두 지점 사이의 실제 수평 거리})}$$

보기

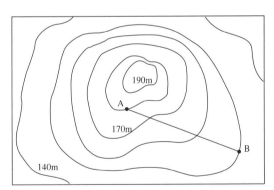

위의 지도는 축척 1/25,000로 제작되었다. 지도상의 지점 A와 B를 잇는 선분을 자로 재어 보니 길이가 4cm였다. 이때 두 지점 A와 B를 잇는 사면의 경사도는 (   )이다.

① 0.015 ② 0.025
③ 0.03   ④ 0.055
⑤ 0.075

83 다음 그래프를 해석한 것으로 올바른 것은?

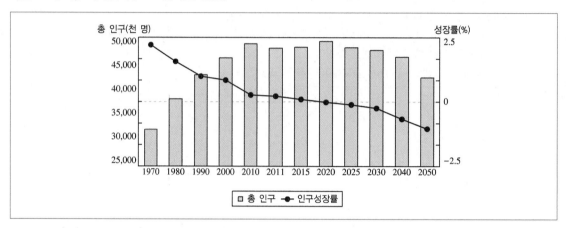

① 인구성장률은 2025년에 잠시 성장하다가 다시 감소할 것이다.

② 2011년부터 총 인구는 감소할 것이다.

③ 2000 ~ 2010년 기간보다 2025 ~ 2030년 기간의 인구변동이 적을 것이다.

④ 2040년에 총 인구는 1990년 인구보다 적을 것이다.

⑤ 총 인구는 2000년부터 계속해서 감소하는 모습을 보이고 있다.

84 다음은 OECD 32개국의 고용률과 인구증가율을 4분면으로 나타낸 것이다. 아래 데이터 표를 보고 바르게 짝지어진 것은?

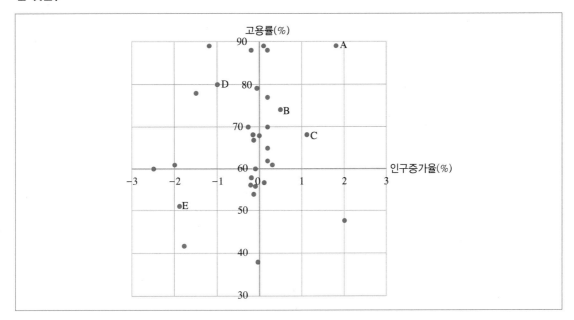

나라	호주	벨기에	헝가리	멕시코	일본	캐나다	독일	덴마크	한국	프랑스
고용률(%)	89	62	80	68	51	74	88	79	42	68
인구증가율(%)	1.8	0.2	−1.0	−0.03	−1.9	0.5	0.18	−0.05	−1.8	1.1

① A – 캐나다
② B – 독일
③ C – 멕시코
④ D – 헝가리
⑤ E – 한국

85 다음은 2010 ~ 2019년 물이용부담금 총액에 관한 자료이다. 이에 대한 〈보기〉의 설명 중 옳지 않은 내용을 모두 고른 것은?

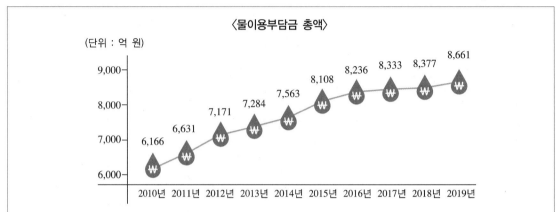

〈물이용부담금 총액〉

(단위 : 억 원)

※ 상수원 상류지역에서의 수질개선 및 주민지원 사업을 효율적으로 추진하기 위한 재원 마련을 위해 최종수요자에게 물 사용량에 비례하여 물이용부담금 부과
※ 한강, 낙동강, 영·섬유역의 물이용부담금 단가는 170원/m³, 금강유역은 160원/m³

보기

㉠ 물이용부담금 총액은 지속적으로 증가하는 추세를 보이고 있다.

㉡ 2011 ~ 2019년 중 물이용부담금 총액이 전년 대비 가장 많이 증가한 해는 2012년이다.

㉢ 2019년 물이용부담금 총액에서 금강유역 물이용부담금 총액이 차지하는 비중이 20%라면, 2019년 금강유역에서 사용한 물의 양은 약 10.83억m³이다.

㉣ 2019년 물이용부담금 총액은 전년 대비 약 3.2% 이상 증가했다.

① ㉠

② ㉡

③ ㉢

④ ㉠, ㉣

⑤ ㉡, ㉢

86 다음은 2019년 지하수 관측현황과 연도별 지하수 주요 관측지표에 관한 자료이다. 자료에 대한 〈보기〉의 설명 중 옳은 것을 모두 고른 것은?

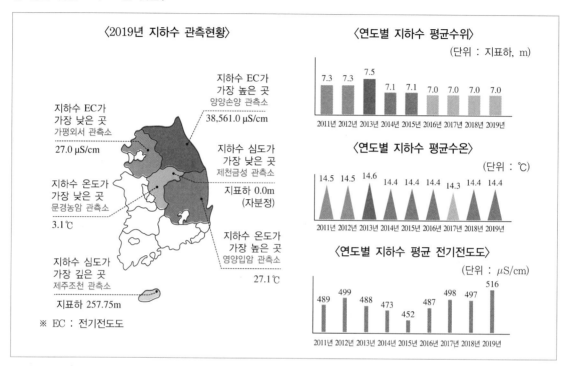

〈2019년 지하수 관측현황〉

지하수 EC가 가장 낮은 곳
가평외서 관측소
27.0 μS/cm

지하수 온도가 가장 낮은 곳
문경농암 관측소
3.1℃

지하수 심도가 가장 깊은 곳
제주조천 관측소
지표하 257.75m

지하수 EC가 가장 높은 곳
양양손양 관측소
38,561.0 μS/cm

지하수 심도가 가장 낮은 곳
제천금성 관측소
지표하 0.0m
(자분정)

지하수 온도가 가장 높은 곳
영양입암 관측소
27.1℃

※ EC : 전기전도도

〈연도별 지하수 평균수위〉
(단위 : 지표하, m)

7.3 7.3 7.5 7.1 7.1 7.0 7.0 7.0 7.0
2011년 2012년 2013년 2014년 2015년 2016년 2017년 2018년 2019년

〈연도별 지하수 평균수온〉
(단위 : ℃)

14.5 14.5 14.6 14.4 14.4 14.4 14.3 14.4 14.4
2011년 2012년 2013년 2014년 2015년 2016년 2017년 2018년 2019년

〈연도별 지하수 평균 전기전도도〉
(단위 : μS/cm)

489 499 488 473 452 487 498 497 516
2011년 2012년 2013년 2014년 2015년 2016년 2017년 2018년 2019년

보기

㉠ 지하수 평균수위는 2016년부터 2019년까지 변동이 없었다.
㉡ 2019년 지하수 온도가 가장 높은 곳의 지하수 온도와 2019년 평균 수온의 차이는 12.7℃이다.
㉢ 2019년 지하수 전기전도도가 가장 높은 곳의 지하수 전기전도도는 2019년 평균 전기전도도의 76배 이상이다.

① ㉠
② ㉠, ㉡
③ ㉠, ㉢
④ ㉡, ㉢
⑤ ㉠, ㉡, ㉢

87 다음 자료를 해석한 것으로 올바르지 않은 것은?

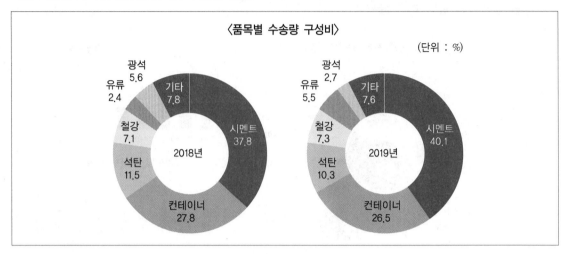

① 2018년 대비 2019년에 구성비가 증가한 품목은 3개이다.
② 컨테이너 수송량은 2018년에 비해 2019년에 감소하였다.
③ 구성비가 가장 크게 변화한 품목은 유류이다.
④ 2018년과 2019년에 가장 큰 비율을 차지하는 품목은 같다.
⑤ 2018년엔 유류가, 2019년엔 광석이 단일 품목 중 가장 작은 비율을 차지한다.

88 다음은 2개의 음식점에 대한 만족도를 5개 부문으로 나누어 평가한 것이다. 옳지 않은 것은?

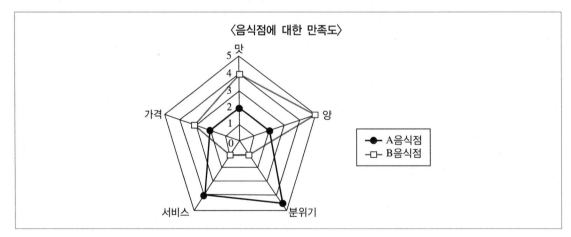

① A음식점은 2개 부문에서 B음식점을 능가한다.
② 맛 부문에서 만족도가 더 높은 음식점은 B음식점이다.
③ A와 B음식점 간 가장 큰 차이를 보이는 부문은 서비스이다.
④ B음식점은 가격보다 맛과 양 부문에서 상대적 만족도가 더 높다.
⑤ A음식점과 B음식점 사이에 가장 적은 차이를 보이는 만족도 항목은 가격이다.

89 다음은 연도별 국민연금 급여수급자 현황을 나타낸 그래프이다. 그래프를 보고 이해한 내용으로 적절하지 않은 것은?

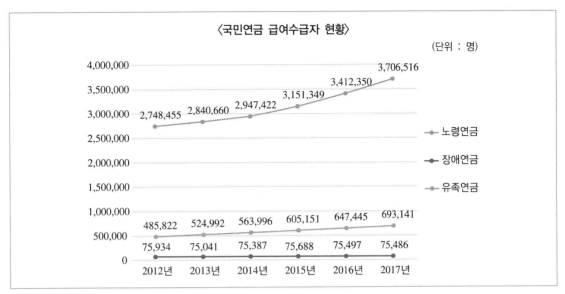

〈국민연금 급여수급자 현황〉

(단위 : 명)

① 2012 ~ 2017년 동안 유족연금 수급자 수는 매년 증가했다.

② 2014년 노령연금 수급자 대비 유족연금 수급자 비율은 20% 미만이다.

③ 2013 ~ 2017년 동안 장애연금 수급자가 전년 대비 가장 많이 증가한 해는 2014년이다.

④ 노령연금 수급자 대비 유족연금 수급자 비율은 2012년이 2014년보다 높다.

⑤ 2012 ~ 2017년 동안 장애연금 수급자와 노령연금 수급자 수가 가장 많이 차이나는 해는 2017년이다.

90 다음 그림은 OECD 국가의 대학졸업자 취업에 관한 자료이다. A ~ L국가 중 전체 대학졸업자 대비 대학졸업자 중 취업자 비율이 OECD 평균보다 높은 국가만으로 바르게 짝지어진 것은?

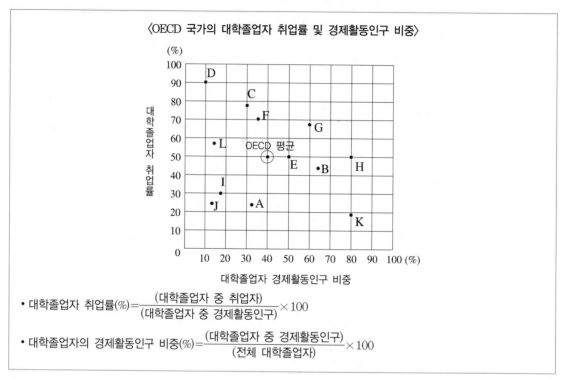

〈OECD 국가의 대학졸업자 취업률 및 경제활동인구 비중〉

- 대학졸업자 취업률(%) = $\dfrac{(\text{대학졸업자 중 취업자})}{(\text{대학졸업자 중 경제활동인구})} \times 100$

- 대학졸업자의 경제활동인구 비중(%) = $\dfrac{(\text{대학졸업자 중 경제활동인구})}{(\text{전체 대학졸업자})} \times 100$

① A, D

② B, C

③ D, H

④ G, K

⑤ H, L

91 다음은 한국, 미국, 일본, 프랑스가 화장품산업 경쟁력 4대 분야에서 획득한 점수에 대한 자료이다. 이에 대한 설명으로 옳은 것은?

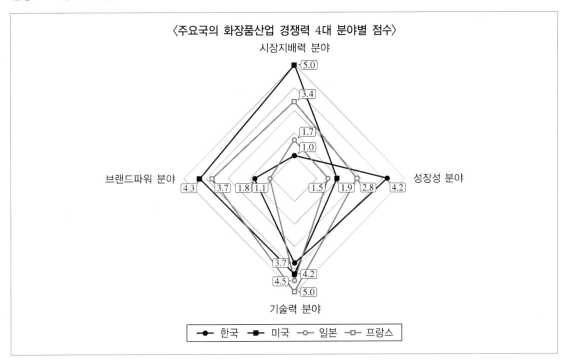

〈주요국의 화장품산업 경쟁력 4대 분야별 점수〉

① 기술력 분야에서는 한국의 점수가 가장 높다.
② 성장성 분야에서 점수가 가장 높은 국가는 시장지배력 분야에서도 점수가 가장 높다.
③ 브랜드파워 분야에서 각국 점수 중 최댓값과 최솟값의 차이는 3 이하이다.
④ 미국이 4대 분야에서 획득한 점수의 합은 프랑스가 4대 분야에서 획득한 점수의 합보다 높다.
⑤ 시장지배력 분야의 점수는 일본이 프랑스보다 높지만 미국보다는 낮다.

92 다음은 10년간 국내 의사와 간호사 인원 현황에 대한 자료이다. 자료에 대한 〈보기〉의 설명 중 옳은 것을 모두 고른 것은?(단, 비율은 소수점 이하 셋째 자리에서 버림한다)

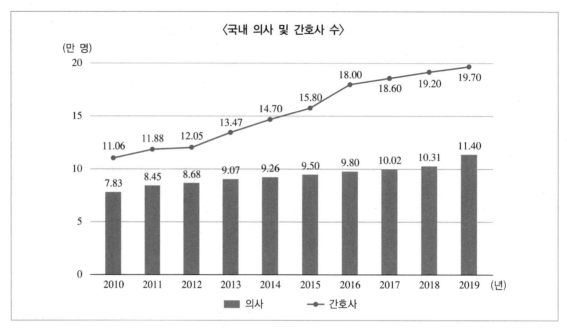

〈국내 의사 및 간호사 수〉

<u>보기</u>

ㄱ. 2017년 대비 2019년 의사 수의 증가율은 간호사 수의 증가율보다 5%p 이상 높다.

ㄴ. 2011 ~ 2019년 동안 의사 수의 전년 대비 증가량이 2천 명 이하인 해의 의사와 간호사 수의 차이는 5만 명 미만이다.

ㄷ. 2010 ~ 2014년 동안 의사 한 명당 간호사 수가 가장 많은 연도는 2014년도이다.

ㄹ. 2013 ~ 2016년까지 간호사 수의 평균은 15만 명 이상이다.

① ㄱ
② ㄱ, ㄴ
③ ㄷ, ㄹ
④ ㄴ, ㄹ
⑤ ㄱ, ㄷ, ㄹ

93 다음 그래프는 K공사의 최근 4년간 청렴도 측정결과 추세를 나타낸 것이다. 자료를 이해한 것으로 올바르지 않은 것은?(단, 소수점 이하 둘째 자리에서 반올림한다)

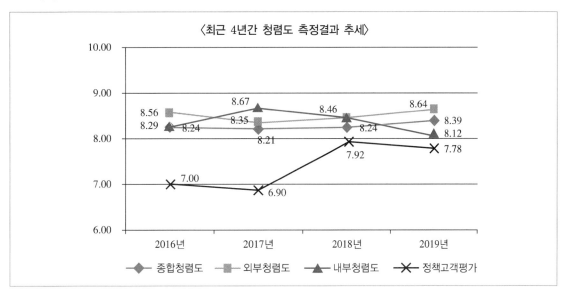

〈최근 4년간 청렴도 측정결과 추세〉

① 최근 4년간 내부청렴도의 평균은 외부청렴도 평균보다 낮다.
② 2017 ~ 2019년 외부청렴도와 종합청렴도의 증감추이는 같다.
③ 정책고객평가가 전년 대비 가장 높은 비율의 변화가 있던 것은 2018년이다.
④ 전년 대비 가장 크게 하락한 항목은 2018년의 내부청렴도이다.
⑤ 내부청렴도와 정책고객평가는 2019년에 하락하였다.

94 다음은 태양광 산업 분야 투자액 및 투자건수에 관한 자료이다. 이에 대한 설명으로 옳지 않은 것은?

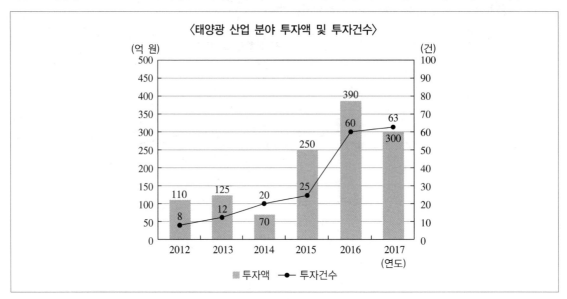

① 2013 ~ 2017년 동안 투자액의 전년 대비 증가율은 2016년이 가장 높다.

② 2013 ~ 2017년 동안 투자건수의 전년 대비 증가율은 2017년이 가장 낮다.

③ 2012년과 2015년 투자건수의 합은 2017년 투자건수보다 작다.

④ 투자액이 가장 큰 해는 2016년이다.

⑤ 투자건수는 매년 증가하였다.

95 다음은 와이파이 공유기의 전체 판매량과 수출량의 변화 추이를 나타낸 그래프이다. 이에 대한 설명으로 옳은 것은?

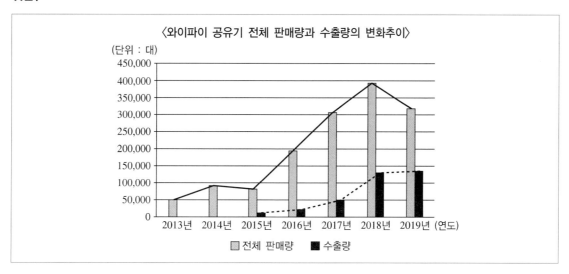

① 전체 판매량은 2015년에서 2019년까지 매년 증가하였다.

② 전체 판매량 중 수출량은 2015년에서 2018년까지 매년 증가하였다.

③ 2016년에서 2017년 사이 수출량의 증가폭이 가장 컸다.

④ 전체 판매량이 가장 많은 해는 2019년이다.

⑤ 수출량은 2013년부터 계속 증가하였다.

96 다음은 2007 ~ 2019년 축산물 수입 추이를 나타낸 그래프이다. 다음 중 자료를 올바르게 해석하지 못한 것은?

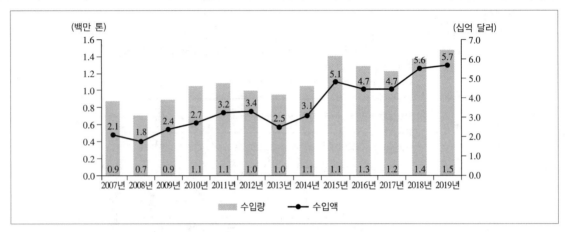

① 2019년 축산물 수입량은 2009년 대비 약 67% 증가하였다.

② 처음으로 2007년 축산물 수입액의 두 배 이상 수입한 해는 2015년이다.

③ 전년 대비 축산물 수입액의 증가율이 가장 높았던 해는 2015년이다.

④ 축산물 수입량과 수입액의 변화 추세는 동일하다.

⑤ 2009년부터 2012년까지 축산물 수입액은 전년 대비 증가했다.

97 다음 자료를 보고 이해한 것으로 옳지 않은 것은?

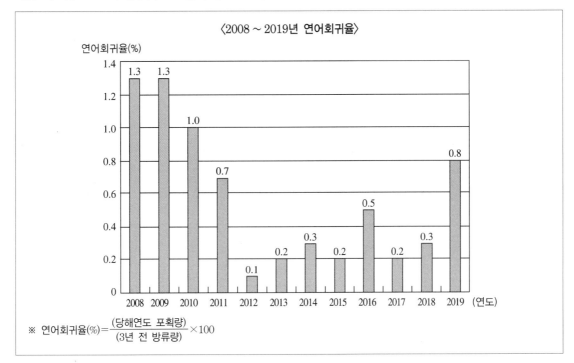

① 2012년까지의 방류량이 매년 600만 마리였다면, 2012년의 포획량은 6천 마리이다.

② 2008년부터 2011년까지의 평균 회귀율은 1.075%이다.

③ 2012년부터 2019년까지의 평균 회귀율은 0.32% 이상이다.

④ 2000년대보다 2010년대의 방류량이 두 배로 늘었는데도 회귀율이 줄어든 이유는 무분별한 개발 때문이다.

⑤ 2012년까지의 방류량은 매년 600만 마리였고 2013년부터는 매년 1,000만 마리였다면 2015년보다 2017년의 포획량이 더 많다.

98 다음 그림은 한·중·일의 평판 TV 시장점유율 추이를 분기별로 나타낸 자료이다. 다음 설명 중 옳지 않은 것은?

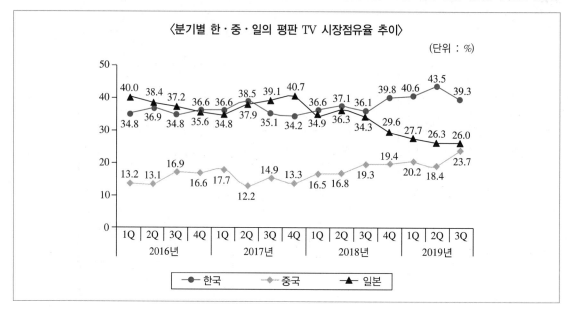

① 15분기 동안 한국이 10번, 일본이 5번 시장점유율 1위를 차지했다.

② 2018년 4분기의 한국과 일본, 일본과 중국의 점유율 차이는 같다.

③ 한국과 중국의 점유율 차이는 매분기 15%p 이상이다.

④ 2016년 2분기에 중국과 일본의 점유율 차이는 2019년 3분기의 10배 이상이다.

⑤ 중국과 일본의 점유율 차이는 2018년부터 계속 줄어들고 있다.

99 다음은 A, B상품의 일 년 동안의 계절별 판매량을 나타낸 그래프이다. 그래프의 내용과 다른 것은?

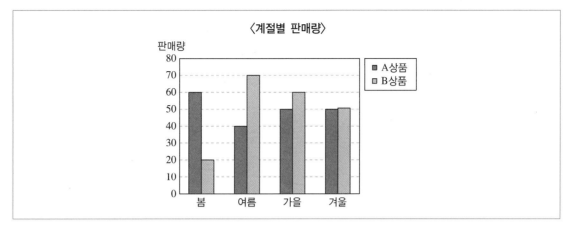

① A상품과 B상품의 연간 판매량은 모두 200 이상이다.
② A상품 판매량의 표준편차가 B상품보다 크다.
③ A상품과 B상품의 판매량의 합이 가장 적은 계절은 봄이다.
④ 두 상품의 판매량의 차는 봄에서부터 시간이 지남에 따라 감소한다.
⑤ B상품은 여름에 잘 팔리는 물건이다.

100 다음은 연간 국내 인구이동에 관한 자료이다. 다음 중 옳지 않은 것은?(단, 소수점 이하 둘째 자리에서 반올림한다)

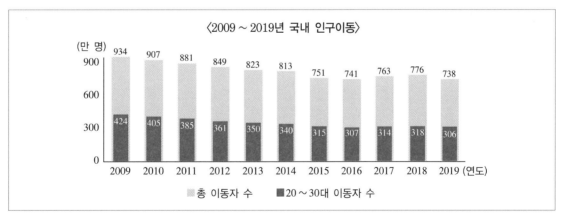

① 2016년까지 20 ~ 30대 이동자 수는 지속 감소하였다.
② 총 이동자 수와 20 ~ 30대 이동자 수의 변화 양상은 동일하다.
③ 총 이동자 수 대비 20 ~ 30대 이동자 수의 비율은 2016년이 가장 높다.
④ 20 ~ 30대를 제외한 이동자 수가 가장 많은 해는 2009년이다.
⑤ 총 이동자 수가 가장 적은 해에 20 ~ 30대 이동자가 차지하는 비율은 41.5%이다.

101 다음은 보건복지부에서 집계한 연도별 10만 명 당 주요 암 발생자 수 추이이다. 자료를 보고 판단한 내용 중 옳지 않은 것은?

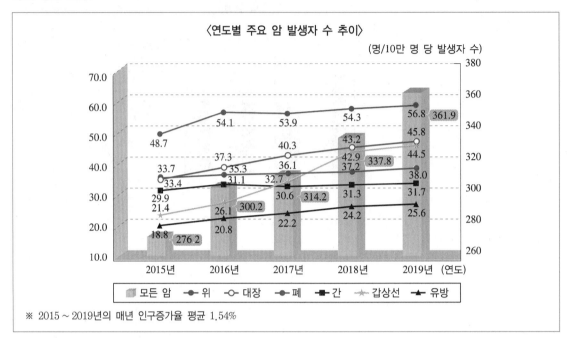

〈연도별 주요 암 발생자 수 추이〉

① 2015년 대비 2019년의 발생자 수의 증가율이 가장 낮은 암은 간암이다.
② 전체 암 발생자 수 전년 대비 증가율은 매년 인구증가율 평균보다 높다.
③ 발생자 수가 가장 낮은 암과 가장 높은 암의 차이가 가장 큰 해는 2016년이다.
④ 어떤 종류의 암은 전년 대비 증가율이 낮아진 것도 있다.
⑤ 매년 발생자 수가 가장 많이 증가하고 있는 암은 갑상선암이다.

102 다음은 2018 ~ 2019년 광역 자치단체 전력소비량 현황에 관한 그래프이다. 그래프에 대한 〈보기〉의 설명 중 옳지 않은 것은 총 몇 개인가?(단, 증가율은 소수점 이하 둘째 자리에서 반올림한다)

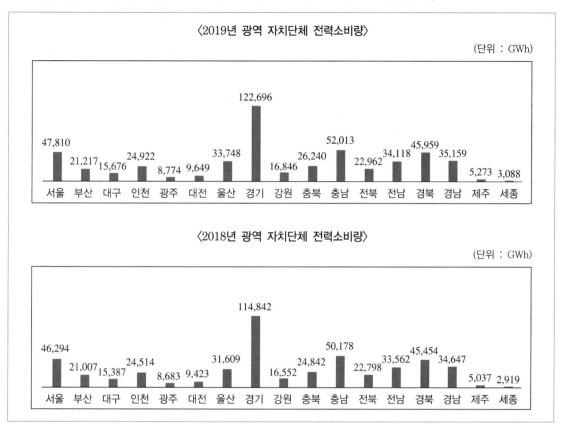

〈2019년 광역 자치단체 전력소비량〉
(단위 : GWh)

서울 47,810 / 부산 21,217 / 대구 15,676 / 인천 24,922 / 광주 8,774 / 대전 9,649 / 울산 33,748 / 경기 122,696 / 강원 16,846 / 충북 26,240 / 충남 52,013 / 전북 22,962 / 전남 34,118 / 경북 45,959 / 경남 35,159 / 제주 5,273 / 세종 3,088

〈2018년 광역 자치단체 전력소비량〉
(단위 : GWh)

서울 46,294 / 부산 21,007 / 대구 15,387 / 인천 24,514 / 광주 8,683 / 대전 9,423 / 울산 31,609 / 경기 114,842 / 강원 16,552 / 충북 24,842 / 충남 50,178 / 전북 22,798 / 전남 33,562 / 경북 45,454 / 경남 34,647 / 제주 5,037 / 세종 2,919

보기

ㄱ. 2019년에 전력소비량이 가장 많은 지역과 두 번째로 많은 지역의 전력소비량 차이는 2019년 전력소비량이 두 번째로 많은 지역보다 크다.

ㄴ. 2018년에 전력소비량이 가장 적은 지역은 2019년에도 전력소비량이 가장 적다.

ㄷ. 2018년과 2019년에 부산지역과 인천지역의 전력소비량 합은 서울지역의 전력소비량보다 적다.

ㄹ. 2019년 전남지역 전력소비량의 전년 대비 증가율은 1.5% 이상이다.

① 0개 ② 1개
③ 2개 ④ 3개
⑤ 4개

103 다음은 2017 ~ 2019년 전국 주택건설실적에 관한 자료이다. 이에 대한 설명으로 옳지 않은 것은?

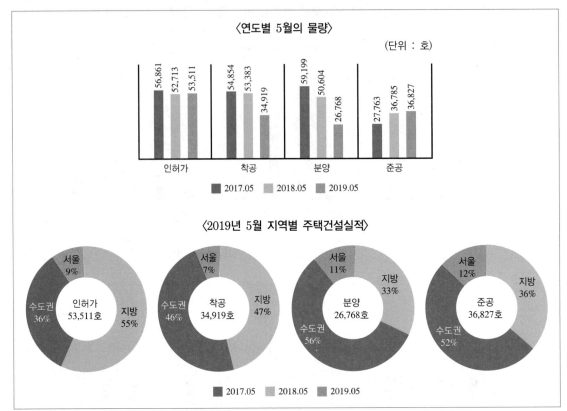

① 2019년 5월 분양 실적은 작년 동월 분양 실적보다 약 47.1% 감소하였다.
② 2019년 5월 지방의 인허가 실적은 약 29,431호이다.
③ 2019년 5월 지방의 준공 호수는 착공 호수보다 크다.
④ 전체 인허가 호수 대비 전체 준공 호수의 비중은 2018년 5월에 가장 컸다.
⑤ 2018년과 2019년 5월 지역별 전체 물량의 순위는 다르다.

104 다음은 우리나라 국민건강영양조사 결과에 관한 보고서이다. 이에 대한 〈보기〉의 옳은 설명을 모두 고른 것은?

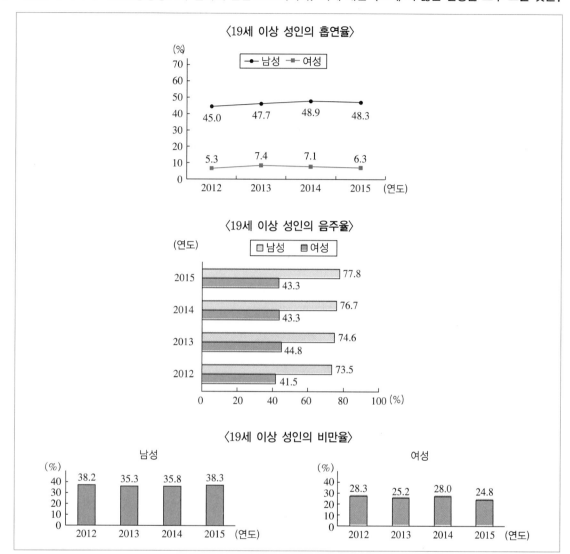

〈19세 이상 성인의 흡연율〉

〈19세 이상 성인의 음주율〉

〈19세 이상 성인의 비만율〉

남성

여성

보기

ㄱ. 음주율에서 여성과 남성의 차이가 가장 적게 나는 해는 2013년이다.
ㄴ. 남성이 여성보다 흡연율이 항상 높다.
ㄷ. 음주율은 남성이 여성보다 현저히 높다.
ㄹ. 여성의 비만율은 해마다 감소하고 있지만, 남성의 비만율은 증감을 반복한다.
ㅁ. 남성의 음주율의 증감 추이와 남성의 비만율의 증감 추이는 동일하다.

① ㄱ, ㄴ, ㄷ   ② ㄱ, ㄴ, ㄹ
③ ㄱ, ㄹ, ㅁ   ④ ㄴ, ㄷ, ㅁ
⑤ ㄷ, ㄹ, ㅁ

105 다음은 국가별 크루즈 외래객 점유율에 대한 자료이다. 이에 대한 〈보기〉의 옳은 설명을 모두 고른 것은?

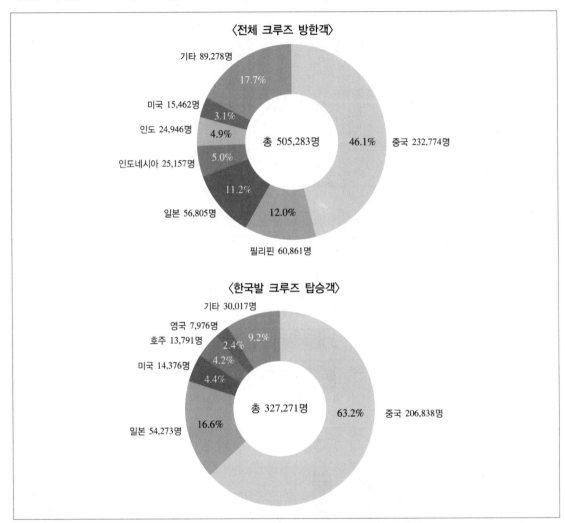

〈전체 크루즈 방한객〉

기타 89,278명 17.7%
미국 15,462명 3.1%
인도 24,946명 4.9%
인도네시아 25,157명 5.0%
일본 56,805명 11.2%
필리핀 60,861명 12.0%
총 505,283명
중국 232,774명 46.1%

〈한국발 크루즈 탑승객〉

기타 30,017명 9.2%
영국 7,976명 2.4%
호주 13,791명 4.2%
미국 14,376명 4.4%
일본 54,273명 16.6%
총 327,271명
중국 206,838명 63.2%

보기

ㄱ. 전체 크루즈 방한객의 수와 한국발 크루즈 탑승객 수의 국가별 순위는 동일하다.
ㄴ. 미국 크루즈 방한객 수 대비 미국의 한국발 크루즈 탑승객 수의 비율은 85% 이상이다.
ㄷ. 필리핀의 크루즈 방한객 수는 필리핀의 크루즈 한국발 크루즈 탑승객 수의 최소 8배 이상이다.
ㄹ. 영국의 한국발 크루즈 탑승객의 수는 일본의 한국발 크루즈 탑승객의 수의 20% 미만이다.

① ㄱ, ㄴ
② ㄱ, ㄷ
③ ㄴ, ㄷ
④ ㄴ, ㄹ
⑤ ㄷ, ㄹ

106 다음은 창업보육센터의 현황에 관한 자료이다. 이에 대한 〈보기〉의 옳지 않은 설명을 모두 고른 것은?

〈연도별 창업보육센터 수 및 지원금액〉

〈연도별 창업보육센터당 입주업체 수 및 매출액〉

(단위 : 개, 억 원)

구분	2017년	2018년	2019년
창업보육센터당 입주업체 수	16.6	17.1	16.8
창업보육센터당 입주업체 매출액	85.0	91.0	86.7

※ 한 업체는 1개의 창업보육센터에만 입주함

보기

ㄱ. 2019년 창업보육센터 지원금액의 전년 대비 증가율은 창업보육 센터 수 증가율의 5배 이상이다.
ㄴ. 2019년 창업보육센터의 전체 입주업체 수는 전년보다 적다.
ㄷ. 창업보육센터당 지원금액이 가장 적은 해는 2014년이며 가장 많은 해는 2019년이다.
ㄹ. 창업보육센터 입주업체의 전체 매출액은 2017년 이후 매년 증가하였다.

① ㄱ, ㄴ
② ㄱ, ㄷ
③ ㄴ, ㄷ
④ ㄴ, ㄹ
⑤ ㄷ, ㄹ

107 다음은 연령별 선물환거래 금액 비율을 나타낸 자료이다. 이에 대한 설명으로 옳은 것은?

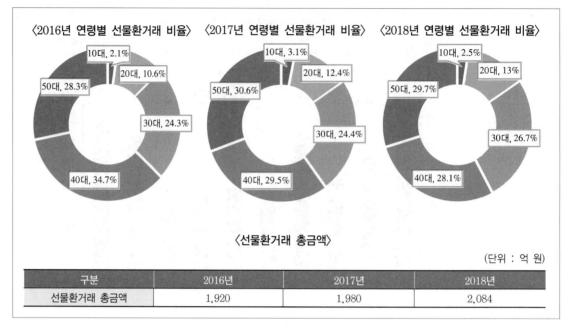

〈2016년 연령별 선물환거래 비율〉　〈2017년 연령별 선물환거래 비율〉　〈2018년 연령별 선물환거래 비율〉

〈선물환거래 총금액〉

(단위 : 억 원)

구분	2016년	2017년	2018년
선물환거래 총금액	1,920	1,980	2,084

① 2017 ~ 2018년 10대와 20대의 선물환거래 금액 비율의 전년 대비 증감 추이는 같다.

② 2018년 50대 선물환거래 금액의 2017년 대비 증가량은 13억 원 이상이다.

③ 2017 ~ 2018년 동안 매년 40대 선물환거래 금액은 전년 대비 지속적으로 감소했다.

④ 2018년 10 ~ 40대 선물환거래 금액 총 비율은 2017년 50대 비율의 2.5배 이상이다.

⑤ 2018년 30대의 선물환거래 비율은 2016년 30대 선물환거래 비율에 비해 2.6%p 높다.

108 P기업의 연구소에서는 신소재 물질을 개발하고 있다. 최근 새롭게 연구하고 있는 4가지 물질에 대해서 농도를 측정하기 위해 A ~ D연구기관에 요청을 하였다. 측정결과는 다음과 같은 자료로 제공되었다. 다음 중 자료를 보고 이해한 내용으로 가장 적절하지 않은 것은?

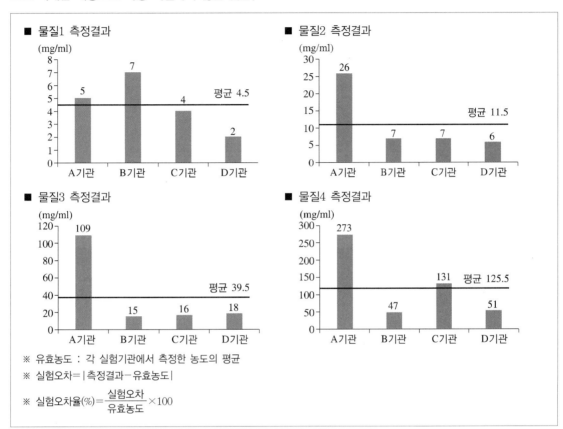

① 물질1에 대한 B기관과 D기관의 실험오차율은 동일하다.

② 물질3에 대한 실험오차율은 A기관이 가장 크다

③ 물질1에 대한 B기관의 실험오차율은 물질2에 대한 A기관의 실험오차율보다 작다.

④ 물질2에 대한 A기관의 실험오차율은 물질2에 대한 B, C, D기관의 실험오차율 합보다 크다.

⑤ A기관의 실험 결과를 제외하면, 4개 물질의 유효농도 값은 제외하기 이전보다 작아진다.

109 다음은 전국의 농가 수 및 농가 비중에 대한 자료이다. 이에 대한 설명으로 옳지 않은 것은 무엇인가?

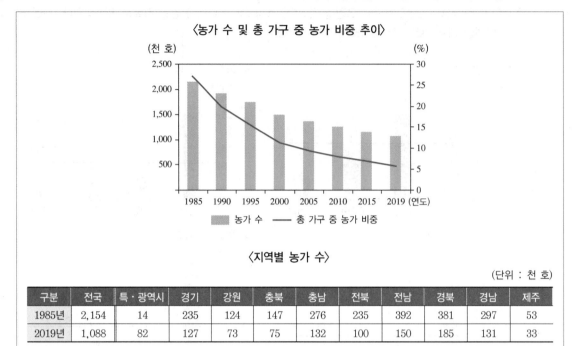

〈농가 수 및 총 가구 중 농가 비중 추이〉

〈지역별 농가 수〉

(단위 : 천 호)

구분	전국	특·광역시	경기	강원	충북	충남	전북	전남	경북	경남	제주
1985년	2,154	14	235	124	147	276	235	392	381	297	53
2019년	1,088	82	127	73	75	132	100	150	185	131	33

① 총 가구 중 농업에 종사하는 가구의 비중은 매년 감소하는 추세이다.
② 2019년 충남 지역 농가의 구성비는 전체의 15% 미만이다.
③ 조사 기간 동안 농가 수는 특·광역시를 제외한 전국 모든 지역에서 감소한 것으로 나타난다.
④ 1985년 대비 2019년의 지역별 농가 수 감소율은 전북 지역보다 경남 지역이 더 크다.
⑤ 2019년 제주 지역의 농가 수는 1985년에 비해 30% 이상 감소했다.

110 다음은 우리나라 일부 업종에서 일하는 근로자 수 및 고령근로자 비율과 국가별 65세 이상 경제활동 참가율 현황에 관한 자료이다. 이에 대한 설명으로 옳은 것은?

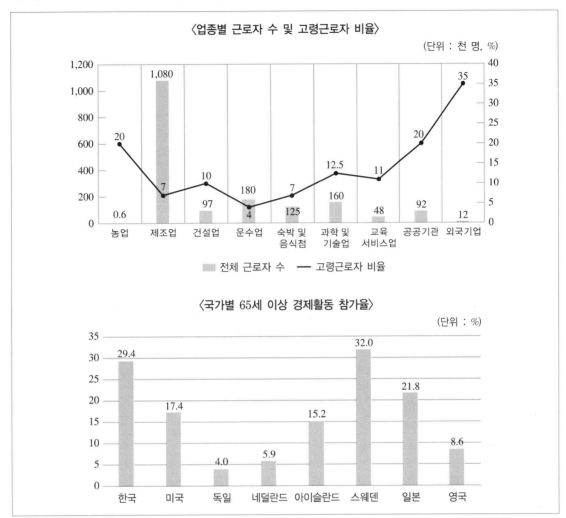

① 건설업에 종사하는 고령근로자는 외국기업에 종사하는 고령근로자 수의 3배 이상이다.

② 국가별 65세 이상 경제활동 조사 인구가 같을 경우 미국의 고령근로자 수는 영국 고령근로자 수의 3배 이상이다.

③ 모든 업종의 전체 근로자 수에서 제조업에 종사하는 전체 근로자 비율은 80% 이상이다.

④ 농업과 교육 서비스업, 공공기관에 종사하는 총 고령근로자 수는 과학 및 기술업에 종사하는 고령근로자 수보다 많다.

⑤ 독일, 네덜란드와 아이슬란드의 65세 이상 경제활동 참가율 합은 한국의 65세 이상 경제활동 참가율의 90% 이상을 차지한다.

111 다음은 한 국제기구가 발표한 2018년 3월 ~ 2019년 3월의 식량 가격지수와 품목별 가격지수에 관한 자료이다. 이에 대한 설명으로 옳지 않은 것은?

〈품목별 가격지수〉

구분	2018년										2019년		
	3월	4월	5월	6월	7월	8월	9월	10월	11월	12월	1월	2월	3월
육류	185.5	190.4	194.6	202.8	205.9	212.0	211.0	210.2	206.4	196.4	183.5	178.8	177.0
낙농품	268.5	251.5	238.9	236.5	226.1	200.8	187.8	184.3	178.1	174.0	173.8	181.8	184.9
곡물	208.9	209.2	207.0	196.1	185.2	182.5	178.2	178.3	183.2	183.9	177.4	171.7	169.8
유지류	204.8	199.0	195.3	188.8	181.1	166.6	162.0	163.7	164.9	160.7	156.0	156.6	151.7
설탕	254.0	249.9	259.3	258.0	259.1	244.3	228.1	237.6	229.7	217.5	217.7	207.1	187.9

※ 기준연도인 2006년의 가격지수는 100이다.

① 2019년 3월의 식량 가격지수는 2018년 3월보다 15% 이상 하락했다.
② 2018년 4월부터 2018년 9월까지 식량 가격지수는 매월 하락했다.
③ 2019년 3월 가격지수가 전년 동월 대비 가장 큰 폭으로 하락한 품목은 낙농품이다.
④ 육류 가격지수는 2018년 8월까지 매월 상승하다가 그 이후에는 매월 하락했다.
⑤ 2006년 가격지수 대비 2019년 3월 가격지수의 상승률이 가장 낮은 품목은 육류이다.

112 다음은 2015 ~ 2019년 국가공무원 및 지방자치단체공무원 현황에 관한 자료이다. 이에 대한 설명으로 옳지 않은 것은?

〈국가공무원 및 지방자치단체공무원 현황〉

(단위 : 명)

구분	2015년	2016년	2017년	2018년	2019년
국가공무원	621,313	622,424	621,823	634,051	637,654
지방자치단체공무원	280,958	284,273	287,220	289,837	296,193

〈국가공무원 및 지방자치단체공무원 중 여성 비율〉

① 매년 국가공무원 중 여성 수는 지방자치단체공무원 중 여성 수의 3배 이상이다.
② 지방자치단체공무원 중 여성 수는 매년 증가하였다.
③ 매년 국가공무원 중 여성 수는 지방자치단체공무원 중 여성 수보다 많다.
④ 국가공무원 중 남성 수는 2017년이 2016년보다 적다.
⑤ 국가공무원 중 여성 비율과 지방자치단체공무원 중 여성비율의 차이는 매년 감소한다.

113 다음은 연대별로 정리한 유지관리 도로 거리 변천에 대한 자료이다. 이에 대한 설명으로 옳지 않은 것은?(단, 비중은 소수점 이하 둘째자리에서 반올림한다)

〈연대별 유지관리 도로 거리〉

(단위 : km)

구분	2차로	4차로	6차로	8차로	10차로	비고
1960년대	–	304.7	–	–	–	
1970년대	761.0	471.8	–	–	–	
1980년대	667.7	869.5	21.7	–	–	
1990년대	367.5	1,322.6	194.5	175.7	–	
2000년대	155.0		450.0	342.0	–	27개 노선
2010년대	–	3,130.0	508.0	434.0	41.0	29개 노선

〈연대별 유지관리 도로 총거리〉

(단위 : km)

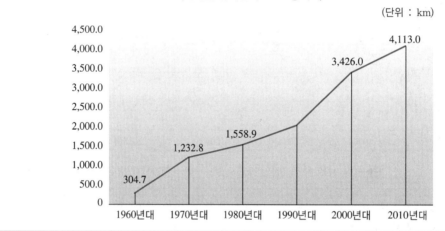

① 1960년대부터 유지관리하는 4차로 도로 거리는 2010년대까지 계속 증가했다.

② 2010년대 유지관리하는 도로 한 노선의 평균거리는 120km 이상이다.

③ 2010년대 유지관리하는 도로 총 거리는 1990년대보다 1,950km 미만으로 길어졌다.

④ 차선이 만들어진 순서는 4차로 – 2차로 – 6차로 – 8차로 – 10차로이다.

⑤ 1970년대 전체 도로 거리에서 2차로의 비중은 1980년대 전체 도로 거리의 6차로 비중의 40배 이상이다.

114 다음은 2019년 A국의 자동차 매출에 관한 자료이다. 이에 대한 설명으로 옳은 것은?

〈2019년 10월 월매출액 상위 10개 자동차의 매출 현황〉

(단위 : 억 원, %)

자동차	순위	월매출액		
			시장점유율	전월 대비 증가율
A	1	1,139	34.3	60
B	2	1,097	33.0	40
C	3	285	8.6	50
D	4	196	5.9	50
E	5	154	4.6	40
F	6	149	4.5	20
G	7	138	4.2	50
H	8	40	1.2	30
I	9	30	0.9	150
J	10	27	0.8	40

※ (시장점유율)=$\dfrac{(\text{해당 자동차 월매출액})}{(\text{전체 자동차 월매출 총액})}\times 100$

〈2019년 I자동차 누적매출액〉

(단위 : 억 원)

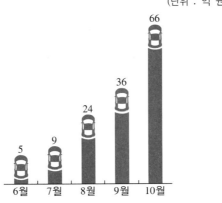

※ 월매출액은 해당 월 말에 집계됨

① 2019년 9월 C자동차의 매출액은 200억 원 이상이다.
② 2019년 10월 매출액 상위 5개 자동차의 순위는 전월과 동일하다.
③ 2019년 6월부터 9월 중 I자동차의 월매출액이 가장 큰 달은 9월이다.
④ 2019년 10월 매출액 상위 5개 자동차의 10월 매출액 기준 시장점유율은 80% 미만이다.
⑤ 2019년 10월 A국의 전체 자동차 매출액 총액은 4,000억 원 미만이다.

115 다음은 2008 ~ 2016년 어느 국가의 국세 및 지방세에 관한 자료이다. 이에 대한 설명으로 옳지 않은 것은?

〈국세 및 지방세 징수액과 감면액〉

(단위 : 조 원)

구분		2008년	2009년	2010년	2011년	2012년	2013년	2014년	2015년	2016년
국세	징수액	138	161	167	165	178	192	203	202	216
	감면액	21	23	29	31	30	30	33	34	33
지방세	징수액	41	44	45	45	49	52	54	54	62
	감면액	8	10	11	15	15	17	15	14	11

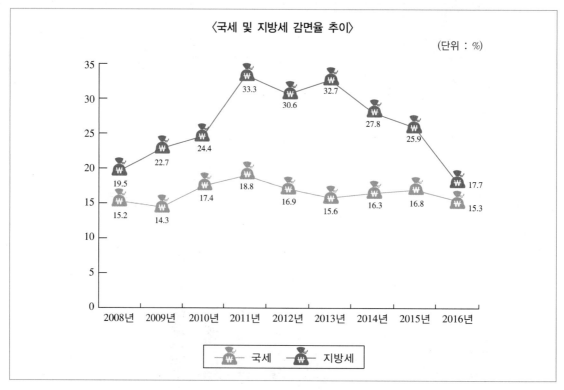

〈국세 및 지방세 감면율 추이〉

(단위 : %)

① 국세 징수액과 지방세 징수액의 차이가 가장 큰 해에는 국세 감면율과 지방세 감면율의 차이도 가장 크다.
② 감면율은 지방세가 국세보다 매년 높다.
③ 감면액은 국세가 지방세보다 매년 많다.
④ 2008년 대비 2016년 징수액 증가율은 국세가 지방세보다 높다.
⑤ 2014 ~ 2016년 동안 국세 감면액과 지방세 감면액의 차이는 매년 증가한다.

116 다음은 양파와 마늘의 재배에 관한 자료의 일부이다. 이에 대한 설명으로 적절하지 않은 것은?

〈연도별 양파 재배면적 조사 결과〉

(단위: ha, %)

구분		2017년	2018년(A)	2019년(B)	증감(C=B-A)	증감률(C/A)	비중
양파		18,015	19,896	19,538	-358	-1.8	100.0
	조생종	2,013	2,990	2,796	-194	-6.5	14.3
	중만생종	16,002	16,906	16,742	-164	-1.0	85.7

〈연도별 마늘 재배면적 및 가격 추이〉

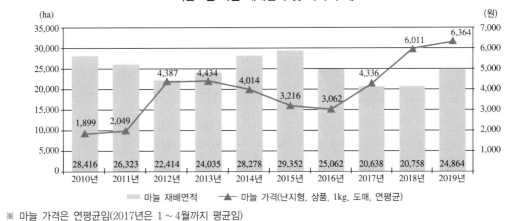

※ 마늘 가격은 연평균임(2017년은 1 ~ 4월까지 평균임)

① 2019년 양파 재배면적의 전년 대비 증감률은 조생종이 중만생종보다 크다.
② 마늘 가격은 마늘 재배면적에 반비례한다.
③ 마늘의 재배면적은 2015년이 가장 넓다.
④ 2019년 재배면적은 작년보다 양파는 감소하였고, 마늘은 증가하였다.
⑤ 마늘 가격은 2016년 이래로 계속 증가하였다.

117 다음은 A대학교 학생 2,500명을 대상으로 진행한 인터넷 쇼핑 이용 현황에 관한 자료이다. 이에 대한 설명으로 옳지 않은 것은?(단, 매년 조사 인원수는 동일하다)

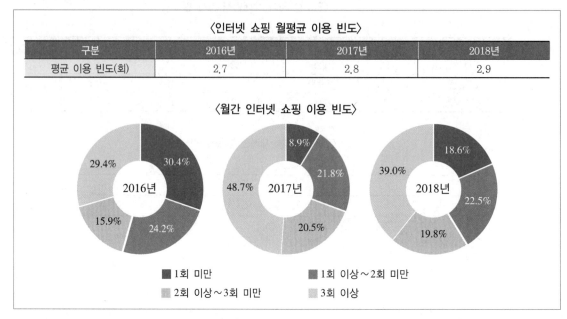

⟨인터넷 쇼핑 월평균 이용 빈도⟩

구분	2016년	2017년	2018년
평균 이용 빈도(회)	2.7	2.8	2.9

⟨월간 인터넷 쇼핑 이용 빈도⟩

2016년: 30.4%, 24.2%, 15.9%, 29.4%
2017년: 8.9%, 21.8%, 20.5%, 48.7%
2018년: 18.6%, 22.5%, 19.8%, 39.0%

- ■ 1회 미만
- ■ 1회 이상~2회 미만
- 2회 이상~3회 미만
- 3회 이상

① 인터넷 쇼핑 월평균 이용 빈도는 지속적으로 증가했다.

② 2017년 월간 인터넷 쇼핑을 3회 이상 이용했다고 응답한 사람은 1,210명 이상이다.

③ 3년간의 인터넷 쇼핑 이용 빈도수를 누적했을 때, 두 번째로 많이 응답한 인터넷 쇼핑 이용 빈도수는 1회 미만이다.

④ 2018년 월간 인터넷 쇼핑을 2회 이상 3회 미만 이용했다고 응답한 사람은 2017년 1회 미만으로 이용했다고 응답한 사람보다 2배 이상 많다.

⑤ 1회 이상 2회 미만 쇼핑했다고 응답한 사람은 2017년 대비 2018년에 3% 이상 증가했다.

118 다음은 2014 ~ 2016년 중국인 방한객에 관한 자료이다. 이에 대한 내용으로 적절하지 않은 것은?

〈2015년 6월 보고서〉

중국의 단오절과 한국의 좋은 날씨로 6월 방한 예약이 많은 편이었으나, 메르스 발생 이후 한국 여행의 취소가 잇따르고, 신규예약이 거의 없는 등 중국인 방한객은 전년 동월 대비 45.1% 감소했다. 한편 중국인 방일객은 462,300명으로 전년 동월 대비 167.2%의 이례적인 증가 경향을 보였다. 메르스로 인해 한국행 항공편이 상당 부분 결항되어 공항으로 입국하는 중국인이 전년 동월 대비 55.9% 감소했다. 크루즈, 선박들도 마찬가지로 운항 취소 및 결항으로 항만으로 입국한 중국인이 전년 동월 대비 25.0% 감소했다. 중국인 남성(−38.6%) 방한객보다 여성(−49.3%) 방한객이 더 많이 감소했다.

〈2016년 6월 보고서〉

중국은 경쟁 목적지인 동남아 시장의 비수기 진입, 일본 항공권 가격 상승 등으로 FIT관광객(개별 관광객)이 증가하면서 전년 동월 대비 140.7% 증가했다. 공항 및 항구로 입국한 중국인은 전년 동월 대비 각각 221.3%, 53.2% 증가하였으며, 특히 제주공항 및 부산항으로 입국한 중국인은 각각 223.7%, 178.6%로 크게 증가했다. 중국인 여성(+206.1%) 방한객이 남성(+132.8%) 방한객보다 더 많이 증가했다.

〈중국인 방한객 수〉

(단위 : 명)

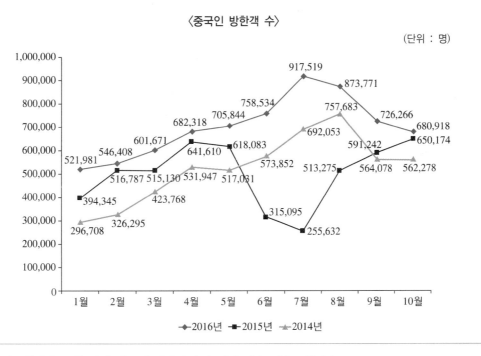

① 2014년 1월에서 10월 사이 중국인 방한객 수가 가장 많은 달은 8월이다.
② 메르스 발생의 여파로 2015년 6월 중국인 방한객 수는 전월보다 302,988명 감소했다.
③ 전년 동월 대비 2016년 2월 중국인 방한객의 증가율은 전년 동월 대비 2016년 4월 중국인 방한객의 증가율보다 크다.
④ 2015년의 중국인 방한객 수의 전월 대비 증감률이 가장 큰 달은 8월이다.
⑤ 2016년 중국인 방한객 수가 가장 많은 달의 방한객 수는 가장 적은 달의 방한객 수의 약 1.8배이다.

☑ 확인 Check! ○ △ ×

119 다음은 C사의 부채규모에 관한 자료와 이를 바탕으로 작성한 보고서이다. 보고서를 읽고 옳지 않은 내용을 모두 고른 것은?

〈2009 ~ 2018년 부채규모〉

(단위 : 조 원)

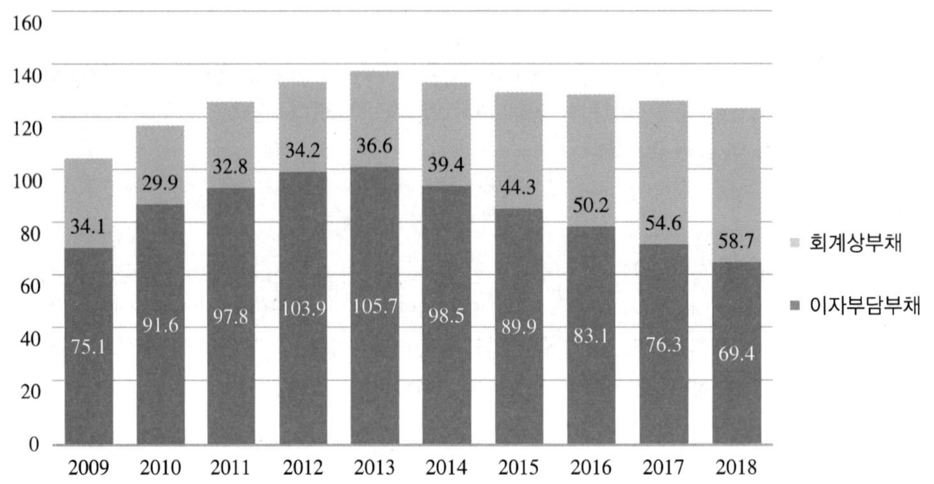

〈2009 ~ 2018년 부채비율〉

(단위 : %)

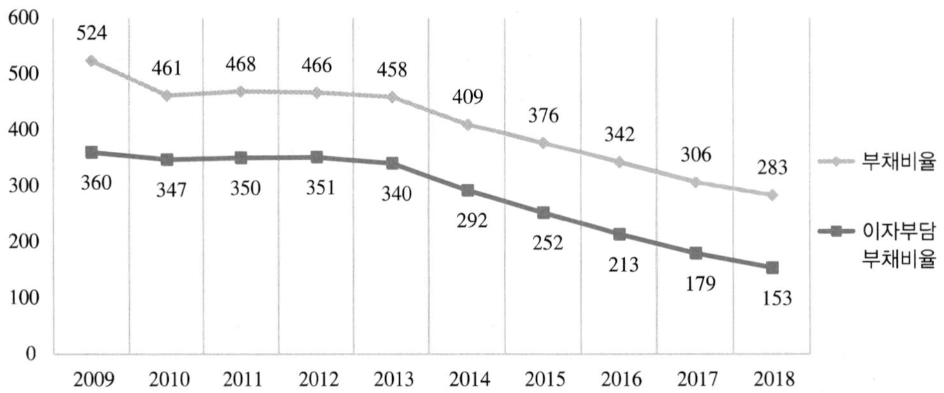

〈2009 ~ 2018년 금융부채의 전년 대비 증가규모〉

(단위 : 조 원)

〈보고서〉

C사의 부채규모는 2018년까지 5년 연속 하락세를 보였다. 2009년부터 2013년까지는 부채 중 이자부담부채는 전년 대비 매년 증가하였으나, 2014년부터는 하락하는 경향을 보였다. ㉠ 회계상부채의 경우, 2009년부터 2018년까지 매년 부채 중 구성비가 전년 대비 증가하였다. 부채규모는 2013년에 최대치를 기록하였으나, 회계상부채는 2018년에 최고치를 기록하였다.

부채비율은 2009년부터 2018년까지 대체로 감소하는 추세를 보였다. ㉡ 이자부담부채비율 역시 해당기간 동안 부채비율과 매년 동일한 증감 추이를 나타내었다. 부채비율 대비 이자부담부채비율은 2014년에 전년 대비 감소하는 경향을 나타내었다. 하지만 ㉢ 2016년에는 부채비율 대비 이자부담부채비율이 전년 대비 감소하였다. 2018년에는 해당 비율이 50%를 상회하였다.

또한 조사결과, ㉣ C사의 금융부채 증가규모는 2014년부터 감소세가 시작되었다. 2015년에는 금융부채가 전년 대비 가장 많이 감소하였으며, ㉤ 2017년에는 전년과 동일한 감소율을 유지하였다. 2009년부터 2018년까지 중 전년 대비 금융부채가 가장 많이 감소한 해는 2015년이었다. 조사연도 초기인 2009년에 비해 금융부채 감소세가 진행 중이라는 것은 경영건전성에 있어서 긍정적으로 평가할 만하다.

① ㉠, ㉡, ㉤

② ㉠, ㉣, ㉤

③ ㉡, ㉢, ㉣

④ ㉠, ㉢, ㉣, ㉤

⑤ ㉠, ㉡, ㉣, ㉤

☑ 확인 Check! ○ △ ✕

120 다음은 우리나라 강수량에 관한 자료이다. 이를 그래프로 올바르게 변환한 것은?

〈2019년 우리나라 강수량〉

(단위 : mm, 위)

구분	1월	2월	3월	4월	5월	6월	7월	8월	9월	10월	11월	12월
강수량	15.3	29.8	24.1	65.0	29.5	60.7	308.0	241.0	92.1	67.6	12.7	21.9
역대순위	32	23	39	30	44	43	14	24	26	13	44	27

① (mm)

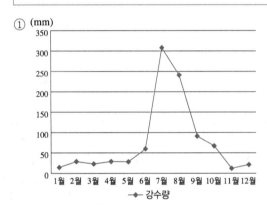

② (mm)

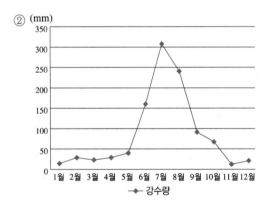

③ (mm)

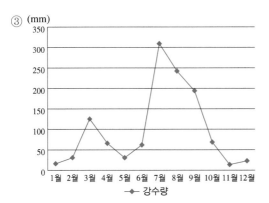

④ (mm)

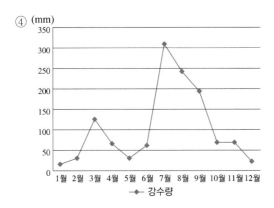

⑤ (mm)

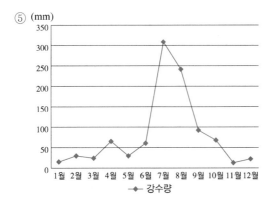

121 다음은 2013년부터 2019년까지의 영·유아 사망률을 나타낸 그래프이다. 다음 자료를 변형한 것으로 적절한 것은?(단, 모든 그래프의 단위는 '%'이다)

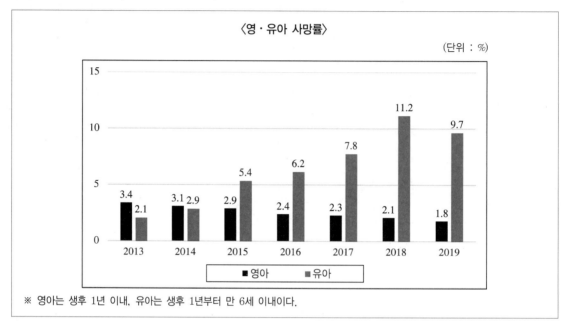

①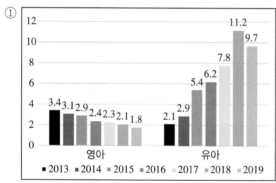

②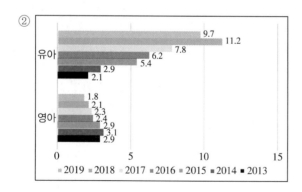

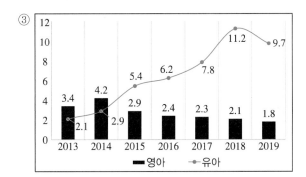

③

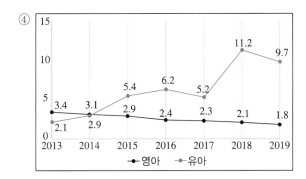

④

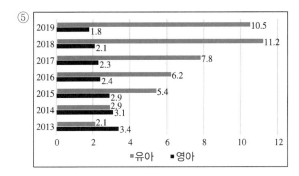

⑤

122 다음은 2015년부터 2019년까지 가정에서 사용하는 인터넷 접속기기를 조사한 것으로 가구별 접속기기를 한 개 이상 응답한 결과를 나타낸 그래프이다. 다음 자료를 변형한 것으로 적절한 것은?(단, 모든 그래프의 단위는 '%'이다)

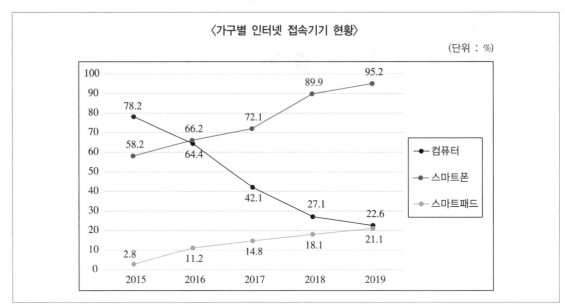

①

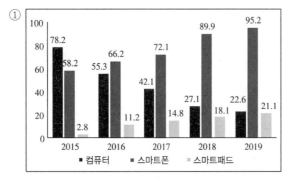

②

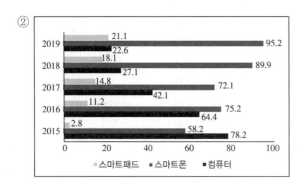

③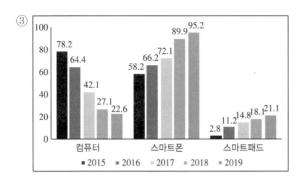

④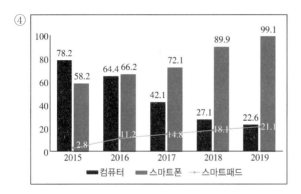

⑤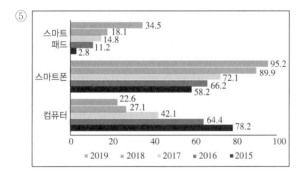

123 다음은 2015년과 2019년의 장소별 인터넷 이용률을 나타낸 자료이다. 다음 자료를 변형한 것으로 적절한 것은? (단, 모든 그래프의 단위는 '%'이다)

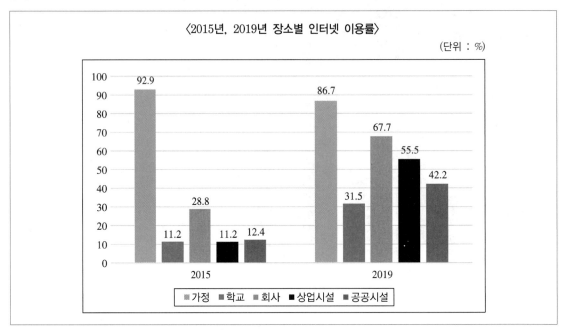

〈2015년, 2019년 장소별 인터넷 이용률〉

①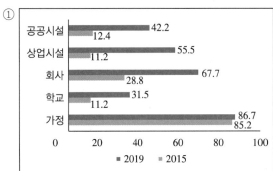

②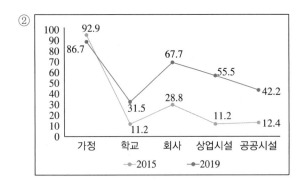

③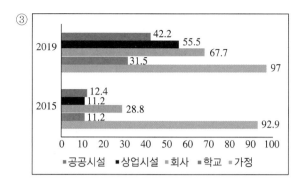

④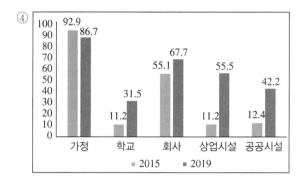

⑤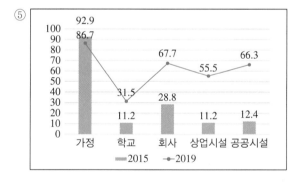

124 다음은 2013년부터 2019년까지의 인구 10만 명 당 사망자 수를 나타낸 자료이다. 다음 자료를 변형한 것으로 적절한 것은?(단, 모든 그래프의 단위는 '명'이다)

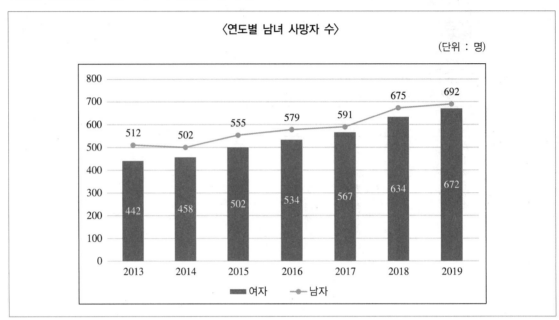

⟨연도별 남녀 사망자 수⟩

(단위 : 명)

①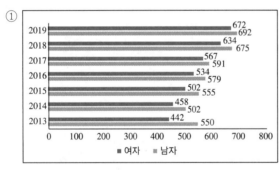

②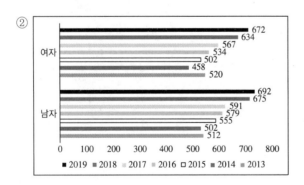

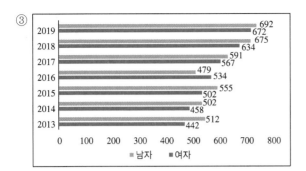

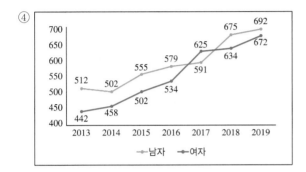

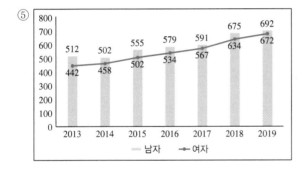

125 다음은 한국인의 주요 사망원인에 관한 자료이다. 자료를 참고하여 인구 10만 명 중 사망원인에 따른 인원수를 나타낸 그래프로 옳은 것은?(단, 모든 그래프의 단위는 '명'이다)

> 한국인 10만 명 중 무려 185명이나 암으로 사망한다는 통계를 바탕으로 암이 한국인 사망원인 1위로 알려진 가운데, 그 밖의 순위에 대한 관심도 뜨겁다. 2위와 3위는 각각 심장과 뇌관련 질환으로 알려졌고, 또한 1위와의 차이는 20명 미만일 정도로 크게 차이를 보이지 않아 한국인 주요 3대 사망원인으로 손꼽아진다. 특히 4위는 자살로 알려져 큰 충격을 더하고 있는데, 우리나라의 경우 20대·30대 사망원인 1위가 자살이며, 인구 10만 명 당 50명이나 이로 인해 사망한다고 한다. 그 다음으로는 당뇨, 치매, 고혈압의 순서이다.

①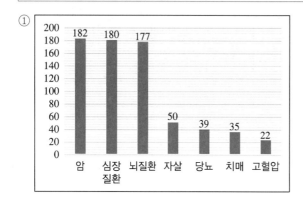

②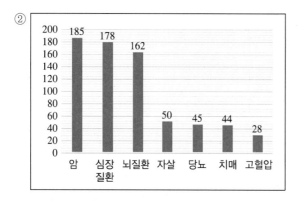

③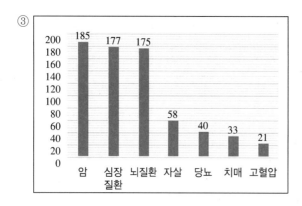

④

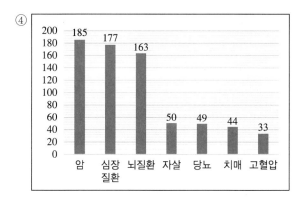

⑤

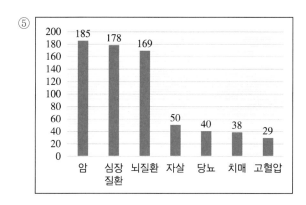

126 다음은 지역별 교통사고·화재·산업재해 현황에 관한 자료이다. 표를 그래프로 나타낸 것으로 적절하지 않은 것은?(단, 비중은 소수점 이하 둘째 자리에서 반올림한다)

〈교통사고·화재·산업재해 건수〉

(단위 : 건)

구분	교통사고	화재	산업재해
서울	3,830	5,890	3,550
인천	4,120	4,420	5,210
경기	4,010	3,220	4,100
강원	1,100	3,870	1,870
대전	880	1,980	1,120
충청	1,240	1,290	2,880
경상	1,480	1,490	2,540
전라	2,180	2,280	2,920
광주	920	980	1,110
대구	1,380	1,490	2,210
울산	1,120	920	980
부산	3,190	2,090	3,120
제주	3,390	2,880	3,530
합계	28,840	32,800	35,140

〈교통사고·화재·산업재해 사망자 및 피해금액〉

구분	교통사고	화재	산업재해
사망자 수(명)	12,250	21,220	29,340
피해액(억 원)	1,290	6,490	1,890

※ 수도권은 서울·인천·경기 지역이다.

① 교통사고의 수도권 및 수도권 외 지역 발생건수

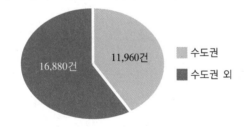

- 수도권
- 수도권 외

16,880건 11,960건

② 화재의 수도권 및 수도권 외 지역 발생건수

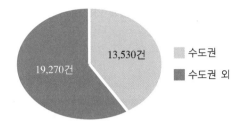

③ 산업재해의 수도권 및 수도권 외 지역 발생건수

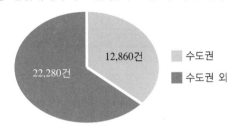

④ 피해금액별 교통사고·화재·산업재해 비중

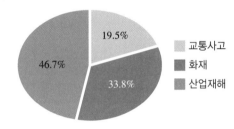

⑤ 전국 교통사고·화재·산업재해 건수 및 피해액

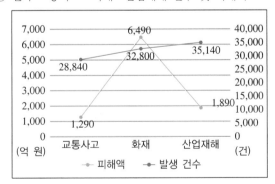

127 다음은 연도별 시간당 최저임금 인상 추이를 나타낸 표이다. 이 자료를 올바르게 나타내지 않은 그래프는?(단, 인상률 단위는 '%'이고, 최저임금 단위는 '원'이다)

〈연도별 최저임금 인상 추이〉

(단위 : 원)

구분	시간당 최저임금	구분	시간당 최저임금
2010년	4,110	2015년	5,580
2011년	4,320	2016년	6,030
2012년	4,580	2017년	6,470
2013년	4,860	2018년	7,530
2014년	5,210	2019년	8,350

① 연도별 최저임금 인상 추이

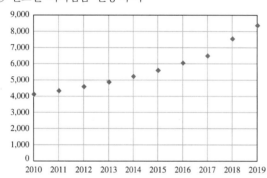

② 연도별 최저임금 인상 추이

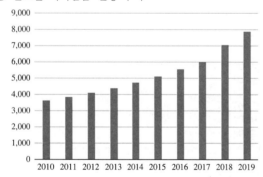

③ 전년 대비 최저임금 인상액 현황

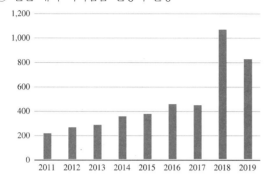

④ 연도별 최저임금 인상 추이

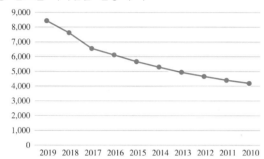

⑤ 전년 대비 최저임금 인상률 현황

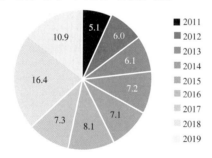

128 갑, 을, 병, 정, 무 5명의 직원을 대상으로 신년회를 위한 장소 A ~ E에 대한 만족도 조사를 하였다. 5점 만점을 기준으로 장소별 직원들의 점수를 시각화한 것으로 적절한 것은?

〈A ~ E장소 만족도〉

(단위 : 점)

구분	갑	을	병	정	무	평균
A	2.5	5.0	4.5	2.5	3.5	3.6
B	3.0	4.0	5.0	3.5	4.0	3.9
C	4.0	4.0	3.5	3.0	5.0	3.9
D	3.5	3.5	3.5	4.0	3.0	3.5
E	5.0	3.0	1.0	1.5	4.5	3.0

①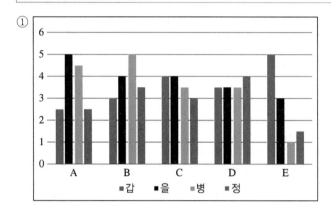

②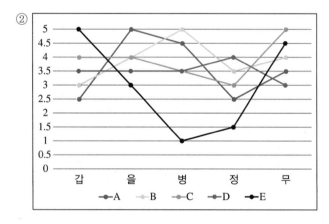

③

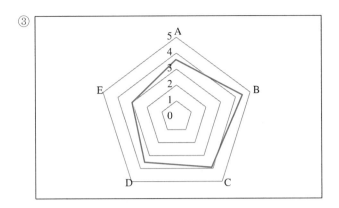

④

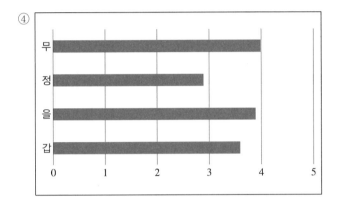

⑤

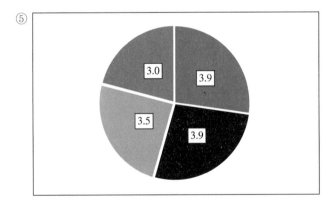

129 다음은 중국의 의료 빅데이터 예상 시장 규모에 관한 자료이다. 다음 자료의 전년 대비 성장률을 구했을 때 그래프로 올바르게 변환한 것은?(단, 전년 대비 성장률은 소수점 둘째 자리에서 반올림하여 계산한다)

〈2015 ~ 2024년 중국 의료 빅데이터 예상 시장 규모〉

(단위 : 억 위안)

구분	2015년	2016년	2017년	2018년	2019년	2020년	2021년	2022년	2023년	2024년
규모	9.6	15.0	28.5	45.8	88.5	145.9	211.6	285.6	371.4	482.8

①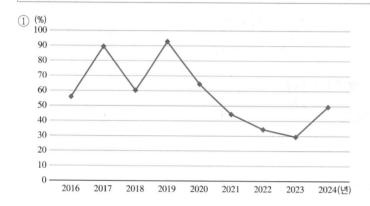

②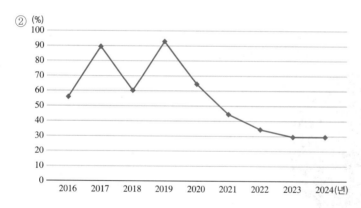

③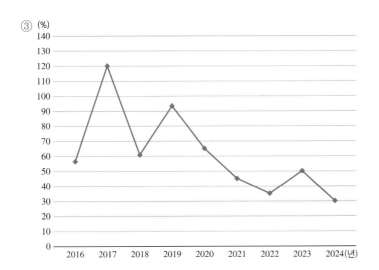

④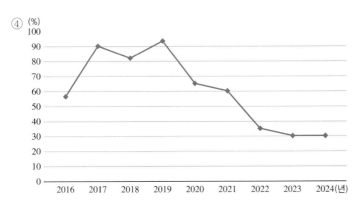

⑤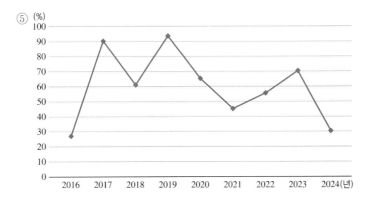

130 다음은 지역별 초·중·고등학교 개수에 대한 자료이다. 자료를 보고 그래프로 나타낸 것으로 적절하지 않은 것은?(단, 모든 그래프의 단위는 '개'이다)

〈지역별 초·중·고등학교 현황〉

(단위 : 개)

구분	초등학교	중학교	고등학교
서울	680	660	590
인천	880	820	850
경기	580	520	490
강원	220	180	190
대전	180	150	140
충청	320	290	250
경상	380	250	280
전라	420	390	350
광주	190	130	120
대구	210	160	140
울산	150	120	110
부산	260	220	230
제주	110	100	100
합계	4,580	3,990	3,840

※ 수도권은 서울, 인천, 경기 지역이다.

① 수도권 지역 초·중·고등학교 수

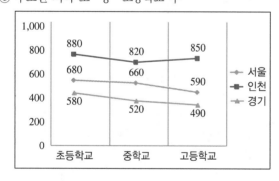

② 광주, 울산, 제주 지역별 초·중·고등학교 수

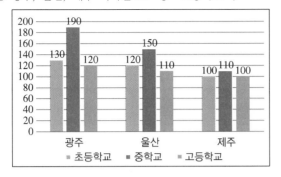

③ 수도권 외 지역 초·중·고등학교 수

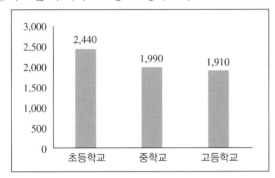

④ 국내 초·중·고등학교 수

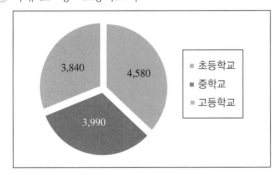

⑤ 인천 지역의 초·중·고등학교 수

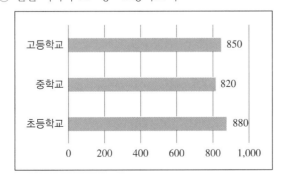

131 다음은 연도별 및 연령대별 흡연율 관련 자료이다. 이를 나타낸 그래프로 옳지 않은 것은?

〈연도별·연령대별 흡연율〉

(단위 : %)

구분	연령대				
	20대	30대	40대	50대	60대 이상
2009년	28.4	24.8	27.4	20.0	16.2
2010년	21.5	31.4	29.9	18.7	18.4
2011년	18.9	27.0	27.2	19.4	17.6
2012년	28.0	30.1	27.9	15.6	2.7
2013년	30.0	27.5	22.4	16.3	9.1
2014년	24.2	25.2	19.3	14.9	18.4
2015년	13.1	25.4	22.5	15.6	16.5
2016년	22.2	16.1	18.2	13.2	15.8
2017년	11.6	25.4	13.4	13.9	13.9
2018년	14.0	22.2	18.8	11.6	9.4

① 40대, 50대 연도별 흡연율

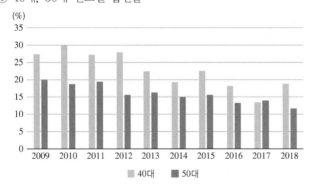

② 2015 ~ 2018년 연령대별 흡연율

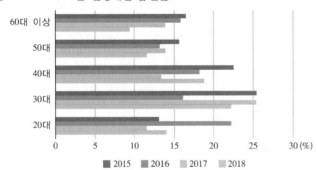

③ 2013~2018년 60대 이상 연도별 흡연율

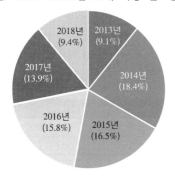

④ 20대, 30대 연도별 흡연율

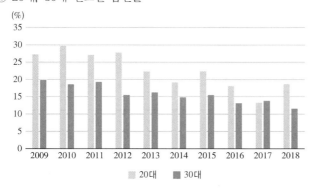

⑤ 2018년 연령대별 흡연율

132 다음은 제주도 감귤 생산량 및 면적을 연도별로 나타낸 자료이다. 〈보기〉에서 이를 올바르게 나타낸 그래프를 모두 고른 것은?(단, 그래프의 면적 단위가 만 ha일 때, 백의 자리에서 반올림한다)

〈연도별 제주도 감귤 생산량 및 면적〉

(단위 : 톤, ha)

구분	생산량	면적
2008년	19,725	536,668
2009년	19,806	600,511
2010년	19,035	568,920
2011년	18,535	677,770
2012년	18,457	520,350
2013년	18,279	655,046
2014년	17,921	480,556
2015년	17,626	500,106
2016년	17,389	558,942
2017년	17,165	554,007
2018년	16,941	573,442

 보기

ㄱ. 2008 ~ 2013년 제주도 감귤 재배면적

■ 2008 ■ 2009 ■ 2010 ■ 2011 ■ 2012 ■ 2013

ㄴ. 2013 ~ 2018년 감귤 생산량

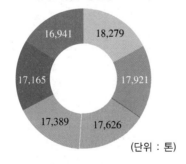

(단위 : 톤)

■ 2013 ■ 2014 ■ 2015 ■ 2016 ■ 2017 ■ 2018

ㄷ. 2008 ~ 2018년 감귤 생산량과 면적 변화

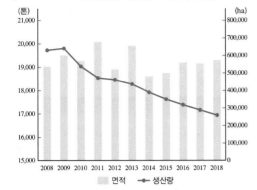

ㄹ. 2010 ~ 2018년 감귤 생산량 전년 대비 감소량

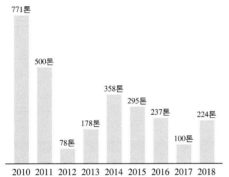

① ㄱ, ㄴ   ② ㄱ, ㄷ

③ ㄴ, ㄷ   ④ ㄴ, ㄹ

⑤ ㄷ, ㄹ

133 다음은 2015년부터 2019년까지의 국제결혼 통계자료이다. 자료를 그래프로 나타낸 것으로 적절하지 않은 것은? (단, 모든 그래프의 단위는 '건'이다)

〈내국인 국제결혼 현황〉

(단위 : 건)

구분		2015년	2016년	2017년	2018년	2019년
외국인 여성 배우자	베트남	7,380	7,880	7,550	7,120	6,870
	필리핀	4,850	5,110	4,660	4,110	4,320
	일본	2,100	1,990	1,760	1,440	1,320
	중국	7,740	8,120	8,090	7,870	8,110
	미국	1,100	880	980	920	910
	합계	23,170	23,980	23,040	21,460	21,530
외국인 남성 배우자	베트남	380	210	190	220	150
	필리핀	220	120	110	250	240
	일본	1,820	2,120	2,290	1,990	2,140
	중국	2,890	3,190	3,020	1,890	1,920
	미국	2,480	2,680	2,820	2,520	2,480
	합계	7,790	8,320	8,430	6,870	6,930

① 연도별 전체 국제결혼 건수

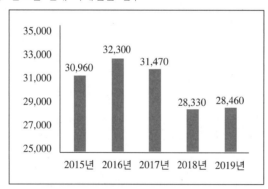

② 연도별 내국인 남녀 국제결혼 건수

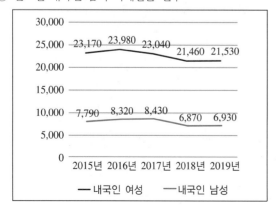

③ 2017년 외국인 여성 배우자 국적별 건수

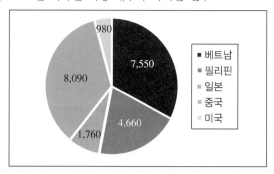

④ 2018년 외국인 남성 배우자 국적별 건수

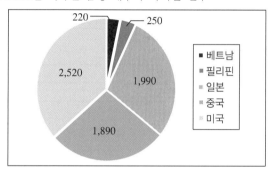

⑤ 2019년 내국인 국제결혼 배우자 국적별 건수

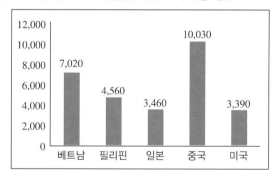

134 다음 표는 범죄별 발생 및 검거 건수에 대해 성별로 조사한 자료이다. 자료를 보고 그래프로 나타낸 것으로 적절하지 않은 것은?(단, 모든 그래프의 단위는 '만 건'이다)

〈범죄별 발생 및 검거 건수〉

(단위 : 만 건)

구분		발생 건수	검거 건수
남성 범죄자	살인	11	8
	폭행	118	110
	강간	21	13
	사기	55	32
	합계	205	163
여성 범죄자	살인	4	2
	폭행	38	35
	강간	2	2
	사기	62	28
	합계	106	67

① 남성 범죄자 범죄별 발생 및 검거 건수

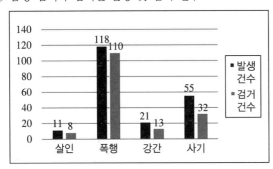

② 여성범죄자 범죄별 발생 및 검거 건수

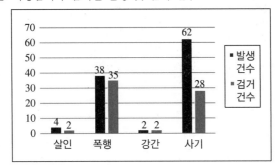

③ 전체 범죄별 발생 및 검거 건수

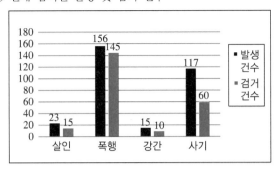

④ 성별 범죄 발생 및 검거 건수

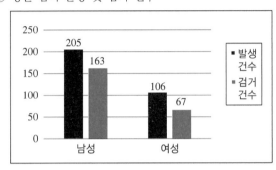

⑤ 남녀 범죄별 발생 건수

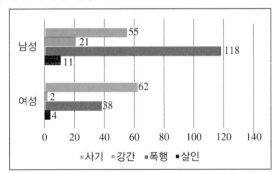

135 다음은 어린이 및 청소년의 연령별 표준 키와 체중을 조사한 자료이다. 이를 올바르게 나타낸 그래프는?

〈어린이 및 청소년 표준 키와 체중〉

(단위 : cm, kg)

나이	남		여		나이	남		여	
	키	체중	키	체중		키	체중	키	체중
1세	76.5	9.77	75.6	9.28	10세	137.8	34.47	137.7	33.59
2세	87.7	12.94	87.0	12.50	11세	143.5	38.62	144.2	37.79
3세	95.7	15.08	94.0	14.16	12세	149.3	42.84	150.9	43.14
4세	103.5	16.99	102.1	16.43	13세	155.3	44.20	155.0	47.00
5세	109.5	18.98	108.6	18.43	14세	162.7	53.87	157.8	50.66
6세	115.8	21.41	114.7	20.68	15세	167.8	58.49	159.0	52.53
7세	122.4	24.72	121.1	23.55	16세	171.1	61.19	160.0	54.53
8세	127.5	27.63	126.0	26.16	17세	172.2	63.20	160.4	54.64
9세	132.9	30.98	132.2	29.97	18세	172.5	63.77	160.5	54.65

① 10세 이전 남녀의 키

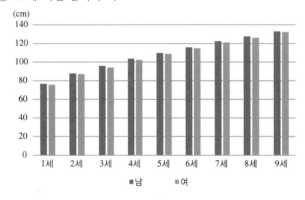

② 10대 남녀의 표준 체중

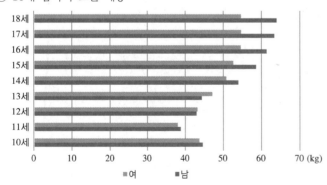

③ 남자의 10세 이전 표준 키 및 체중

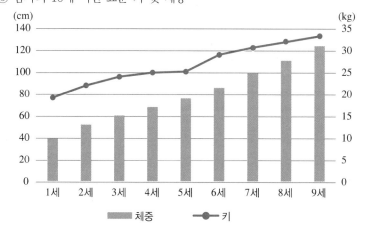

④ 10대 여자의 표준 키 및 체중

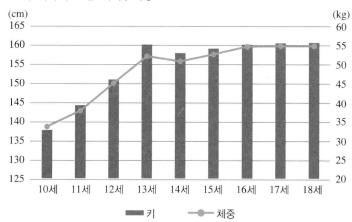

⑤ 바로 전 연령 대비 남녀 표준 키 차이

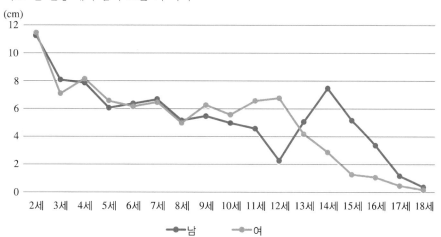

136 다음은 연도별 치킨전문점 개·폐업점 수에 관한 자료이다. 이를 올바르게 나타낸 그래프는?

〈연도별 개·폐업점 수〉

(단위 : 개)

구분	개업점 수	폐업점 수	구분	개업점 수	폐업점 수
2007년	3,449	1,965	2013년	3,252	2,873
2008년	3,155	2,121	2014년	3,457	2,745
2009년	4,173	1,988	2015년	3,620	2,159
2010년	4,219	2,465	2016년	3,244	3,021
2011년	3,689	2,658	2017년	3,515	2,863
2012년	3,887	2,785	2018년	3,502	2,758

①

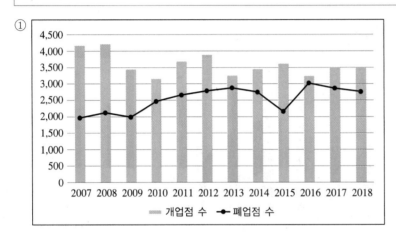

②

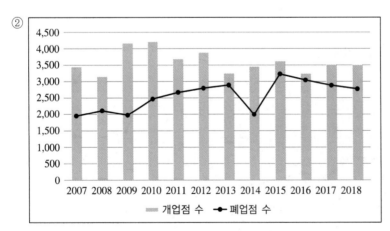

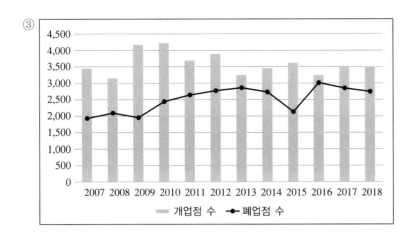

③

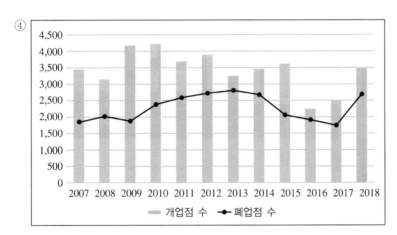

④

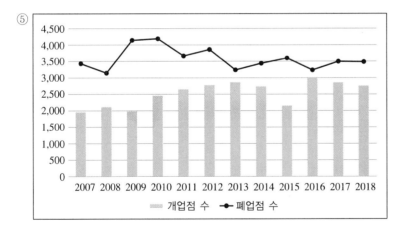

⑤

137 다음은 지역별 국내 백미 생산량을 나타낸 자료이다. 이를 그래프로 나타낸 것 중 적절하지 않은 것은?

〈지역별 국내 백미 생산량〉

(단위 : ha, 톤)

구분	논벼		밭벼	
	면적	생산량	면적	생산량
서울·인천·경기	91,557	468,506	2	4
강원	30,714	166,396	0	0
충북	37,111	201,670	3	5
세종·대전·충남	142,722	803,806	11	21
전북	121,016	687,367	10	31
광주·전남	170,930	871,005	705	1,662
대구·경북	105,894	591,981	3	7
부산·울산·경남	77,918	403,845	11	26
제주	10	41	117	317
합계	777,872	4,194,617	862	2,073

① 지역별 논벼 면적의 구성비

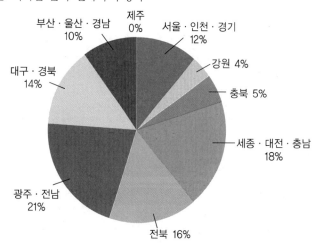

② 제주 지역 백미 생산면적 구성비

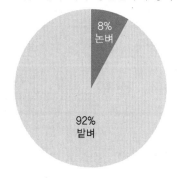

③ 제주를 제외한 지역별 1ha당 백미 생산량

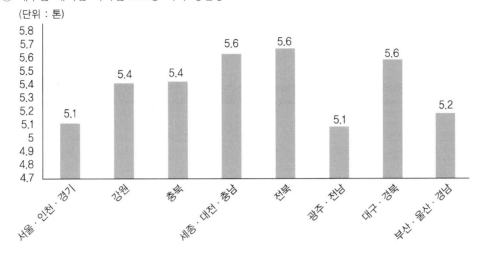

(단위 : 톤)

④ 논벼와 밭벼의 생산량 비교

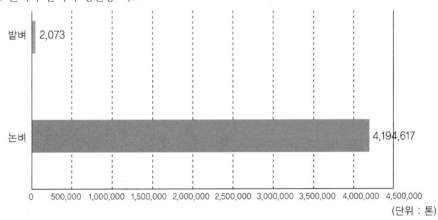

(단위 : 톤)

⑤ 지역별 밭벼의 생산비

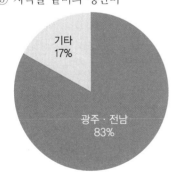

138 다음은 2019년도 신재생에너지 산업통계 자료이다. 이를 그래프로 나타낸 자료 중 올바르지 않은 것은?

〈신재생에너지원별 산업 현황〉

(단위 : 억 원)

구분	기업체 수(개)	고용인원(명)	매출액	내수	수출액	해외공장매출	투자액
태양광	127	8,698	75,637	22,975	33,892	18,770	5,324
태양열	21	228	290	290	0	0	1
풍력	37	2,369	14,571	5,123	5,639	3,809	583
연료전지	15	802	2,837	2,143	693	0	47
지열	26	541	1,430	1,430	0	0	251
수열	3	46	29	29	0	0	0
수력	4	83	129	116	13	0	0
바이오	128	1,511	12,390	11,884	506	0	221
폐기물	132	1,899	5,763	5,763	0	0	1,539
합계	493	16,177	113,076	49,753	40,743	22,579	7,966

① 신재생에너지원별 기업체 수(단위 : 개)

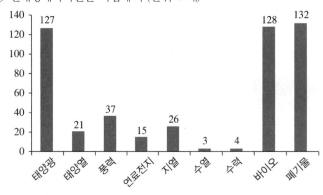

② 신재생에너지원별 고용인원(단위 : 명)

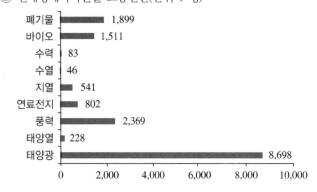

③ 신재생에너지원별 고용인원 비율

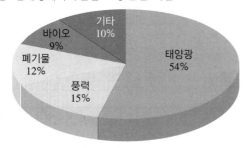

④ 신재생에너지원별 내수 현황(단위 : 억 원)

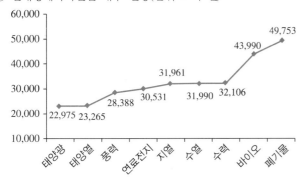

⑤ 신재생에너지원별 해외공장매출 비율

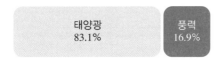

139 다음은 블로그 이용자와 트위터 이용자를 대상으로 설문조사한 결과자료이다. 〈보기〉에서 이를 정리한 그래프 중 옳은 것을 모두 고르면?

〈블로그 이용자와 트위터 이용자 대상 설문조사 결과〉

(단위 : %)

구분		블로그 이용자	트위터 이용자
성별	남자	53.4	53.2
	여자	46.6	46.8
연령	15 ~ 19세	11.6	13.1
	20 ~ 29세	23.3	47.9
	30 ~ 39세	27.4	29.5
	40 ~ 49세	25.0	8.4
	50 ~ 59세	12.7	1.1
교육수준	중졸 이하	2.0	1.6
	고졸	23.4	14.7
	대졸	66.1	74.4
	대학원 이상	8.5	9.3
소득수준	상	5.5	3.6
	중	74.2	75.0
	하	20.3	21.4

※ 15세 이상 ~ 60세 미만의 1,000명의 블로그 이용자와 2,000명의 트위터 이용자를 대상으로 하여 동일 시점에 각각 독립적으로 조사하였으며 무응답과 응답자의 중복은 없음

보기

ㄱ. 트위터와 블로그의 성별 이용자 수

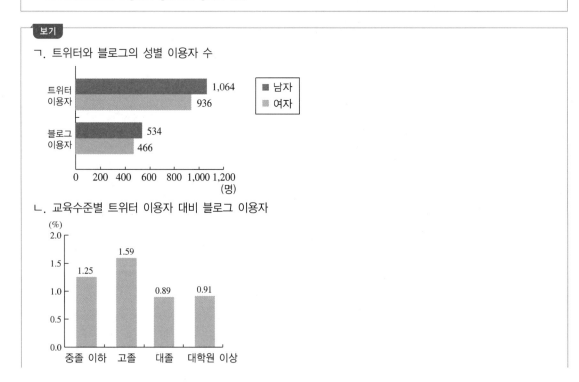

ㄴ. 교육수준별 트위터 이용자 대비 블로그 이용자

ㄷ. 블로그 이용자와 트위터 이용자의 소득수준별 구성비

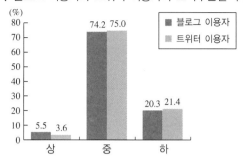

ㄹ. 연령별 블로그 이용자의 구성비

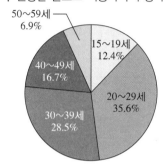

① ㄱ, ㄴ   ② ㄱ, ㄷ

③ ㄴ, ㄷ   ④ ㄴ, ㄹ

⑤ ㄷ, ㄹ

140 다음은 1회차부터 500회차까지 복권 당첨번호 통계자료이다. 자료를 그래프로 나타낸 것으로 적절하지 않은 것은?(단, 비율은 소수점 이하 둘째 자리에서 반올림한다)

〈복권 당첨번호 당첨횟수〉

번호	1	2	3	4	5	6	7	8	9	
색상	노랑	노랑	노랑	노랑	노랑	노랑	노랑	노랑	노랑	
횟수	68	73	28	68	44	49	84	74	47	

번호	10	11	12	13	14	15	16	17	18	19
색상	파랑	파랑	파랑	파랑	파랑	파랑	파랑	파랑	파랑	파랑
횟수	44	38	68	74	83	73	78	44	53	51

번호	20	21	22	23	24	25	26	27	28	29
색상	빨강	빨강	빨강	빨강	빨강	빨강	빨강	빨강	빨강	빨강
횟수	39	78	80	102	78	70	99	73	35	74

번호	30	31	32	33	34	35	36	37	38	39
색상	회색	회색	회색	회색	회색	회색	회색	회색	회색	회색
횟수	59	66	74	48	52	93	89	111	98	90

번호	40	41	42	43	44	45
색상	초록	초록	초록	초록	초록	초록
횟수	95	48	44	51	63	50

※ 1번대(1 ~ 9), 10번대(10 ~ 19), 20번대(20 ~ 29), 30번대(30 ~ 39), 40번대(40 ~ 45)
※ 복권 당첨번호는 회차마다 6개이다.

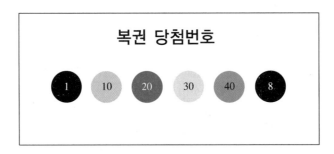

① 번호 구간별 당첨횟수

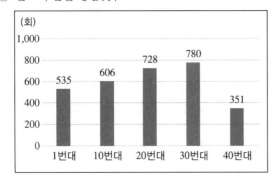

② 전체 당첨횟수 대비 구간별 당첨횟수 비율

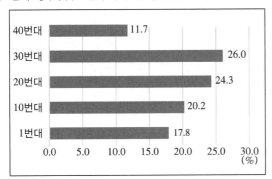

③ 색상별 당첨횟수

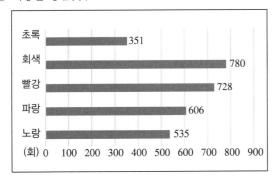

④ 전체 당첨횟수 대비 색상별 당첨횟수 비율

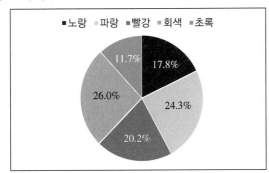

⑤ 당첨횟수 상위 5개 당첨번호 횟수

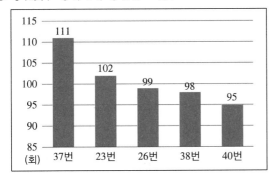

3

PART

자료[SET 유형] 해석 연습

정답 및 해설 p.48

※ 다음은 재료비 상승에 따른 분기별 국내 철강사 수익 변동을 조사하기 위해 수집한 자료이다. 다음 자료를 참고하여 이어지는 질문에 답하시오. **[141~142]**

〈제품가격과 재료비에 따른 분기별 수익〉

(단위 : 천 원/톤)

구분	2018년	2019년			
	4분기	1분기	2분기	3분기	4분기
제품가격	627	597	687	578	559
재료비	178	177	191	190	268
수익	449	420	496	388	291

※ 제품가격은 재료비와 수익의 합으로 책정된다.

〈제품 1톤당 소요되는 재료〉

(단위 : 톤)

철광석	원료탄	철 스크랩
1.6	0.5	0.15

☑ **확인 Check!** ○ △ ✕

141 다음 자료에 대한 해석으로 옳은 것은?

① 수익은 지속해서 증가하고 있다.

② 모든 금액에서 2019년 4분기가 2018년 4분기보다 높다.

③ 재료비와 수익량의 증감추이는 같다.

④ 조사 기간에 수익이 가장 높을 때는 재료비가 가장 낮을 때이다.

⑤ 2019년 3분기에 이전 분기 대비 수익 변화량이 가장 큰 것으로 나타난다.

☑ **확인 Check!** ○ △ ✕

142 2020년 1분기에 재료당 단위가격이 철광석 70,000원, 원료탄 250,000원, 철 스크랩 200,000원으로 예상된다는 보고를 받았다. 2020년 1분기의 수익을 2019년 4분기와 같게 유지한다면 제품가격은 얼마인가?

① 558,000원　　　　　　　　　② 559,000원

③ 560,000원　　　　　　　　　④ 578,000원

⑤ 597,000원

※ 다음은 에너지원별 발전설비와 발전량에 대한 자료이다. 물음에 답하시오. [143~144]

〈에너지원별 발전설비 추이〉

설비별 \ 연도	2010년	2011년	2012년	2013년	2014년	2015년	2016년	2017년	2018년	2019년
원자력	13,716	15,716	15,716	16,716	17,716	17,716	17,716	17,716	17,716	17,716
수력	3,876	3,876	3,877	3,883	3,883	5,485	5,492	5,505	5,515	5,525
석탄	15,531	15,931	15,931	17,465	17,965	18,465	20,465	23,705	24,205	24,205
유류	4,868	4,660	6,011	4,666	4,710	4,790	5,404	5,407	5,438	4,831
가스	12,868	13,618	14,518	15,746	16,447	17,436	17,948	17,969	17,850	19,417
집단	–	–	–	1,382	1,382	1,382	893	1,460	1,610	2,617
대체	–	–	–	104	156	240	351	728	1,036	1,768
합계	50,859	53,801	56,053	59,962	62,259	65,514	68,269	72,490	73,370	76,079

〈에너지원별 발전량 추이〉

설비별 \ 연도	2010년	2011년	2012년	2013년	2014년	2015년	2016년	2017년	2018년	2019년
원자력	112,133	119,103	129,672	130,715	146,779	148,749	142,937	150,958	147,771	147,474
수력	4,151	5,311	6,887	5,861	5,189	5,189	5,042	5,561	5,641	6,567
석탄	110,333	118,022	120,276	127,158	133,658	139,205	154,674	173,508	193,216	197,917
유류	28,156	25,095	26,526	18,512	17,732	16,598	18,131	10,094	14,083	22,351
가스	30,451	38,943	39,090	55,999	58,118	68,302	78,427	75,809	65,274	90,846
집단	–	–	–	3,553	2,759	2,597	3,084	5,336	5,827	5,897
대체	–	–	–	350	404	511	829	1,090	1,791	3,159
합계	285,224	306,474	322,451	342,148	364,639	381,151	403,124	422,356	433,603	474,211

☑ 확인 Check! ○△✕

143 2019년 원자력 발전설비 점유율은 2018년에 비해 약 몇 %p 감소했는가?(단, 원자력 발전설비 점유율은 소수점 둘째 자리에서 반올림한다)

① 0.4%p ② 0.8%p
③ 1.2%p ④ 1.4%p
⑤ 1.6%p

☑ 확인 Check! ○△✕

144 2019년 석탄은 전체 에너지원 발전량의 약 몇 %를 차지했는가?(단, 소수점 첫째 자리에서 반올림한다)

① 30% ② 34%
③ 38% ④ 42%
⑤ 50%

※ 다음은 국내기업의 업종별 현재 수출 국가와 업종별 향후 진출 희망 국가에 관한 자료이다. 다음 자료를 읽고 이어지는 질문에 답하시오. [145~146]

〈업종별 현재 수출 국가〉

(단위 : 개)

구분	일본	중국	미국	동남아	독일	유럽 (독일 제외)	기타	무응답	합계
주조	24	15	20	18	20	13	15	0	125
금형	183	149	108	133	83	83	91	0	830
소성가공	106	100	94	87	56	69	94	19	625
용접	96	96	84	78	120	49	77	0	600
표면처리	48	63	63	45	0	24	57	0	300
열처리	8	13	11	9	5	6	8	0	60
합계	465	436	380	370	284	244	342	19	2,540

〈업종별 향후 진출 희망 국가〉

(단위 : 개)

구분	일본	중국	미국	동남아	독일	유럽 (독일 제외)	기타	합계
주조	24	16	29	25	1	8	3	106
금형	16	7	23	16	24	25	0	111
소성가공	96	129	140	129	8	28	58	588
용접	16	295	92	162	13	119	48	745
표면처리	5	32	7	19	0	13	10	86
열처리	0	16	2	7	0	0	2	27
합계	157	495	293	358	46	193	121	1,663

※ 모든 업종의 기업은 하나의 국가에만 수출한다.

145 다음 중 업종별 현재 수출 국가에 관한 설명으로 옳지 않은 것은?

① 열처리 분야 기업 중 중국에 수출하는 기업의 비율은 20% 이상이다.
② 금형 분야 기업의 수는 전체 기업 수의 40% 미만이다.
③ 일본에 수출하는 용접 분야 기업의 수는 중국에 수출하는 주조 분야 기업의 수의 7배 이상이다.
④ 소성가공 분야 기업 중 미국에 수출하는 기업의 수가 동남아에 수출하는 기업의 수보다 많다.
⑤ 주조 분야 기업 중 가장 많은 기업이 수출하는 국가는 일본이다.

146 다음 중 자료에 대해 옳은 설명을 한 사람을 모두 고른 것은?

> 지현 : 가장 많은 수의 금형 분야 기업들이 진출하고 싶어 하는 국가는 독일이야.
> 준엽 : 국내 열처리 분야 기업들이 가장 많이 수출하는 국가는 가장 많은 열처리 분야 기업들이 진출하고 싶어 하는 국가와 같아.
> 찬영 : 표면처리 분야 기업 중 유럽(독일 제외)에 진출하고 싶어 하는 기업은 미국에 진출하고 싶어 하는 기업의 2배 이상이야.
> 진경 : 용접 분야 기업 중 기타 국가에 수출하는 기업의 수는 용접 분야 기업 중 독일을 제외한 유럽에 수출하는 기업의 수보다 많아.

① 지현, 준엽
② 지현, 찬영
③ 준엽, 찬영
④ 준엽, 진경
⑤ 찬영, 진경

※ 다음은 S기업의 시장 확장전략에 대한 자료이다. 다음 자료를 읽고 이어지는 질문에 답하시오. [147~148]

S기업의 해외사업추진부는 시장 확장을 위한 진출대상 국가를 지정하고자 한다. 최근 정부의 신남방 정책에 힘입어 동남아 국가로 진출을 하기로 결정하였다. 이를 위해 해외사업추진부는 자체 조사 및 평가를 통하여, 수월한 시장진입을 위해 고려해야할 요인들을 기준으로 각 국가별로 10점 만점으로 평가하였다. 진입수월성 평가점수가 높을수록 진입이 용이함을 의미한다.

〈동남아 국가별 진입수월성 평가점수〉

(단위 : 점)

고려요인＼동남아 국가	필리핀	베트남	태국	인도네시아	라오스
현지 사업규제	4	3	7	2	1
현지 시장규모	3	8	4	3	2
시장 잠재력	3	2	5	6	8
규모의 경제성	1	2	4	8	7
현지 인프라 활용도	7	5	9	4	3

'동남아 국가별 진입수월성 평가'에 이어 S기업의 신사업추진지원부는 S기업의 동남아 국가 진입 시 고려 요인들을 개선하기 위해 모그룹인 S그룹의 자원을 동원할 때, 각 요인들에 대한 S기업의 대응력을 평가하였다.
신사업추진지원부는 S그룹의 자원 동원 시 S기업의 대응력을 10점 만점으로 평가하였다.

〈S기업의 대응력 평가〉

(단위 : 점)

고려요인	현지 사업규제	현지 시장규모	시장 잠재력	규모의 경제성	현지 인프라 활용도
대응력	6	7	4	8	6

147 다음 중 S기업 해외사업추진부의 동남아 국가별 진입수월성 평가점수에 대한 설명으로 옳은 것은?

① 규모의 경제성이 잘 적용되는 국가일수록 현지시장의 규모가 크다.

② 태국이 라오스에 비해 S기업이 진출 시 수익을 낼 수 있는 향후 시장으로서 더욱 유망하다.

③ 현지 시장 진입 시 활용 가능한 현지 인프라가 가장 잘 갖추어진 곳은 인도네시아이다.

④ 규제 완화 및 철폐를 위한 자원투입이 가장 적을 것으로 기대되는 곳은 태국이다.

⑤ 베트남보다는 필리핀에서 기존 시장이 더욱 활성화되어 있다고 볼 수 있다.

148 S기업은 고려요인 중 S기업의 대응력 평가 점수보다 국가별 진입수월성 평가점수가 같거나 높은 요인의 수가 가장 많은 국가에 진출하기로 결정하였다. 이와 같은 방식으로 진출 국가를 결정할 때, 다음 중 S기업의 진출 국가로 옳은 것은?

① 필리핀　　　　　　　　　② 베트남

③ 태국　　　　　　　　　　④ 인도네시아

⑤ 라오스

※ 다음 표는 어린이집의 시설 및 교직원 현황에 관한 자료이다. 이 자료를 보고 다음 물음에 답하시오. [149~151]

〈표 1〉 어린이집 시설 현황

(단위 : 개소)

연도	국·공립 어린이집	법인 어린이집	민간 어린이집	가정 어린이집	부모협동 어린이집	직장 어린이집	합계
2016	1,826	1,458	14,275	15,525	65	350	33,499
2017	1,917	1,470	14,368	17,359	66	370	35,550
2018	2,034	1,468	14,677	19,367	74	401	38,021
2019	2,116	1,462	15,004	20,722	89	449	39,842

〈표 2〉 어린이집 교직원 현황

(단위 : 명)

연도	국·공립 어린이집	법인 어린이집	민간 어린이집	가정 어린이집	부모협동 어린이집	직장 어린이집	합계
2016	17,853	16,572	97,964	55,169	331	3,214	191,103
2017	19,397	17,042	103,656	62,863	348	3,606	206,912
2018	20,980	17,368	112,239	73,895	398	4,204	229,084
2019	22,229	17,491	120,503	82,911	485	5,016	248,635

☑ 확인 Check! ○ △ ✕

149 위 자료를 보고 판단한 내용 중 올바르지 않은 것은?

① 2019년에 민간 어린이집이 가정 어린이집보다 개소 수는 적으나 1개소 당 교직원 수는 더 많다.

② 2016년부터 2019년까지 법인 어린이집의 개소 수와 교직원의 수의 증감은 일치한다.

③ 가정 어린이집의 경우 작년보다 가장 많이 증설된 해는 2018년이다.

④ 2019년 가정 어린이집의 개소 수는 전체 어린이집의 개소 수의 50% 이상이다.

⑤ 민간 어린이집의 교직원 수는 다른 어린이집의 교직원 수보다 매년 가장 많은 비중을 차지함을 알 수 있다.

150 전년 대비 2017년에 증설된 어린이집 수가 가장 많은 시설의 증설 개소 수는?

① 1,496개소   ② 1,631개소

③ 1,763개소   ④ 1,834개소

⑤ 1,942개소

151 2016년 대비 2019년 직장 어린이집의 교직원 증가율은 얼마인가?

① 약 47%   ② 약 51%

③ 약 56%   ④ 약 61%

⑤ 약 63%

※ 다음 〈표 1〉은 근로자의 고용형태에 따른 훈련 인원, 〈표 2〉는 개인지원방식의 훈련방법별 훈련 인원에 대한 자료이다. 이 자료를 보고 이어지는 질문에 답하시오. **[152~154]**

〈표 1〉 근로자의 고용형태에 따른 훈련 인원

(단위 : 명)

구분		훈련 인원		
		총계	남성	여성
사업주지원방식	총계	512,723	335,316	177,407
A유형	계	480,671	308,748	171,923
	정규직	470,124	304,376	165,748
	비정규직	10,547	4,372	6,175
B유형	계	32,052	26,568	5,484
	정규직	32,052	26,568	5,484
개인지원방식	총계	56,273	20,766	35,497
C유형	계	37,768	15,938	21,830
	정규직	35,075	15,205	19,870
	비정규직	2,693	733	1,960
D유형	계	18,505	4,838	13,667
	비정규직	18,505	4,838	13,667

〈표 2〉 개인지원방식의 훈련방법별 훈련 인원

(단위 : 명)

구분			훈련 인원		
			총계	남성	여성
개인지원방식	총계		56,273	20,776	35,497
C유형	집체훈련	일반과정	29,138	12,487	16,651
		외국어과정	8,216	3,234	4,982
	원격훈련	인터넷과정	414	217	197
D유형	집체훈련	일반과정	16,118	4,308	11,810
		외국어과정	1,754	334	1,420
	원격훈련	인터넷과정	633	196	437

152 다음 〈보기〉 중 올바른 것을 모두 고른 것은?

> **보기**
> ㄱ. B유형의 정규직 인원은 C유형의 정규직 인원보다 3,000명 이상 적다.
> ㄴ. 집체훈련 인원의 비중은 D유형이 C유형보다 높다.
> ㄷ. A, C, D유형에서 여성의 비정규직 인원이 남성의 비정규직 인원보다 많다.
> ㄹ. C, D유형의 모든 훈련과정에서 여성의 수가 남성의 수보다 많다.

① ㄱ, ㄴ   ② ㄱ, ㄴ, ㄷ
③ ㄱ, ㄷ   ④ ㄱ, ㄷ, ㄹ
⑤ ㄴ, ㄹ

153 A유형으로 훈련을 받는 정규직 근로자 중 남성의 비율과 B유형으로 훈련을 받는 정규직 근로자 중 남성의 비율의 차이는 얼마인가?(단, 소수점 이하 둘째 자리에서 버린다)

① 10.3%p   ② 18.1%p
③ 30.5%p   ④ 39.2%p
⑤ 40.5%p

154 위 자료를 보고 해석한 내용 중 올바르지 않은 것은?

① A유형의 훈련 인원 중 비정규직 여성의 비중이 비정규직 남성의 비중보다 높다.
② C유형의 비정규직 인원 중 남성의 비중이 A유형의 비정규직 인원 중 남성의 비중보다 높다.
③ C유형의 훈련 인원 중 외국어과정이 차지하는 비중이 D유형의 훈련 인원 중 외국어과정이 차지하는 비중보다 높다.
④ 개인지원방식에서 원격훈련이 차지하는 비중은 10% 미만이다.
⑤ D유형에서 집체훈련과 원격훈련 모두 여성의 비중이 높다.

※ 다음은 A선수의 육상종목별 기록을 나타낸 것이다. 이어지는 질문에 답하시오. [155~156]

〈육상선수 A의 종목별 기록〉

종목	2013년	2014년	2015년	2016년	2017년	2018년
100m	10.5초	10.4초	10.3초	10.6초	10.4초	10.7초
200m	23.1초	22.8초	21.6초	20.9초	20.8초	20.4초
400m	47.1초	47.0초	46.9초	46.4초	45.4초	45.3초
800m	2분 5.3초	2분 4.7초	2분 4.1초	1분 53.5초	1분 46.9초	1분 45.4초
1,500m	3분 44.5초	3분 44.0초	3분 43.0초	3분 40.7초	3분 40.2초	3분 38.6초
5,000m	13분 54.7초	13분 53.1초	13분 51.3초	13분 50.3초	13분 49.9초	13분 42.9초

〈2018년 육상 아시아·세계 최고기록 및 평균기록〉

구분		100m	200m	400m	800m	1,500m	5,000m
아시아	최고기록	9.9초	19.9초	43.9초	1분 42.7초	3분 29.1초	12분 51.9초
	평균기록	10.6초	20.6초	45.1초	1분 43.8초	3분 33.9초	13분 1.1초
세계	최고기록	9.5초	19.1초	43.0초	1분 40.9초	3분 26.0초	12분 37.3초
	평균기록	10.3초	20.3초	44.2초	1분 41.8초	3분 34.1초	12분 53.8초

☑ 확인 Check! ○ △ ✕

155 다음 〈보기〉의 내용 중 제시된 자료에 대한 설명으로 옳은 것을 모두 고른 것은?

> **보기**
> ㄱ. A선수의 기록은 매년 단축되고 있다.
> ㄴ. A선수는 모든 종목에서 아시아 최고기록을 달성한 적이 없다.
> ㄷ. 2018년에 A선수가 아시아 평균기록을 넘어선 종목은 2개다.
> ㄹ. 모든 종목에서 아시아 평균기록은 세계 평균기록을 넘지 못했다.

① ㄱ
② ㄴ
③ ㄱ, ㄴ
④ ㄱ, ㄷ
⑤ ㄴ, ㄹ

156 다음 보고서에 밑줄 친 내용 중 옳은 것은 모두 몇 개인가?

〈보고서〉

㉠ 육상선수 A씨의 100m 기록은 대체로 매년 단축되고 있지만 딱 한번 주춤하였다. 하지만, A선수는 이에 질세라 열심히 훈련에 매진하였고 그 결과 ㉡ 2017년 본인의 최고기록을 남겼다.

㉢ A선수는 400m 경기에서 두각을 나타냈는데, 2013년 대비 2018년에 3% 이상 기록을 단축하여 좋은 성과를 냈다. ㉣ 2018년 A선수의 기록은 경기거리가 길어질수록 아시아 최고기록과의 차이는 더 벌어지고 있다. ㉤ 모든 종목에서 아시아 최고기록과 평균기록이 세계 최고기록보다 기록이 좋지 않으므로 A선수가 세계무대에서 입상하기 위해서는 더 많은 노력이 필요할 것으로 보인다.

① 1개
② 2개
③ 3개
④ 4개
⑤ 5개

〈국내 월별 에너지 수출입 현황〉

(단위 : 천 TOE)

구분	에너지원 구분	5월	6월	7월	8월
수입	합계	28,106	27,092	29,914	31,763
	석탄	6,981	6,251	7,790	8,276
	석유	17,255	16,629	18,174	18,792
	천연가스	3,870	4,212	3,950	4,695
수출	석유	5,803	5,658	6,390	6,263
순수입		22,303	21,434	23,524	25,500

〈국내 최종에너지원별 소비량〉

(단위 : 천 TOE)

구분	4월	5월	6월	7월	8월
합계	19,051	17,902	17,516	18,713	19,429
석탄	2,661	2,694	2,641	2,655	2,747
석유	9,520	9,115	9,045	10,028	10,305
천연가스	179	156	181	209	206
도시가스	2,135	1,580	1,311	1,244	1,157
전력	3,650	3,501	3,493	3,695	4,090
열	193	100	73	75	65
신재생	713	756	772	807	859

☑ 확인 Check! ○ △ ✕

157 다음 중 국내의 에너지 수출입 현황 및 최종에너지원별 소비량에 대한 설명으로 옳지 않은 것을 모두 고른 것은?

> **보기**
>
> ㄱ. 수입에너지원 중 석유가 차지하는 비중은 2019년 5월보다 8월에 증가하였다.
> ㄴ. 2019년 4월부터 8월까지 국내의 최종에너지원별 소비량 순위는 매월 동일하다.
> ㄷ. 2019년 6월부터 8월까지 중 전월 대비 석유 수출량이 증가한 달의 전월 대비 천연가스 수입량은 감소하였다.
> ㄹ. 2019년 5월부터 7월까지 국내의 최종에너지원으로서 석탄과 도시가스의 전월 대비 증감량 추이는 동일하다.

① ㄱ, ㄴ
② ㄱ, ㄷ
③ ㄷ, ㄹ
④ ㄱ, ㄴ, ㄹ
⑤ ㄴ, ㄷ, ㄹ

158 석유 정제업을 하는 S기업의 신사업추진위원회는 유망한 새로운 에너지 부문으로 진출할 계획을 세우고 있다. 각 에너지 부문들에 대한 잠재성을 평가하기 위해 필요자금, 규제의 적실성, 1위 기업의 시장점유율, 그리고 진입 후 흑자전환 소요기간 네 가지 항목의 세부현황을 조사하였다. 그 중 '규제의 적실성'은 위원회가 자체적으로 측정한 값이며, 점수가 높을수록 현실적이고 적절한 사업 추진에 제도적 장애물이 적음을 의미한다고 할 때, 다음 중 S기업의 평가 결과에 대한 설명으로 옳지 않은 것은?

〈S기업의 에너지 신사업추진 평가 결과〉

부문	진입 시 추가확충 필요자금	규제의 적실성	1위 기업의 현재 시장점유율	진입 후 흑자전환 소요기간
석탄	600억 원	84점	55%	4년
천연가스	1,240억 원	37점	72%	5년
열	360억 원	22점	66%	3년
신재생	430억 원	48점	35%	6년

① 열 에너지 부문으로 진출하는 경우, 신재생 에너지로 진출하는 경우에 비해서는 시장규모가 작을 것이다.

② 진입 시 제도적 장애물에 가장 자주 부딪히게 될 부문은 열 에너지이다.

③ 진입 시 S기업이 추가로 확충해야 하는 자금의 규모가 작을수록 흑자전환에 소요되는 기간도 짧을 것이다.

④ 신재생 에너지 부문보다 천연가스 에너지 부문에 진입 시 초기 시장점유율을 확보하기 더 어려울 것이다.

⑤ S기업이 신사업으로 제도적 규제를 가장 적게 받을 수 있는 에너지 부문은 국내 최종에너지원 소비량에서 5월부터 7월까지 3위를 기록했다.

※ 다음은 2017년과 2019년에 사물인터넷 사업을 수행하고 있는 기업들의 애로사항 및 정부 지원 요청사항에 대해 조사한 자료이다. 다음 자료를 읽고 이어지는 질문에 답하시오. **[159~160]**

<사물인터넷 사업 시 애로사항>

(단위 : %)

구분	2017년	2019년
불확실한 시장성	19.4	10.9
사업 추진 자금의 부족	10.1	22.4
정부의 정책적 지원 미비	17.3	23.0
비즈니스 모델 부재	12.8	12.3
표준화 미비	19.2	12.0
보유 기술력 / 인력 부족	6.1	8.7
가격 부담	5.5	5.6
사물인터넷 인식 부족	4.2	5.1
기타	2.6	0.0
무응답	2.8	0.0
합계	100.0	100.0

<사물인터넷 사업 시 정부 지원 요청사항>

(단위 : %)

구분	2017년	2019년
확산 사업 확대	14.2	11.9
R&D 사업 확대	22.9	21.5
개발 및 도입자금 지원	36.4	26.5
도입 시 세제 / 법제도 지원	9.5	15.5
국내외 기술 표준화 지원	7.6	6.7
시험인증지원 확대	–	1.7
기술 인력 양성 지원 확대	7.1	10.5
해외 진출 지원	1.9	1.7
성공사례 등의 정보제공	–	0.7
중소·중견 기업 위주의 지원	–	3.2
기타	–	0.1
무응답	0.4	0.0
합계	100.0	100.0

159 다음은 사물인터넷 사업 시 애로사항에 대한 설명이다. 다음 중 옳은 설명은?

① 2017년과 2019년 애로사항 중 가장 많은 비중을 차지하는 항목은 동일하다.

② 2017년 대비 2019년 '사물인터넷 인식 부족'을 애로사항으로 응답한 기업 비율의 증가율은 '사업 추진 자금의 부족'을 애로사항으로 응답한 기업 비율의 증가율보다 높다.

③ 2017년에 비해 2019년에 그 구성비가 증가한 항목의 수는 '무응답'을 제외한 전체 항목 수의 40% 이상이다.

④ '표준화 미비'를 애로사항으로 지적한 기업의 수는 2017년 대비 2019년에 감소하였다.

⑤ 2019년에 '불확실한 시장성'을 애로사항으로 응답한 기업의 수는 '비즈니스 모델 부재'를 애로사항으로 응답한 기업 수의 80% 미만이다.

160 다음은 사물인터넷 사업 시 애로사항 및 정부 지원 요청사항에 대한 설명이다. 〈보기〉 중 옳지 않은 말을 한 사람을 모두 고른 것은?

> **보기**
>
> 진영 : 2017년에 '가격 부담'을 애로사항이라고 응답한 기업의 비율은 2019년에 '개발 및 도입자금 지원'을 정부 지원 요청사항으로 응답한 기업비율의 45% 이상이다.
>
> 준엽 : 2017년에 '기타'를 애로사항으로 응답한 기업의 수는 2019년에 '사업 추진 자금의 부족'을 애로사항으로 응답한 기업 수의 10배 이상이야.
>
> 지원 : 2019년에 정부 지원 요청사항에 대해 '도입 시 세제 / 법제도 지원'이라고 응답한 기업의 수는 '기술 인력 양성 지원 확대'라고 응답한 기업의 수보다 30% 더 많다.

① 진영   ② 준엽

③ 진영, 준엽   ④ 진영, 지원

⑤ 준엽, 지원

※ 다음은 P보안회사가 직원을 채용하기 위하여 시행한 필기시험과 실기시험의 결과이다. 자료를 보고 이어지는 물음에 답하시오. [161~162]

〈표 1〉 필기시험 결과

이름	성별	언어능력	영어능력	상식	자격증
영식	남	92	76	72	없음
대호	남	76	92	48	있음
근우	남	80	88	69	없음
지희	여	88	50	72	있음
준혁	남	68	100	57	없음
수진	여	48	80	70	있음

〈표 2〉 실기시험 결과

이름	성별	100m 달리기 (초)	제자리 멀리뛰기 (cm)	팔굽혀 펴기 (회/1분)	윗몸 일으키기 (회/1분)
영식	남	14.8	239	22	32
대호	남	15.0	242	24	47
근우	남	14.2	233	41	39
지희	여	17.9	177	32	38
준혁	남	14.5	242	33	40
수진	여	19.6	166	15	31

〈표 3〉 실기시험 체력측정 기준

종목	성별	평가점수									
		20점	18점	16점	14점	12점	10점	8점	6점	4점	2점
100m 달리기 (초)	남	12.7 이하	12.8 ~ 13.0	13.1 ~ 13.3	13.4 ~ 13.6	13.7 ~ 14.0	14.1 ~ 14.4	14.5 ~ 14.7	14.8 ~ 15.1	15.2 ~ 15.3	15.4 이상
	여	14.0 이하	14.1 ~ 14.7	14.8 ~ 15.5	15.6 ~ 16.3	16.4 ~ 17.0	17.1 ~ 17.7	17.8 ~ 18.5	18.6 ~ 19.2	19.3 ~ 20.0	20.1 이상
제자리 멀리 뛰기 (cm)	남	263 이상	262 ~ 258	257 ~ 255	254 ~ 250	249 ~ 246	245 ~ 243	242 ~ 240	239 ~ 237	236 ~ 232	231 이하
	여	199 이상	198 ~ 194	193 ~ 189	188 ~ 185	184 ~ 181	180 ~ 177	176 ~ 173	172 ~ 169	168 ~ 165	164 이하
팔굽혀 펴기 (회/1분)	남	58 이상	57 ~ 54	53 ~ 50	49 ~ 46	45 ~ 42	41 ~ 38	37 ~ 33	32 ~ 28	27 ~ 23	22 이하
	여	50 이상	49 ~ 46	45 ~ 42	41 ~ 38	37 ~ 34	33 ~ 30	29 ~ 26	25 ~ 22	21 ~ 19	18 이하
윗몸 일으키기 (회/1분)	남	58 이상	57 ~ 55	54 ~ 51	50 ~ 46	45 ~ 40	39 ~ 36	35 ~ 31	30 ~ 25	24 ~ 22	21 이하
	여	55 이상	54 ~ 50	49 ~ 45	44 ~ 40	39 ~ 35	34 ~ 30	29 ~ 25	24 ~ 19	18 ~ 13	12 이하

161 다음 중 올바르지 않은 것을 모두 고르면?

> ㄱ. 자격증이 있는 지원자와 없는 지원자의 비율은 같다.
> ㄴ. 여자 지원자의 평균 상식점수가 남자 지원자의 평균 상식점수보다 높다.
> ㄷ. 상식점수가 가장 낮은 지원자는 영어능력점수가 가장 높다.
> ㄹ. 전체 지원자의 평균 영어능력점수는 82점 이상이다.

① ㄱ, ㄷ
③ ㄴ, ㄹ
⑤ ㄱ, ㄴ, ㄹ
② ㄴ, ㄷ
④ ㄷ, ㄹ

162 자격증이 있는 사람은 필기시험 획득 점수 중 가장 낮은 점수의 10%만큼 가산점을 주었다. 실기시험 점수는 가산점을 주지 않고 측정기준에 따라 평가했으며, 각 종목당 8점 미만은 과락(불합격)을 적용했다. 합격 기준점이 260점이라면 합격자는 누구인가?

① 대호
③ 지희
⑤ 수진
② 근우
④ 준혁

※ 다음은 OECD 23개국의 실업률을 기록한 자료이다. 이어지는 질문에 답하시오. [163~164]

〈서유럽 지역 OECD 국가의 실업률〉

(단위 : %)

구분	오스트리아	벨기에	덴마크	프랑스	독일	이탈리아	룩셈부르크	포르투갈	스페인	스위스	영국
2017년	4.3	8.2	5.4	9.5	9.1	8.4	3.7	6.2	11.1	4.2	4.9
2018년	4.9	8.4	5.5	9.6	9.5	8.0	5.1	6.7	10.6	4.4	4.7
2019년	5.2	8.4	4.8	9.9	9.4	7.7	4.5	7.6	9.2	4.5	4.8

〈동·북유럽·북미 지역 OECD 국가의 실업률〉

(단위 : %)

구분	동유럽			북유럽			북미	
	체코	헝가리	폴란드	핀란드	노르웨이	스웨덴	미국	캐나다
2017년	7.8	5.9	19.6	9.0	4.5	5.6	6.0	7.6
2018년	8.3	6.1	19.0	8.9	4.4	6.4	5.5	7.2
2019년	7.9	7.2	17.7	8.4	4.6	6.5	5.1	6.8

〈아시아·오세아니아 지역 OECD 국가, OECD·EU-15의 실업률〉

(단위 : %)

구분	호주	일본	한국	뉴질랜드	OECD 전체 평균	EU-15 평균
2017년	6.1	5.3	3.6	4.6	7.1	8.0
2018년	5.5	4.7	3.7	3.9	6.9	8.1
2019년	5.1	4.4	3.7	3.7	6.6	7.9

163 주어진 자료에 대한 설명으로 옳은 것을 〈보기〉에서 모두 고르면?

> **보기**
>
> ㄱ. 2019년에 지역별로 실업률이 가장 높은 국가들의 경우, 서유럽 지역을 제외하고는 2018년과 2019년의 실업률
>   이 전년 대비 매년 감소했다.
> ㄴ. 2017년에 한국의 경제활동인구가 3,000만 명, 2019년에 3,500만 명이라고 할 경우, 2017년부터 2019년까지
>   한국의 실업자 수는 30만 명 이상 증가하였다.
> ㄷ. 2018년과 2019년 서유럽 지역의 경우, 실업률이 전년 대비 매년 증가한 국가 수가 전년 대비 매년 감소한 국가
>   수보다 많다.
> ㄹ. 2017년 서유럽 지역에서 실업률이 가장 높은 국가의 실업률은 같은 해 동유럽 지역에서 실업률이 가장 높은
>   국가의 실업률보다 낮다.
> ㅁ. 2019년 프랑스와 영국의 경제활동인구가 각각 4,000만 명이라고 할 경우, 프랑스 실업자 수와 영국 실업자
>   수의 차이는 200만 명 이하이다.

① ㄱ, ㄷ, ㄹ   ② ㄱ, ㄷ, ㅁ
③ ㄱ, ㄹ, ㅁ   ④ ㄴ, ㄷ, ㄹ
⑤ ㄷ, ㄹ, ㅁ

164 2017년부터 2018년까지의 기간, 그리고 2018년부터 2019년까지의 기간 각각의 실업률 증감 방향이 OECD 전체
및 EU – 15 실업률 평균값의 증감 방향과 동일하게 나타난 국가들로 바르게 짝지은 것은?

	OECD 전체 평균	EU – 15 평균
①	호주, 노르웨이	오스트리아, 프랑스
②	미국, 스웨덴	독일, 룩셈부르크
③	일본, 헝가리	핀란드, 캐나다
④	이탈리아, 뉴질랜드	체코, 덴마크
⑤	미국, 뉴질랜드	독일, 핀란드

※ 다음은 공장 규모별 시설면적 및 등록현황 비율에 관한 자료이다. 자료를 참고하여 이어지는 질문에 답하시오.
　[165~166]

〈공장 규모별 시설면적 비율〉

(단위 : %)

구분		2018년 상반기	2018년 하반기	2019년 상반기
공장용지	계	100.0	100.0	100.0
	대기업	24.7	24.6	23.4
	중기업	22.0	21.5	20.9
	소기업	53.3	53.9	55.7
제조시설	계	100.0	100.0	100.0
	대기업	20.1	20.4	21.5
	중기업	27.9	26.3	22.7
	소기업	52.0	53.3	55.8
부대시설	계	100.0	100.0	100.0
	대기업	24.4	24.5	38.2
	중기업	23.8	22.9	20.0
	소기업	51.8	52.6	41.8

〈공장 규모별 등록현황 비율〉

(단위 : %)

구분		2017년 상반기	2017년 하반기	2018년 상반기	2018년 하반기	2019년 상반기
등록완료	계	100.0	100.0	100.0	100.0	100.0
	대기업	0.6	0.5	0.5	0.5	0.5
	중기업	5.3	5.3	5.3	5.3	5.3
	소기업	94.1	94.2	94.2	94.2	94.2
부분등록	계	100.0	100.0	100.0	100.0	100.0
	대기업	3.5	3.5	3.4	2.8	2.8
	중기업	8.7	9.2	8.8	9.2	8.6
	소기업	87.8	87.3	87.8	88.0	88.6
휴업	계	100.0	100.0	100.0	100.0	100.0
	대기업	0.0	0.0	0.0	0.0	0.0
	중기업	3.2	3.1	2.9	2.8	2.7
	소기업	96.8	96.9	97.1	97.2	97.3

165 2018년 상반기부터 2019년 상반기까지의 공장 규모별 시설면적 비율에 대한 다음 설명 중 옳은 것을 고르면?

> ㄱ. 면적 비율이 큰 순으로 순위를 매길 때, 공장용지면적 비율의 순위는 2018년과 2019년 상반기 모두 동일하다.
> ㄴ. 2018년 하반기 제조시설면적은 소기업이 중기업의 2배 이상이다.
> ㄷ. 2018년 상반기에 소기업은 부대시설면적보다 제조시설면적을 더 많이 보유하고 있다.
> ㄹ. 제시된 기간 동안 대기업이 차지하는 공장용지면적 비율과 소기업의 부대시설면적 비율의 증감추이는 동일하다.

① ㄱ, ㄴ   ② ㄱ, ㄹ
③ ㄴ, ㄷ   ④ ㄴ, ㄹ
⑤ ㄷ, ㄹ

166 2017년 상반기부터 2019년 상반기까지의 공장 규모별 등록현황 비율에 대한 설명 중 옳지 않은 것은?

① 2017년 상반기부터 2018년 하반기까지 부분등록된 중기업의 비율과 휴업 중인 중기업 비율의 증감추이는 다르다.
② 부분등록된 공장 중 대기업과 중기업의 비율의 차는 2017년 상반기보다 2018년 상반기에 증가하였다.
③ 휴업 중인 공장 중 소기업의 비율은 2017년 상반기부터 계속 증가하였다.
④ 등록완료된 중기업 공장의 수는 2017년 상반기부터 2019년 상반기까지 동일하다.
⑤ 2019년 상반기에 부분등록된 기업 중 대기업의 비율은 중기업 비율의 30% 이상이다.

※ 다음은 Z사의 직원 A ~ G가 서로 주고받은 이메일 교신건수와 교신용량에 관한 자료이다. 이어지는 질문에 답하시오. [167~168]

〈이메일 교신건수〉

(단위 : 건)

발신자＼수신자	A	B	C	D	E	F	G	합계
A	-	15	0	7	0	9	4	35
B	8	-	4	8	0	2	0	22
C	0	2	-	2	8	0	1	13
D	4	3	2	-	0	3	2	14
E	10	7	0	3	-	12	4	36
F	4	6	18	22	9	-	2	61
G	2	12	8	4	3	9	-	38
합계	28	45	32	46	20	35	13	219

※ 한 달 동안 A가 B에게 보낸 이메일은 15건이며, A가 B로부터 받은 이메일은 8건이다.
※ 자신에게 보내는 이메일은 없다고 가정한다.

〈이메일 교신용량〉

(단위 : MB)

발신자＼수신자	A	B	C	D	E	F	G	합계
A	-	35	0	13	0	27	12	87
B	11	-	6	26	0	5	0	48
C	0	9	-	2	30	0	3	44
D	15	6	6	-	0	14	1	42
E	24	15	0	11	-	32	17	99
F	7	22	36	64	38	-	5	172
G	1	16	38	21	5	42	-	123
합계	58	103	86	137	73	120	38	615

※ 한 달 동안 A가 B에게 보낸 이메일의 총 용량은 35MB이며, A가 B로부터 받은 이메일의 총 용량은 11MB이다.

167 다음 중 자료를 판단한 내용으로 옳지 않은 것은?

① C와 D 사이의 이메일 교환건수는 동일하다.

② 수신용량이 가장 많은 사람과 발신용량이 가장 적은 사람의 용량 차이는 95MB 이상이다.

③ 수신건수가 가장 많은 사람은 발신건수가 가장 적은 사람이다.

④ F가 송수신한 용량은 전체 이메일 송수신 총량의 20% 이상이다.

⑤ 두 사람 간 이메일 교신용량이 가장 많은 사람은 D와 F이다.

168 F가 D에게 보낸 메일의 평균 용량과 E가 G에게 보낸 메일의 평균 용량의 차이는 얼마인가?(단, 평균은 소수점 이하 셋째 자리에서 반올림한다)

① 0.84MB

② 1.34MB

③ 1.51MB

④ 1.70MB

⑤ 2.00MB

※ 다음은 K공사의 2017년부터 2019년까지의 지식재산권 현황에 대한 자료이다. 다음 자료를 참고하여 이어지는 질문에 답하시오. [169~170]

〈2019년 지식재산권 현황(누적)〉

(단위 : 건)

| 구분 | 총계 | 산업재산권 | | | | | SW권
(컴퓨터 프로그램) | 저작권 |
		소계	특허권 (PCT 포함)	실용신안권	디자인권	상표권		
출원	21	21	16	0	0	5	0	0
등록	364	79	50	0	24	5	71	214
총계	385	100	66	0	24	10	71	214

〈2018년 지식재산권 현황(누적)〉

(단위 : 건)

| 구분 | 총계 | 산업재산권 | | | | | SW권
(컴퓨터 프로그램) | 저작권 |
		소계	특허권 (PCT 포함)	실용신안권	디자인권	상표권		
출원	32	32	27	0	0	5	0	0
등록	354	72	43	0	24	5	68	214
총계	386	104	70	0	24	10	68	214

〈2017년 지식재산권 현황(누적)〉

(단위 : 건)

| 구분 | 총계 | 산업재산권 | | | | | SW권
(컴퓨터 프로그램) | 저작권 |
		소계	특허권 (PCT 포함)	실용신안권	디자인권	상표권		
출원	24	24	19	0	0	5	0	0
등록	337	66	33	0	28	5	57	214
총계	361	90	52	0	28	10	57	214

169 다음 〈보기〉의 설명 중 2019년 지식재산권 현황에 대한 설명으로 옳은 것을 모두 고른 것은?

> **보기**
>
> ㄱ. 2019년까지 등록 및 출원된 산업재산권 수는 등록 및 출원된 SW권보다 40% 이상 많다.
> ㄴ. 2019년까지 출원된 특허권 수는 산업재산권 전체 출원 수의 80% 이상을 차지한다.
> ㄷ. 2019년까지 등록된 저작권 수는 등록된 SW권의 3배를 초과한다.
> ㄹ. 2019년까지 출원된 특허권 수는 등록 및 출원된 특허권의 50% 이상이다.

① ㄱ, ㄴ   ② ㄱ, ㄷ
③ ㄴ, ㄷ   ④ ㄴ, ㄹ
⑤ ㄷ, ㄹ

170 다음 중 2017년부터 2019년까지 지식재산권 현황에 대한 설명으로 옳지 않은 것은?

① 등록된 누적 특허권 수는 2018년과 2019년 모두 전년 대비 증가하였다.
② 총 디자인권 수는 2017년 대비 2019년에 5% 이상 감소하였다.
③ 매년 모든 산업재산권에서 등록된 건수가 출원된 건수 이상이다.
④ 등록된 SW권 수는 2017년 대비 2019년에 20% 이상 증가하였다.
⑤ 등록된 지식재산권 중 2017년부터 2019년까지 건수에 변동이 없는 것은 2가지이다.

※ 다음은 참여공동체 및 참여어업인 현황에 대한 자료이다. 다음 물음에 답하시오. [171~172]

〈표 1〉 어업 유형별 참여공동체 현황

(단위 : 개소)

어업 유형 \ 연도	2011년	2012년	2013년	2014년	2015년	2016년	2017년	2018년
마을어업	21	61	159	294	341	391	438	465
양식어업	11	15	46	72	78	80	85	89
어선어업	8	29	52	102	115	135	156	175
복합어업	12	17	43	94	102	124	143	153
내수면어업	0	0	8	17	23	28	41	50
전체	63	122	308	579	659	758	863	932

〈표 2〉 지역별 참여공동체 현황

(단위 : 개소)

지역 \ 연도	2011년	2012년	2013년	2014년	2015년	2016년	2017년	2018년
부산	1	4	5	15	15	18	21	25
인천	6	7	13	25	29	36	40	43
울산	1	3	10	15	15	16	18	20
경기	2	5	12	23	24	24	29	32
강원	7	15	21	39	47	58	71	82
충북	0	0	5	7	8	12	16	17
충남	4	10	27	49	50	63	74	82
전북	5	9	25	38	41	41	41	44
전남	20	32	99	184	215	236	258	271
경북	7	15	37	69	73	78	87	91
경남	8	16	33	76	100	134	163	177
제주	2	6	21	39	42	42	45	48
전체	63	122	308	579	659	758	863	932

〈표 3〉 참여어업인 현황

(단위 : 명)

구분 \ 연도	2011년	2012년	2013년	2014년	2015년	2016년	2017년	2018년
참여어업인	5,107	10,765	24,805	44,061	50,728	56,100	58,902	63,860

171 위 자료를 보고 판단한 것으로 올바르지 않은 것은?

① 참여어업인은 매년 증가하였다.

② 2012년 전체 참여공동체 중 전남지역이 차지하는 비율은 30% 이상이다.

③ 충북지역을 제외하고 2011년 대비 2018년 참여공동체 증가율이 가장 낮은 지역은 인천이다.

④ 2013년 이후 모든 어업 유형에서 참여공동체는 매년 증가하였다.

⑤ 연도별로 참여공동체가 많은 지역부터 나열하면, 충남지역의 순위는 2016년과 2017년이 동일하다.

172 지역별 참여공동체 중 2018년 가장 큰 비중을 차지하는 곳과 가장 작은 비중을 차지하는 곳의 비율 차이는 얼마인가?

① 약 27%p ② 약 31%p
③ 약 34%p ④ 약 37%p
⑤ 약 40%p

※ 다음은 우리나라 전국 및 시도별 이동인구 및 이동률을 나타낸 자료이다. 자료를 보고 이어지는 질문에 답하시오.
 [173~174]

〈전국 이동인구 및 이동률〉

(단위 : 천 명, %, %p)

구분		이동인구				이동률			
		총 이동	전년 (동월)비	시도 내	시도 간	총 이동	전년 (동월)차	시도 내	시도 간
2018년	1월	577	−3.0	369	208	13.3	−0.5	8.5	4.8
	2월	749	5.6	469	280	19.1	1.5	11.9	7.1
	3월	673	−1.9	432	241	15.5	−0.4	9.9	5.5
	4월	532	−5.7	354	178	12.6	−0.8	8.4	4.2
	5월	578	−1.9	388	190	13.3	−0.3	8.9	4.4
	6월	541	−4.6	362	179	12.8	−0.7	8.6	4.2
	7월	543	−0.3	366	178	12.5	−0.1	8.4	4.1
	8월	628	−2.1	418	210	14.4	−0.4	9.6	4.8
	9월	591	8.3	405	186	14.0	1.0	9.6	4.4
	10월	529	−14.2	365	164	12.1	−2.1	8.4	3.8
	11월	597	−7.4	410	187	14.2	−1.2	9.7	4.4
	12월	615	−8.6	405	210	14.1	−1.4	9.3	4.8
2019년	1월	662	14.8	425	237	15.2	1.9	9.8	5.5
	2월	698	−6.8	444	254	17.7	−1.3	11.3	6.4
	3월	708	5.1	464	244	16.3	0.8	10.7	5.6
	4월	594	11.6	399	194	14.1	1.4	9.5	4.6
	5월	600	3.7	410	189	13.8	0.5	9.4	4.4
	6월	544	0.5	370	174	12.9	0.0	8.8	4.1
	7월	569	4.7	381	188	13.0	0.6	8.7	4.3
	8월	592	−5.7	390	202	13.6	−0.8	9.0	4.6
	9월	462	−21.8	311	151	11.0	−3.1	7.4	3.6
	10월	637	20.5	439	198	14.6	2.5	10.1	4.5
	11월	615	2.9	425	190	14.6	0.4	10.1	4.5
	12월	617	0.3	409	208	14.2	0.0	9.4	4.8

※ [전년 (동월)비]$=\dfrac{(당월\ 이동자)-(전년\ 동월\ 이동자)}{(전년\ 동월\ 이동자)}\times100$

※ 월별 이동률은 연간 수준으로 환산한 수치임

〈시도별 이동인구 추이〉

(단위 : 천 명)

구분	2018년			2019년		
	순 이동	총 전입	총 전출	순 이동	총 전입	총 전출
서울	−99	1,472	1,571	−113	1,438	1,551
부산	−27	440	467	−24	418	442
대구	−11	322	333	−15	320	335

인천	0	410	410	−2	433	435
광주	−9	208	217	−5	219	224
대전	−17	211	228	−16	212	228
울산	−12	135	147	−12	128	140
세종	32	81	49	31	85	54
경기	117	1,889	1,772	170	2,042	1,872
강원	1	211	210	−5	217	222
충북	3	197	194	6	219	213
충남	18	288	270	10	293	283
전북	−7	232	239	−14	242	256
전남	−5	226	231	−10	225	235
경북	−6	310	316	−10	309	319
경남	5	413	408	−6	388	394
제주	12	104	92	12	104	92

※ (순 이동)=(총 전입)−(총 전출)

확인 Check! ○ △ ✕

173 전국 및 시도별 이동인구 추이에 대한 해석으로 옳지 않은 것은?

① 2018년과 2019년에 전국 총 이동률이 가장 높은 달은 같다.
② 2019년도 전년 대비 시도별 총 전입자 수가 증가한 지역은 9곳이다.
③ 2월부터 6월까지 전월 대비 전국 총 이동률 증감추이는 2018년도와 2019년도가 같다.
④ 2018년도 전국 시도 내와 시도 간 이동률 차이는 매월 3%p 이상이다.
⑤ 2018~2019년 동안 매년 시도별 총 전출자 수가 많은 지역 수가 총 전입자 수가 많은 지역보다 많다.

확인 Check! ○ △ ✕

174 시도별 이동인구 추이에서 2018년 순 이동인구 절댓값이 세 번째로 많은 지역의 전년 대비 2019년 총 전입자와 총 전출자 증감률은 얼마인가?(단, 증감률은 소수점 이하 둘째 자리에서 반올림한다)

	총 전입자 증감률	총 전출자 증감률
①	4.9%	10.2%
②	5.0%	10.0%
③	5.0%	10.2%
④	4.9%	10.0%
⑤	5.2%	10.0%

PART 3 자료[SET 유형] 해석 연습 • **189**

※ 다음은 경지면적 및 수리답률에 관한 자료이다. 자료를 참고하여 이어지는 질문에 답하시오. [175~176]

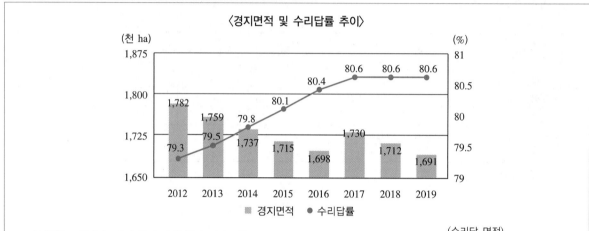

〈경지면적 및 수리답률 추이〉

※ 수리답률 : 전체 논 면적 중 수리시설을 통해 농업용수를 공급받는 면적의 비율로, $[수리답률(\%)] = \dfrac{(수리답\ 면적)}{(논\ 면적)} \times 100$이다.

〈항목별 경지면적의 추이〉

(단위 : 천 ha)

구분	2012년	2013년	2014년	2015년	2016년	2017년	2018년	2019년
논	1,070	1,046	1,010	984	960	966	964	934
밭	712	713	727	731	738	764	748	757

175 다음 중 2019년의 수리답 면적으로 가장 적절한 것은?(단, 백의 자리에서 반올림한다)

① 약 753천 ha   ② 약 758천 ha

③ 약 763천 ha   ④ 약 768천 ha

⑤ 약 772천 ha

176 다음 중 자료에 대한 설명으로 적절한 것을 모두 고른 것은?(단, 비율은 소수점 이하 셋째 자리에서 반올림한다)

> ㄱ. 2012 ~ 2017년 전체 경지면적에서 밭이 차지하는 비율은 계속 증가하고 있다.
> ㄴ. 논 면적이 2012 ~ 2019년 전체의 평균 논 면적보다 줄어든 것은 2015년부터이다.
> ㄷ. 전체 논 면적 중 수리시설로 농업용수를 공급받지 않는 면적만 줄어들고 있다.

① ㄱ, ㄴ   ② ㄱ, ㄷ

③ ㄴ, ㄷ   ④ ㄱ, ㄴ, ㄷ

⑤ ㄷ

※ 다음 자료를 바탕으로 이어지는 질문에 답하시오. **[177~178]**

〈목적지별 거리〉

목적지	거리
본사 – A사	25km
A사 – B사	30km
B사 – C사	25km
C사 – D사	40km
D사 – E사	30km
E사 – F사	50km

〈차종별 연비〉

차종	연비
001	20km/L
002	15km/L
003	15km/L
004	10km/L
005	10km/L
006	25km/L

※ (유류비)＝(총 주행거리)÷(차종별 연비)×(분기별 연료공급가)

〈분기별 리터당 연료공급가〉

(단위 : 원)

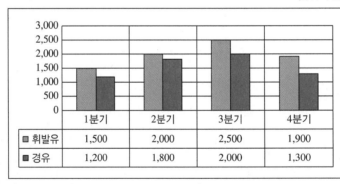

	1분기	2분기	3분기	4분기
■ 휘발유	1,500	2,000	2,500	1,900
■ 경유	1,200	1,800	2,000	1,300

177 1분기에 본사에서 F사까지 차례대로 순회할 때 003 차종(휘발유)을 이용했다면 유류비는 얼마인가?

① 12,000원   ② 15,000원

③ 17,000원   ④ 20,000원

⑤ 23,000원

178 3분기에 006 차종(경유)으로 거래처를 순회한다면 10만 원의 예산으로 주행할 수 있는 총 주행가능거리는 몇 km인가?

① 1,210km   ② 1,220km

③ 1,230km   ④ 1,240km

⑤ 1,250km

※ K기업에서는 업무효율을 높이기 위해 직원들의 자기계발 현황에 대하여 논의하고자 한다. 인사업무를 담당하는 귀하는 필요한 자료를 제공하기 위해 전 직원의 자기계발 투자 시간, 투자 비용, 자기계발 분야 현황을 조사하였고, 다음 자료와 같은 결과를 얻었다. 이어지는 질문에 답하시오(단, 조사대상은 500명이다). **[179~180]**

〈자기계발 투자 시간/주〉

구분	비율(%)
1시간 이하	15.2
1시간 초과 3시간 이하	48.4
3시간 초과 6시간 이하	16.6
6시간 초과	19.8

〈자기계발 투자 비용/월〉

구분	비율(%)
5만 원 미만	8.4
5만 원 이상 10만 원 미만	40
10만 원 이상 20만 원 미만	36.7
20만 원 이상 30만 원 미만	11.4
30만 원 이상 50만 원 미만	3.5

〈자기계발 분야〉

구분	비율(%)
외국어 학습	30.2
체력단련	15.6
해당직무 전문분야	42.6
직무 외 분야	8.4
인문학 교양	3.2

☑ 확인 Check! ○ △ ✕

179 다음 자료를 보고 귀하가 이해한 내용으로 적절한 것은?

① K기업 직원의 반 이상은 일주일에 1시간에서 3시간 사이의 자기계발 시간을 갖는다.

② 한 달에 5만 원 미만의 비용을 자기계발에 투자하는 직원의 수가 가장 적다.

③ 229명의 직원들이 외국어 학습 또는 체력단련으로 자기계발을 한다.

④ 자기계발 시간을 일주일에 3시간 초과 6시간 이하를 투자하는 직원의 수는 6시간을 초과하는 직원보다 18명 적다.

⑤ 가장 많은 비율을 차지하는 자기계발 분야의 직원 수와 가장 적은 비율을 차지하는 자기계발 분야의 직원 수의 차는 177명이다.

180 귀하는 위 자료를 상사인 P부장에게 보고하였고 P부장은 귀하에게 다음과 같은 지시를 하였다. P부장의 지시사항을 토대로 귀하가 그래프를 그린다고 할 때, 적절하지 않은 그래프는?

> P부장 : 우선 수고가 많았어요. 자료를 검토했는데 그래프를 추가로 그리면 좋을 것 같네요. 자기계발 투자 시간과 비용은 비율이 아니라 인원수로 나타내고 인원의 많고 적음을 한 눈에 비교하기 쉬웠으면 좋겠어요. 그리고 자기계발 분야의 그래프는 그대로 비율로 나타내되 차지하는 비율이 큰 분야에서 작은 분야 순서로 보기 쉽게 나타내면 좋을 것 같네요.

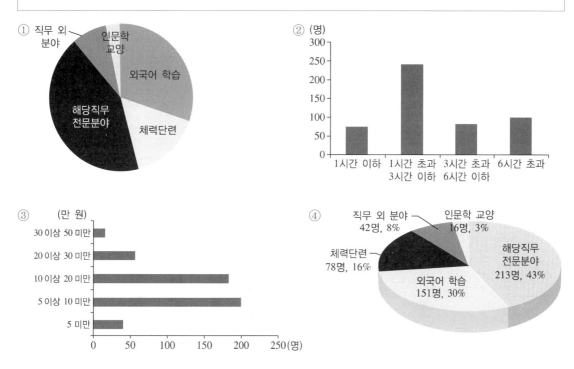

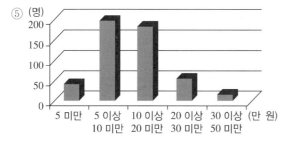

※ 다음은 2017 ~ 2019년 A국의 국내기업 7개의 정부지원금 현황을 나타낸 자료이다. 다음 자료를 참고하여 이어지는 질문에 답하시오. **[181~182]**

〈2019년 국내기업 7개 정부지원금 현황〉

(단위 : 원)

구분	정부지원금
B기업	482,000,000
C기업	520,400,000
D기업	871,900,000
E기업	792,500,000
F기업	427,030,000
G기업	887,400,000
H기업	568,200,000

〈2018년 국내기업 7개 정부지원금 현황〉

(단위 : 만 원)

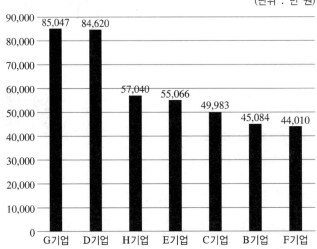

〈2017년 국내기업 5개 정부지원금 현황〉

(단위 : 원)

구분	정부지원금
1위	830,450,000
2위	820,840,000
3위	580,310,000
4위	520,530,000
5위	520,190,000

181 다음 〈보기〉에서 자료에 대한 내용 중 옳은 것을 모두 고른 것은?

> **보기**
>
> ㄱ. 2018년과 2019년 정부지원금이 동일한 기업은 5개이다.
> ㄴ. 2017년에 G기업이 정부지원금을 가장 많이 받았다면 G기업은 3개년 연속 1위이다.
> ㄷ. 전년 대비 2019년에 정부지원금이 줄어든 기업은 2개이다.
> ㄹ. 2019년 상위 7개 기업의 총 정부지원금은 전년 대비 30,000만 원 이상 증가하였다.

① ㄱ, ㄴ   ② ㄴ, ㄷ
③ ㄴ, ㄹ   ④ ㄱ, ㄴ, ㄷ
⑤ ㄴ, ㄷ, ㄹ

182 다음 정보를 참고하여 2017년 정부지원금을 기준으로 1위부터 5위 기업을 차례대로 나열한 것은?

> 〈정보〉
>
> • 2018년을 기준으로 1위와 2위가 바뀌었다.
> • E기업은 매년 한 순위씩 상승했다.
> • 2017년부터 3년간 5위 안에 드는 기업은 동일하다.
> • H기업은 2018년까지 매년 3위를 유지하다가 2019년 한 순위 떨어졌다.

① G - D - H - E - C   ② G - D - E - H - C
③ D - G - H - C - E   ④ D - G - H - E - C
⑤ D - G - E - H - C

※ 다음은 K공사 직원 1,200명을 대상으로 조사한 자료이다. 다음 자료를 참고하여 이어지는 질문에 답하시오. [183 ~184]

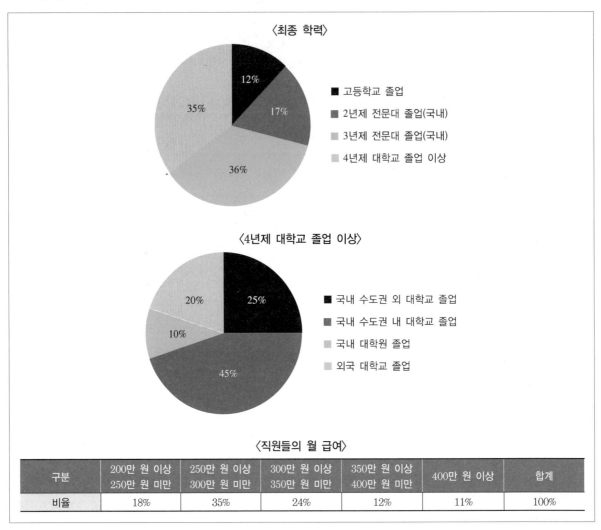

⟨최종 학력⟩

- 고등학교 졸업
- 2년제 전문대 졸업(국내)
- 3년제 전문대 졸업(국내)
- 4년제 대학교 졸업 이상

⟨4년제 대학교 졸업 이상⟩

- 국내 수도권 외 대학교 졸업
- 국내 수도권 내 대학교 졸업
- 국내 대학원 졸업
- 외국 대학교 졸업

⟨직원들의 월 급여⟩

구분	200만 원 이상 250만 원 미만	250만 원 이상 300만 원 미만	300만 원 이상 350만 원 미만	350만 원 이상 400만 원 미만	400만 원 이상	합계
비율	18%	35%	24%	12%	11%	100%

183 다음 중 자료에 대한 설명으로 옳지 않은 것은?

① 직원 중 4년제 국내 수도권 내 대학교 졸업자 수는 전체 직원의 15% 이상을 차지한다.

② 고등학교 졸업학력을 가진 직원의 월 급여는 모두 300만 원 미만이라 할 때, 이 인원이 월 급여 300만 원 미만에서 차지하는 비율은 20% 이상이다.

③ 4년제 대학교 졸업 이상의 학력을 가진 직원의 월 급여는 모두 300만 원 이상이라 할 때, 이 인원이 월 급여 300만 원 이상에서 차지하는 비율은 78% 이하이다.

④ 월 급여가 300만 원 미만인 직원은 350만 원 이상인 직원의 2.5배 이상이다.

⑤ 전체 직원이 1,000명이라 할 때, 외국 대학교 졸업의 학력을 가진 직원은 70명이다.

184 국내소재 대학 및 대학원 졸업자의 25%의 월 급여가 300만 원 이상일 때, 이들이 월 급여 300만 원 이상인 직원 인원에서 차지하는 비율은?(단, 소수점 첫째 자리에서 버림한다)

① 28%   ② 32%

③ 36%   ④ 43%

⑤ 48%

※ 다음은 2010 ~ 2014년 전국사업체조사 잠정결과 보도자료 중 종사자 수에 관한 자료이다. 물음에 답하시오. [185 ~186]

〈표 1〉 연도별 사업체 수 및 종사자 수

(단위 : 개, 명, %)

구분		2010년	2011년	2012년	2013년	2014년
사업체	사업체 수	3,355,470	3,470,034	3,602,476	3,676,876	3,817,266
	1993년 대비 증감률	45.6	50.6	56.3	59.6	65.7
종사자	종사자 수	17,647,028	18,093,190	18,569,355	19,173,474	19,970,299
	1993년 대비 증감률	44.1	47.8	51.6	56.6	63.1

〈표 2〉 산업별 사업체 수 및 종사자 수

(단위 : 개, 명, %)

구분	사업체 수			종사자 수		
	2013년	2014년	증감률	2013년	2014년	증감률
광업	1,883	2,004	6.4	15,872	16,427	3.5
제조업	370,616	397,315	7.2	3,802,218	3,986,390	4.8
건설업	117,153	127,315	9.2	1,040,207	1,093,761	5.1
도매 및 소매업	960,388	998,904	4.0	2,879,955	3,019,472	4.8
운수업	371,639	379,189	2.0	1,014,030	1,048,370	3.4

〈표 3〉 종사자 수 규모별 사업체 수 및 종사자 수

(단위 : 개, 명, %)

구분	사업체 수			종사자 수		
	2013년	2014년	증감률	2013년	2014년	증감률
합계	3,676,876	3,817,266	3.8	19,173,474	19,970,299	4.2
1 ~ 4인	3,005,251	3,102,285	3.2	5,377,963	5,588,584	3.9
5 ~ 99인	654,782	697,852	6.6	9,024,476	9,501,542	5.3
100 ~ 299인	13,395	13,650	1.9	2,091,143	2,125,805	1.7
300인 이상	3,448	3,479	0.9	2,679,892	2,754,368	2.8

※ 증감률은 2013년 대비 2014년의 값이다.

☑ 확인 Check! ○△✕

185 〈보기〉의 설명 중 옳은 것을 모두 고르면?

> **보기**
> ㄱ. 운수업은 사업체 수와 종사자 수의 증감률의 차가 가장 적은 산업이다.
> ㄴ. 2014년 1 ~ 4인 사업체 수는 전체 사업체 수의 약 50% 정도를 차지하고 있다.
> ㄷ. 2010 ~ 2014년 연도별 사업체 수 및 종사자 수는 꾸준히 증가하였다.
> ㄹ. 2013 ~ 2014년 동안 사업체 수에서 가장 큰 증가가 일어난 산업은 건설업이다.

① ㄱ, ㄴ 　　　　② ㄱ, ㄷ
③ ㄴ, ㄷ 　　　　④ ㄴ, ㄹ
⑤ ㄷ, ㄹ

186 위 자료를 바탕으로 나타낸 그래프로 옳은 것은?

① 1993년 대비 2010 ~ 2014년 사업체 수 및 종사자 수 증감률

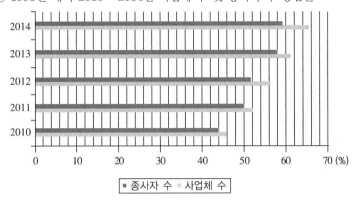

② 2014년 산업별 사업체 수 및 종사자 수 증감률

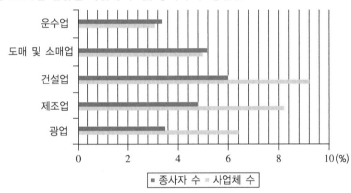

③ 2014년 규모별 사업체 수 및 종사자 수 증감률

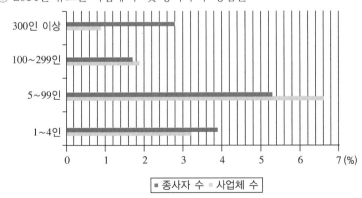

④ 2013 ~ 2014년 산업별 사업체 수

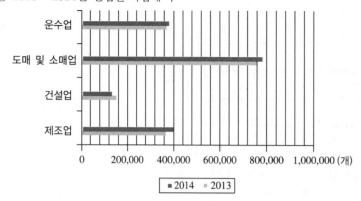

⑤ 2013 ~ 2014년 규모별 종사자 수

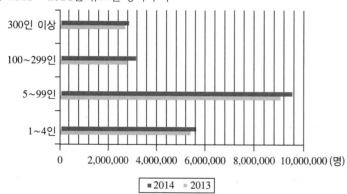

※ 다음은 K공사 직원 250명을 대상으로 조사한 자료이다. 다음 자료를 참고하여 이어지는 질문에 답하시오. **[187~188]**

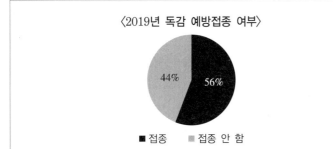 

〈2019년 독감 예방접종 여부〉

44% 56%

■ 접종 ■ 접종 안 함

〈2018년 독감 예방접종 여부〉

62% 38%

■ 접종 ■ 접종 안 함

〈부서별 직원 현황〉

구분	총무부서	회계부서	영업부서	제조부서	합계
비율	16%	12%	28%	44%	100%

※ 제시된 것 외의 부서는 없다.
※ 2018년과 2019년 부서별 직원 현황은 변동이 없다.

☑ 확인 Check! ○△✕

187 다음 중 자료에 대한 설명으로 옳은 것은?(단, 소수점 첫째 자리에서 버림한다)

① 2018년의 독감 예방접종자가 2019년에도 예방접종했다면, 2018년에는 예방접종을 하지 않았지만 2019년에 예방접종을 한 직원은 총 54명이다.

② 2018년 대비 2019년에 예방접종을 한 직원의 수는 49% 이상 증가했다.

③ 2018년의 예방접종을 하지 않은 직원들을 대상으로 2019년의 독감 예방접종 여부를 조사한 자료라고 한다면, 2018년과 2019년 모두 예방접종을 하지 않은 직원은 총 65명이다.

④ 제조부서를 제외한 모든 부서 직원들이 2019년에 예방접종을 했다고 할 때, 제조부서 중 예방접종을 한 직원의 비율은 2%이다.

⑤ 2018년과 2019년의 독감 예방접종 여부가 총무부서에 대한 자료라고 할 때, 총무부서 직원 중 예방접종을 한 직원은 2018년 대비 2019년에 7명 증가했다.

☑ 확인 Check! ○△✕

188 제조부서를 제외한 모든 부서 직원들의 절반이 2018년에 예방접종을 했다고 할 때, 제조부서 직원 중 2018년에 예방접종을 한 직원의 비율은?(단, 소수점 첫째 자리에서 버림한다)

① 18% ② 20%
③ 22% ④ 24%
⑤ 26%

※ 다음은 O사에서 제품별 밀 소비량을 조사한 그래프이다. 그래프를 참고하여 이어지는 질문에 답하시오. **[189~190]**

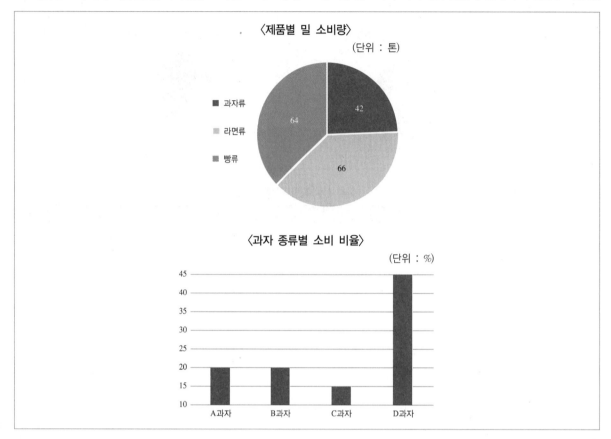

〈제품별 밀 소비량〉

(단위 : 톤)

■ 과자류
▨ 라면류
■ 빵류

〈과자 종류별 소비 비율〉

(단위 : %)

☑ 확인 Check! ○△✕

189 O사가 과자류에 밀 사용량을 늘리기로 결정하였다. 라면류와 빵류에 소비되는 밀 소비량의 각각 10%씩을 과자류에 추가로 사용한다면, 과자류에는 총 몇 톤의 밀을 사용하게 되는가?

① 45톤　　　　　　　　　　　　② 50톤
③ 55톤　　　　　　　　　　　　④ 60톤
⑤ 65톤

☑ 확인 Check! ○△✕

190 A ~ D과자 중 가장 많이 밀을 소비하는 과자와 가장 적게 소비하는 과자의 밀 소비량 차이는 몇 톤인가?(단, 제품별 밀 소비량 그래프의 과자류 밀 소비량 기준이다)

① 10.2톤　　　　　　　　　　　② 11.5톤
③ 12.6톤　　　　　　　　　　　④ 13톤
⑤ 14.4톤

※ 다음은 2014 ~ 2018년까지 매년 국민연금 가입자 현황에 관한 그래프이다. 다음 자료를 보고 이어지는 질문에 답하시오. [191~192]

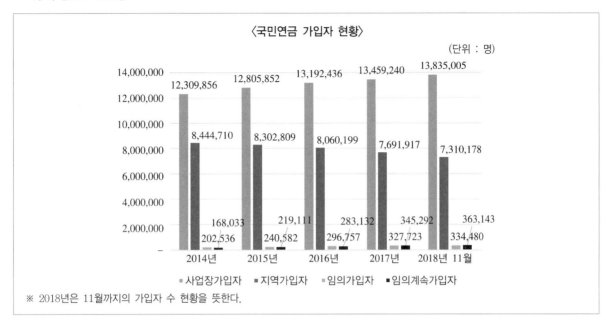

〈국민연금 가입자 현황〉

(단위 : 명)

※ 2018년은 11월까지의 가입자 수 현황을 뜻한다.

☑ 확인Check! ○△×

191 다음 중 그래프를 이해한 내용으로 적절하지 않은 것은?

① 2014 ~ 2017년 동안 국민연금 지역가입자 수는 감소하는 추세이다.
② 국민연금 임의가입자 수는 매년 증가하고 있다.
③ 2018년에는 지난해보다 국민연금 지역가입자 수가 감소했다.
④ 2017년 임의가입자 수는 지난해보다 10% 이상 증가했다.
⑤ 가입자 집단 중 지속적으로 수가 증가하고 있는 집단은 3개이다.

☑ 확인Check! ○△×

192 2018년 국민연금 가입자 수가 2017년 가입자 수에 비해 각각 10%씩 증가했다고 할 때, 2018년 12월 국민연금에 가입한 인원은 각각 몇 명인가?(단, 소수점 이하에서 버림한다)

	사업장가입자	지역가입자	임의가입자	임의계속가입자
①	970,159	381,739	6,757	26,015
②	970,159	1,150,930	26,015	34,529
③	1,345,924	1,150,930	26,015	16,678
④	1,345,924	381,739	26,015	25,603
⑤	970,159	1,150,930	26,015	16,678

※ 다음은 K병원 사망자 1,500명을 대상으로 사망원인을 조사한 자료이다. 이어지는 질문에 답하시오. [193~194]

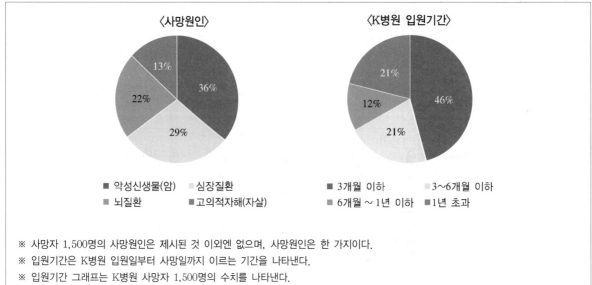

〈사망원인〉

- 악성신생물(암) ■ 심장질환
- 뇌질환 ■ 고의적자해(자살)

〈K병원 입원기간〉

- 3개월 이하 ■ 3~6개월 이하
- 6개월 ~ 1년 이하 ■ 1년 초과

※ 사망자 1,500명의 사망원인은 제시된 것 이외엔 없으며, 사망원인은 한 가지이다.
※ 입원기간은 K병원 입원일부터 사망일까지 이르는 기간을 나타낸다.
※ 입원기간 그래프는 K병원 사망자 1,500명의 수치를 나타낸다.

〈사망자 연령〉

구분	10대	20대	30대	40대	50대 이상
비율	8%			17%	51%

※ 사망자 연령의 비율 합은 100%이다.

✓ 확인 Check! ○ △ ✕

193 다음 중 자료에 대한 설명으로 옳은 것은?

① 20대 사망자의 비율이 30대 사망자의 비율의 2배라고 할 때, 20대 사망자의 수는 40대 사망자의 수보다 많다.
② 자살로 인한 사망자 모두 입원기간이 3개월 이하라면, 이는 전체 3개월 이하 사망자 수의 30% 이상을 차지한다.
③ 10대와 20대 사망원인이 모두 자살이라면, 20대의 사망자의 수는 80명보다 많다.
④ 입원기간이 1년 초과인 사망자 모두 암으로 인해 사망했다면, 그 사망자 수는 전체 암으로 인한 사망자 수의 55% 이상을 차지한다.
⑤ 20대의 사망자 비율이 50대의 사망자 비율의 $\frac{1}{3}$ 이라면, 30대 사망자 수는 100명 미만이다.

✓ 확인 Check! ○ △ ✕

194 입원기간이 1년 초과인 사망자의 사망원인은 모두 암이다. 암으로 인한 사망자 중 입원기간이 1년 초과인 사망자를 제외한 사망자의 40%가 40대라고 할 때, 이 인원이 전체 40대 사망자에서 차지하는 비율은 얼마인가?(단, 비율은 소수점 첫째 자리에서 버림한다)

① 18%
② 24%
③ 28%
④ 32%
⑤ 35%

※ 다음은 A국의 교통사고 사상자 2,500명 대해 조사한 자료이다. 이어지는 질문에 답하시오. [195~196]

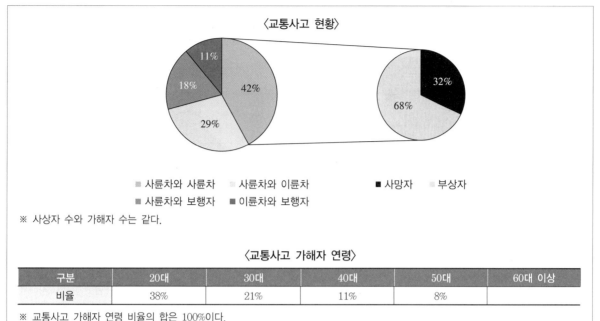

〈교통사고 현황〉

■ 사륜차와 사륜차   ■ 사륜차와 이륜차   ■ 사망자   ■ 부상자
■ 사륜차와 보행자   ■ 이륜차와 보행자

※ 사상자 수와 가해자 수는 같다.

〈교통사고 가해자 연령〉

구분	20대	30대	40대	50대	60대 이상
비율	38%	21%	11%	8%	

※ 교통사고 가해자 연령 비율의 합은 100%이다.

195 다음 중 자료에 대한 설명으로 옳지 않은 것은?

① 교통사고 가해자 연령에서 60대 이상의 비율은 30대보다 높다.
② 사륜차와 사륜차 교통사고 사망사건 가해자가 모두 20대라고 할 때, 전체 20대 가해자 중 35% 이상을 차지한다.
③ 이륜차와 관련된 교통사고의 가해자 연령대가 30대 이하라고 할 때, 전체 30대 이하 가해자 중 70% 이상을 차지한다.
④ 보행자와 관련된 교통사고의 40%는 사망사건이라고 할 때, 사륜차와 사륜차의 교통사고 사망자 수보다 적다.
⑤ 사륜차와 이륜차 교통사고 사망자와 부상자의 비율이 사륜차와 사륜차 교통사고 사망자와 부상자 비율의 반대라고 할 때, 사륜차와 이륜차 교통사고 사망자 수가 사륜차와 사륜차 교통사고 사망자 수보다 더 많다.

196 이륜차 또는 보행자와 관련된 교통사고 건수 중 20%의 가해자가 20대라고 할 때, 이 인원이 20대 가해자에서 차지하는 비율은 얼마인가?(단, 비율은 소수점 첫째 자리에서 버림한다)

① 10%   ② 15%
③ 20%   ④ 25%
⑤ 30%

※ 다음은 2018년 H자동차회사에서 판매된 자동차 800대를 대상으로 조사한 자료이다. 이어지는 질문에 답하시오. [197~198]

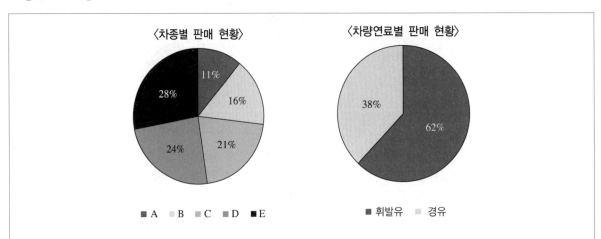

〈차종별 판매 현황〉

11%
16%
28%
24%
21%

■ A　■ B　■ C　■ D　■ E

〈차량연료별 판매 현황〉

38%
62%

■ 휘발유　■ 경유

※ 판매된 차종은 위에 제시된 것 외에는 없다.
※ 한 사람당 한 대의 차량을 구매했다.
※ 차종 A, B, C, D, E 모두 휘발유 차량과 경유 차량이 존재하며, 위 그래프 중 차량연료별 판매 현황 자료는 2018년 H자동차회사에서 판매된 자동차 800대 전체에 대한 자료가 아니라, 차종 A, B, C, D, E 중 한 차종에 대한 자료이다.

〈차량 구매자 연령 비율〉

구분	20대	30대	40대	50대	60대
비율		34%	21%	27%	

※ 차량 구입 연령은 자료에 제시된 것 외에는 존재하지 않는다.

197 다음 자료에 대한 설명으로 옳지 않은 것은?(단, 소수점 첫째 자리에서 버림한다)

① 차량 구매자 중 20대와 60대를 합친 인원수는 40대의 인원수보다 적다.

② 차량연료별 판매 현황 그래프가 A차종에 대한 것일 때의 휘발유 차량 판매 수는 차량연료별 판매 현황 그래프가 E차종에 대한 것일 때의 경유 차량 판매 수보다 많다.

③ 40대 모두 E차종 경유 차량을 구매했으며, E차종 경유 차량 모두 40대에게 판매되었다면, E차종 경유 차량 판매량은 E차종 휘발유 차량 판매량의 3배이다.

④ 30대, 40대, 50대 모두 A차량을 구매하지 않았다면, 30대, 40대, 50대가 구매하지 않은 차량 중 A차량 이외에 차량 판매량은 A차량의 판매량보다 작다.

⑤ 20대와 60대의 비율이 같을 때, 20대 모두 A차량을 구매했다면, 20대가 구매한 A차량은 A차량 판매량의 80% 이상에 해당한다.

198 차종 A, B, C, D, E의 차량연료별 판매 현황 그래프가 모두 동일하다고 할 때, 차종 A, B, C의 휘발유 차량 판매량 수를 a대, 차종 D, E의 경유 차량 판매량 수를 b대라고 한다. 이때, $a+b$의 값이 전체 차량 판매량에서 차지하는 비율은?(단, 소수점 첫째 자리에서 버림한다)

① 28%

② 36%

③ 49%

④ 52%

⑤ 67%

※ 다음은 A ~ E국의 건설시장에 관한 자료이다. 물음에 답하시오. [199~200]

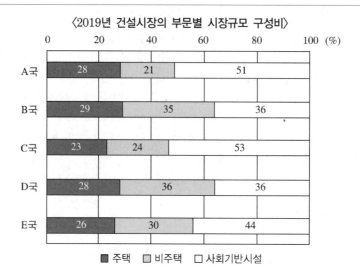

〈2019년 건설시장의 부문별 시장규모 구성비〉

〈2019년 건설시장의 주택부문에서 층수별 시장규모 구성비〉

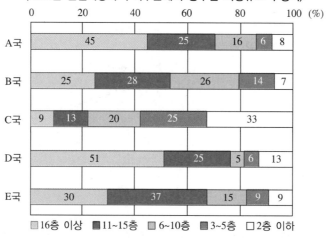

〈건설시장의 주택부문에서 16층 이상 시장규모 비율〉

(단위 : %)

구분	A국	B국	C국	D국	E국
2015년	20	20	8	15	37
2016년	27	22	10	23	35
2017년	33	27	11	33	32
2018년	37	28	10	45	31
2019년	45	25	9	51	30

〈2019년 건설시장의 시장규모〉

(단위 : 조 원)

국가	A	B	C	D	E
시장규모	50	150	100	200	250

☑ 확인 Check! ○△✕

199 다음 중 2019년 A~E국 건설시장의 주택부문 시장규모를 순서대로 나열할 때 가장 큰 국가와 A~E국의 건설시장 주택부문 중 16층 이상 시장규모를 순서대로 나열할 때 두 번째로 작은 국가를 올바르게 나열한 것은?

① B, C
② D, A
③ D, C
④ E, A
⑤ E, C

☑ 확인 Check! ○△✕

200 자료에 대한 설명 중 옳은 것을 모두 고르면?

ㄱ. 2019년 A국은 건설시장에서 주택부문 시장규모 비율이 가장 낮다.
ㄴ. 2019년 C국의 건설시장 시장규모에서 주택부문이 차지하는 비율은 23%이고, D국의 건설시장의 주택부문 층수별 시장규모에서 16층 이상이 차지하는 비율은 51%이다.
ㄷ. 건설시장의 주택부문에서 16층 이상 시장규모 비율이 매년 증가한 국가 수는 2개이다.
ㄹ. 2019년 건설시장의 주택부문에서 3~10층 시장규모를 순서대로 나열할 때 시장규모가 가장 큰 국가는 B국이다.

① ㄱ, ㄴ
② ㄴ, ㄷ
③ ㄷ, ㄹ
④ ㄱ, ㄴ, ㄷ
⑤ ㄴ, ㄷ, ㄹ

PART 3

I wish you the best of luck!

(주)시대고시기획에서 제안하는

공사·공단
합격 로드맵

공사·공단 입사 어떻게 준비하세요? 핵심만 짚어주는 교재!
(주)시대고시기획의 공사·공단 교재로 합격을 준비하세요.

사람이 길에서 우연하게 만나거나 함께 살아가는 것만이
인연은 아니라고 생각합니다.
책을 펴내는 출판사와 그 책을 읽는 독자의 만남도 소중한 인연입니다.

(주)시대고시기획은 항상 독자의 마음을 헤아리기 위해
노력하고 있습니다.
늘 독자와 함께하겠습니다.

공사·공단 합격!
(주)시대고시기획과 함께라면 문제없습니다.

(주)시대고시기획

공기업 취업을 위한 NCS 직업기초능력평가 시리즈

NCS 모듈부터 실전까지 "기본서" 시리즈

공기업 취업의 기초부터 차근차근! 취업의 문을 여는 *Master Key!*

NCS 영역별 체계적 학습 "합격노트" 시리즈

각 영역별 핵심이론부터 모의고사까지! 단계별 학습을 통한 *Only Way!*

2021년 최신판

NCS

합격의 공식 시대에듀

자료해석
연습노트

NCS직무능력연구소 편저

200제

[정답 및 해설]

(주)시대고시기획

200제

정답 및 해설

1

PART

자료[표 유형] 해석 연습

정답 및 해설

01	02	03	04	05	06	07	08	09	10	11	12	13	14	15	16	17	18	19	20
④	②	④	③	③	④	①	③	④	④	①	①	③	④	④	①	⑤	③	②	③
21	22	23	24	25	26	27	28	29	30	31	32	33	34	35	36	37	38	39	40
⑤	④	⑤	③	⑤	⑤	④	③	①	⑤	①	③	③	②	②	⑤	③	⑤	④	②
41	42	43	44	45	46	47	48	49	50	51	52	53	54	55	56	57	58	59	60
⑤	④	②	③	③	③	⑤	③	②	①	③	④	②	③	④	①	③	④	①	④
61	62	63	64	65	66	67	68	69	70										
③	④	②	⑤	④	④	④	④	⑤	④										

유형 1 자료계산

01 정답 ④

영국의 뇌사 장기기증자 수를 x명이라고 하면 $\dfrac{x}{63.5}=20.83 \rightarrow x=20.83\times63.5 ≒ 1,323$

(∵ 소수점 이하 첫째 자리에서 반올림)

오답분석

① 한국의 인구 백만 명당 기증자 수를 x명이라고 하면 $x=\dfrac{416}{49}≒8.49$(∵ 소수점 이하 셋째 자리에서 반올림)

② 스페인의 총인구를 x백만 명이라고 하면 $\dfrac{1,655}{x}=35.98 \rightarrow x=\dfrac{1,655}{35.98}≒46.0$(∵ 만의 자리에서 반올림)

③ 미국의 뇌사 장기기증자 수를 x명이라고 하면 $\dfrac{x}{310.4}=26.63 \rightarrow x=26.63\times310.4≒8,266$(∵ 소수점 이하 첫째 자리에서 반올림)

⑤ 이탈리아의 인구 백만 명당 기증자 수를 x명이라고 하면 $x=\dfrac{1,321}{60.6}≒21.80$(∵ 소수점 이하 셋째 자리에서 반올림)

02 정답 ②

까르보나라, 알리오올리오, 마르게리따피자, 아라비아따, 고르곤졸라피자의 할인 후 금액을 각각 a원, b원, c원, d원, e원이라 하자.

- $a+b=24,000 \cdots ㉠$
- $c+d=31,000 \cdots ㉡$
- $a+e=31,000 \cdots ㉢$
- $c+b=28,000 \cdots ㉣$
- $e+d=32,000 \cdots ㉤$

㉠~㉤식의 좌변과 우변을 모두 더하면 $2(a+b+c+d+e)=146,000$

$a+b+c+d+e=73,000$ ⋯ ⓗ

ⓗ식에 ⓒ식과 ⓔ식을 대입하면 $a+b+c+d+e=(a+e)+(c+b)+d=31,000+28,000+d=73,000$

즉, $d=73,000-59,000=14,000$

따라서 아라비아따의 할인 전 금액은 $14,000+500=14,500$원이다.

03 정답 ④

개선 전 부품 1단위 생산 시 투입비용은 총 $40,000$원이었다. 생산 비용 감소율이 30%이므로 개선 후 총비용은 $28,000$원이어야 한다. 그러므로 ⓐ+ⓑ의 값으로 적절한 것은 $10,000$원이다.

04 정답 ③

사이다의 용량 1mL에 대한 가격을 비교하면 다음과 같다.

• A업체 : $\dfrac{25,000}{340\times25}≒2.94$원/mL

• B업체 : $\dfrac{25,200}{345\times24}≒3.04$원/mL

• C업체 : $\dfrac{25,400}{350\times25}≒2.90$원/mL

• D업체 : $\dfrac{25,600}{355\times24}≒3.00$원/mL

• E업체 : $\dfrac{25,800}{360\times24}≒2.99$원/mL

따라서 1mL당 가격이 가장 저렴한 업체는 C업체이다.

05 정답 ③

소비자물가를 각각 당해 연도별로 계산해 보면 아래와 같다. 서비스는 존재하지 않기 때문에 재화만 고려한다.

연도	소비자물가	소비자물가지수
2018년	$120\times200+180\times300=78,000$원	100
2019년	$150\times200+220\times300=96,000$원	123
2020년	$180\times200+270\times300=117,000$원	150

보리와 쌀이 유일한 재화이므로, 물가지수는 보리와 쌀의 가격으로 구할 수 있다.

기준시점의 소비자 물가와 대비한 해당연도의 소비자 물가가 해당연도의 물가지수이다.

즉, 기준연도의 물가 : 기준연도의 물가지수=해당연도의 물가 : 해당연도의 물가지수이므로, 2020년 물가지수를 x로 두면,

$78,000:100=117,000:x$, $x=150$이 된다.

따라서 2020년도 물가상승률은 $\dfrac{150-100}{100}\times100=50\%$이다.

06 정답 ④

• 올리브 통조림 주문량 : $15÷3=5$캔 → 올리브 통조림 구입 비용 : $5,200\times5=26,000$원
• 메추리알 주문량 : $7÷1=7$봉지 → 메추리알 구입 비용 : $4,400\times7=30,800$원
• 방울토마토 주문량 : $25÷5=5$박스
  → 방울토마토 구입 비용 : $21,800\times5=109,000$원
• 옥수수 통조림 주문량 : $18÷3=6$캔
  → 옥수수 통조림 구입 비용 : $6,300\times6=37,800$원

• 베이비 채소 주문량 : 4÷0.5=8박스
→ 베이비 채소 구입 비용 : 8,000×8=64,000원
따라서 B지점의 재료 구입 비용의 총합은 26,000+30,800+109,000+37,800+64,000=267,600원이다.

07 정답 ①

미국의 무역수지는 2017년 8,610백만 달러에서 2019년 11,635백만 달러로 증가했으므로 증가율은 $(11,635-8,610)÷8,610×100≒35.1\%$이다.

08 정답 ③

산업 및 가계별로 대기배출량을 구하면 다음과 같다.
• 농업, 임업 및 어업
$$\left(10,400×\frac{30}{100}\right)+\left(810×\frac{20}{100}\right)+\left(12,000×\frac{40}{100}\right)+\left(0×\frac{10}{100}\right)=8,082$$
• 석유, 화학 및 관련제품
$$\left(6,350×\frac{30}{100}\right)+\left(600×\frac{20}{100}\right)+\left(4,800×\frac{40}{100}\right)+\left(0.03×\frac{10}{100}\right)=3,945.003$$
• 전기, 가스, 증기 및 수도사업
$$\left(25,700×\frac{30}{100}\right)+\left(2,300×\frac{20}{100}\right)+\left(340×\frac{40}{100}\right)+\left(0×\frac{10}{100}\right)=8,306$$
• 건설업
$$\left(3,500×\frac{30}{100}\right)+\left(13×\frac{20}{100}\right)+\left(24×\frac{40}{100}\right)+\left(0×\frac{10}{100}\right)=1,062.2$$
• 가계부문
$$\left(5,400×\frac{30}{100}\right)+\left(100×\frac{20}{100}\right)+\left(390×\frac{40}{100}\right)+\left(0×\frac{10}{100}\right)=1,796$$
대기배출량이 많은 부문의 대기배출량을 줄여야 지구온난화 예방에 효과적이므로 '전기, 가스, 증기 및 수도사업' 부문의 대기배출량을 줄여야 한다.

09 정답 ④

제시된 문제는 단순한 덧셈과 뺄셈이다. 단순한 덧셈, 뺄셈 문제에서는 먼저 선택지에 제시된 숫자의 일의 자리를 확인하여 다를 경우 계산 시 일의 자리만 비교하여 알맞은 선택지를 추려 답을 고르면 시간을 단축할 수 있다.
수송인원은 승차인원과 유입인원의 합이므로 빈칸을 모두 구하면
(A) : 208,645=117,450+A → A=91,195
(B) : B=189,243+89,721 → B=278,964
(C) : 338,115=C+89,209 → C=248,906
따라서 옳은 것은 ④이다.

10 정답 ④

A, B, C팀의 인원수를 각각 a, b, c명이라고 하면
A, B팀의 인원수 합은 $a+b=80$ ⋯ ㉠
A팀의 총점은 $40a$점이고, B팀의 총점은 $60b$점이므로
$40a+60b=80×52.5=4,200$ → $2a+3b=210$ ⋯ ㉡
㉠과 ㉡을 연립하면 $a=30$, $b=50$이고, $b+c=120$이므로 $c=70$이다.
따라서 (가)에 들어갈 값은 100이다.
C+A의 총점은 $30×40+70×90=7,500$점이고, $c+a=100$이므로
따라서 (나)에 들어갈 값은 $\frac{7,500}{100}=75.0$이다.

11 정답 ①

매년 3국의 수출액의 합과 수입액의 합이 같다.

2016년 한국의 수입액을 x라 하면, $814+1,021+1,421=x+1,557+897$

$\therefore x=802$

12 정답 ①

산림은 $+40$, -80, $+160$, -320, …의 규칙을 보이고 있다.

$\therefore 5,690+640=6,330$

13 정답 ③

(A) : $\dfrac{147,152,697}{838,268,939}\times 100 \fallingdotseq 17.6\%$

(B) : $\dfrac{80,374,802}{838,268,939}\times 100 \fallingdotseq 9.6\%$

(C) : $137,441,060 \div 90,539 \fallingdotseq 152$만 원

유형 ② 도표분석

14 정답 ④

2010년 대비 2020년 신장 증가량은 A가 22cm, B가 21cm, C가 28cm로 C가 가장 많이 증가하였다.

오답분석

① B의 2020년 체중은 2015년에 비해 감소하였다.

② 2020년의 신장 순위는 C, B, A 순이지만, 체중 순위는 C, A, B로 동일하지 않다.

③ 2020년에 세 사람 중 가장 키가 큰 사람은 C이다.

⑤ 2010년 대비 2015년 체중 증가는 A, B, C 모두 6kg으로 같다.

15 정답 ④

2018년 하반기 대출·금융 이메일 스팸 비율은 전년 동기 대비 $7.9 \div 1.9 \fallingdotseq 4.16$배 증가하였다.

오답분석

①·③ 제시된 자료를 통해 확인할 수 있다.

② 2017년 상반기와 2019년 하반기의 전체 이메일 스팸 수신량이 제시되지 않았으므로 비율을 통해 비교할 수 없다.

⑤ 2017년 상반기 대비 2019년 상반기 성인 이메일 스팸 비율의 증가율 : $\dfrac{19.2-14.8}{14.8}\times 100 \fallingdotseq 29.7\%$

16 정답 ①

ㄱ. ○ 표시는 인과관계가 성립한다는 것이고, ×표시는 인과관계가 성립하지 않는다는 것을 의미한다. 따라서 모든 방향에 있어서 ×표시가 되어 있는 미국, 영국, 독일, 이탈리아는 경제성장과 1차 에너지소비 사이에 어떤 방향으로도 인과관계가 존재하지 않는다는 것을 알 수 있다.

ㄴ. 캐나다, 프랑스, 일본, 한국의 경우는 경제성장에서 1차 에너지소비로의 일방적인 인과관계가 나타나고 있기 때문에, 에너지소비절약 정책이 경제구조를 왜곡시키지는 않을 것으로 예측한다.

오답분석

ㄷ. ㄴ과 같은 맥락에서 볼 때, 한국에서의 에너지절약 정책은 경제성장에 장애를 유발하지 않고 추진될 수 있다고 할 수 있다.

ㄹ. ㄱ과 ㄴ을 참고하면 올바른 진술이 아니다.

17 정답 ⑤

4인 가족의 경우 경차는 54,350원, 중형차는 94,680원, 고속버스는 82,080원, KTX는 120,260원으로 중형차는 두 번째로 비용이 많이 든다.

오답분석

① 4인 가족이 중형차를 이용할 경우, 74,600+25,100×80%=94,680원의 비용이 든다.

② 4인 가족이 KTX 이용 시, (114,600+57,200)×70%=120,260원으로 가장 비용이 많이 든다.

③ 4인 가족이 중형차를 이용할 경우 94,680원의 비용이 들며, 고속버스의 경우는 (68,400+34,200)×80%=82,080원의 비용이 든다.

④ 4인 가족이 경차 이용 시, 45,600+12,500×70%=54,350원으로 가장 비용이 저렴하다.

18 정답 ③

남자 합격자 수는 1,003명, 여자 합격자 수는 237명이고, 1,003÷237≒4이므로, 남자 합격자 수는 여자 합격자 수의 5배 미만이다.

오답분석

① A집단 지원자 수 : 825+108=933명

B집단 지원자 수 : 560+25=585명

C집단 지원자 수 : 417+375=792명

따라서, 총 지원자 수가 가장 많은 집단은 A이다.

② A집단 합격자 수 : 512+89=601명

B집단 합격자 수 : 353+17=370명

C집단 합격자 수 : 138+131=269명

따라서, 합격자 수가 가장 적은 집단은 C이다.

④ 경쟁률은 $\frac{(지원자\ 수)}{(모집정원)}$ 이므로, B집단의 경쟁률은 $\frac{585}{370}=\frac{117}{74}$ 이다.

⑤ C집단 남성의 경쟁률은 $\frac{427}{138}≒3.0$이고, C집단 여성의 경쟁률은 $\frac{375}{131}≒2.8$이므로 남성의 경쟁률이 더 높다.

19 정답 ②

㉠ 2015년에서 2019년 사이 문화재 건수의 전년 대비 증가폭을 구하면 다음과 같다.

• 2015년 : 3,459-3,385=74건

• 2016년 : 3,513-3,459=54건

• 2017년 : 3,583-3,513=70건

• 2018년 : 3,622-3,583=39건

• 2019년 : 3,877-3,622=255건

따라서 전체 국가지정문화재 건수가 전년 대비 가장 많이 증가한 해는 2019년이다.

㉢ 2019년 각 문화재 종류별 건수의 2014년 대비 증가율을 구하면 다음과 같다.

• 국보 : $\frac{328-314}{314}×100≒4.46\%$

- 보물 : $\dfrac{2,060-1,710}{1,710}\times100\fallingdotseq20.47\%$

- 사적 : $\dfrac{495-479}{479}\times100\fallingdotseq3.34\%$

- 명승 : $\dfrac{109-82}{82}\times100\fallingdotseq32.93\%$

- 천연기념물 : $\dfrac{456-422}{422}\times100\fallingdotseq8.06\%$

- 국가무형문화재 : $\dfrac{135-114}{114}\times100\fallingdotseq18.42\%$

- 중요민속문화재 : $\dfrac{294-264}{264}\times100\fallingdotseq11.36\%$

따라서 2019년 건수의 증가율이 2014년 대비 가장 높은 문화재는 명승 문화재이다.

오답분석

ⓒ 2019년 국보 문화재 건수는 2014년에 비해 328－314＝14건 증가했다. 그러나 2014년에 전체 국가지정문화재 중 국보 문화재가 차지하는 비율은 $\dfrac{314}{3,385}\times100\fallingdotseq9.28\%$, 2019년에 전체 국가지정문화재 중 국보 문화재가 차지하는 비율은 $\dfrac{328}{3,877}\times100\fallingdotseq8.46\%$이다. 따라서 2019년에 국보 문화재가 전체 국가지정문화재에서 차지하는 비중은 2014년에 비해 감소했다.

ⓔ 연도별 국가무형문화재 건수의 4배의 수치를 구하면 다음과 같다.

- 2014년 : 114×4＝456건
- 2015년 : 116×4＝464건
- 2016년 : 119×4＝476건
- 2017년 : 120×4＝480건
- 2018년 : 122×4＝488건
- 2019년 : 135×4＝540건

2014년에서 2018년까지 사적 문화재의 지정 건수는 국가무형문화재 건수의 4배가 넘는 수치를 보이고 있지만, 2019년의 경우 국가무형문화재 건수의 4배를 넘지 못한다.

20 **정답** ③

2008년 대비 2019년에 발생률이 증가한 암은 폐암, 대장암, 유방암인 것을 확인할 수 있다.

오답분석

① 위암의 발생률은 점차 감소하다가 2018년부터 다시 증가하는 것을 확인할 수 있다.
② 전년 대비 2019년 암 발생률 증가폭은 다음과 같다.

- 위암 : 24.3－24.0＝0.3%p
- 간암 : 21.3－20.7＝0.6%p
- 폐암 : 24.4－22.1＝2.3%p
- 대장암 : 8.9－7.9＝1.0%p
- 유방암 : 4.9－2.4＝2.5%p
- 자궁암 : 5.6－5.6＝0%p

폐암의 발생률은 계속적으로 증가하고 있지만, 2019년 암 발생률의 전년 대비 증가폭은 유방암의 증가폭이 더 크므로 옳지 않은 설명이다.
④ 2019년에 위암으로 죽은 사망자 수를 알 수 없으므로 옳지 않은 설명이다.
⑤ 2016 ~ 2019년 자궁암 발생률은 전 조사연도와 동일하므로 감소하는 추세가 아닌 것을 알 수 있다.

21 정답 ⑤

1인당 GDP 순위는 E>C>B>A>D이다. 그런데 1인당 GDP가 가장 큰 E국은 1인당 GDP가 2위인 C국보다 1% 정도밖에 높지 않은 반면, 인구는 C국의 $\frac{1}{10}$ 이하이므로 총 GDP 역시 C국보다 작다. 따라서 1인당 GDP 순위와 총 GDP 순위는 일치하지 않는다.

오답분석

① 경제성장률이 가장 큰 나라는 D국이며, 1인당 GDP와 총 인구를 고려하면 D국의 총 GDP가 가장 작은 것을 알 수 있다.
② 1인당 GDP 대비 총 인구를 고려하였을 때 총 GDP가 가장 큰 나라는 C국, 가장 작은 나라는 D국이다.
  • D국의 총 GDP : 25,832×46.1=1,190,855.2백만 달러
  • C국의 총 GDP : 55,837×321.8=17,968,346.6백만 달러
  따라서 총 GDP가 가장 큰 나라와 가장 작은 나라는 10배 이상의 차이를 보인다.
③ 수출 및 수입 규모에 따른 순위는 C>B>A>D>E이므로 서로 일치한다.
④ A국의 총 GDP는 27,214×50.6=1,377,028.4백만 달러, E국의 총 GDP는 56,328×24.0=1,351,872백만 달러이므로 A국의 총 GDP가 더 크다.

22 정답 ④

ㄱ. 2018년 어린이보호구역 지정대상은 전년 대비 감소한 것을 알 수 있다.
ㄷ. 2018년 어린이보호구역으로 지정된 구역 중 학원이 차지하는 비중은 $\frac{36}{16,355}×100≒0.22\%$이며, 2017년에는 $\frac{56}{16,085}×100≒0.35\%$이므로 2018년도는 전년 대비 감소한 것을 알 수 있다.
ㄹ. 2013년 어린이보호구역으로 지정된 구역 중 초등학교가 차지하는 비중은 $\frac{5,917}{14,921}×100≒39.7\%$이므로 틀린 설명이며, 나머지 해에도 모두 40% 이하의 비중을 차지한다.

오답분석

ㄴ. 2014년 어린이보호구역 지정대상 중 어린이보호구역으로 지정된 구역의 비율은 $\frac{15,136}{18,706}×100≒80.9\%$이므로 옳은 설명이다.

23 정답 ⑤

2017년 대비 2019년 항공 화물 수송량 변동비율은 $\frac{3,209-3,327}{3,327}×100≒-3.55\%$이다. 따라서 4% 미만으로 감소하였으므로 올바르지 못한 해석이다.

오답분석

① 2015년부터 2019년 항공 여객 수송량의 평균은 (35,341+33,514+40,061+42,649+47,703)÷5≒39,853천 명이다.
② 주어진 표에서 분담률을 비교하면, 여객 수송은 항공이 절대적인 비중을 차지하고, 화물 수송은 해운이 절대적인 비중을 차지한다.
③ 총수송량은 해운과 항공의 수송량의 합으로 구할 수 있으며, 여객과 화물의 총수송량은 2016년부터 꾸준히 증가하고 있다.
④ 2016년 대비 2019년 해운 여객 수송량 변동비율은 $\frac{2,881-2,089}{2,089}×100≒37.91\%$이므로, 37% 이상 증가하였다는 해석은 옳은 내용이다.

24 정답 ③

서울의 수박 가격은 5월 16일에 감소했다가 5월 19일부터 다시 증가하고 있으며, 수박 가격 증가의 원인이 높은 기온 때문인지는 주어진 조건만으로는 알 수 없다.

25 정답 ⑤

사망자가 30명 이상인 사고를 제외한 나머지 사고는 A, C, D, F이다. 네 사고를 화재규모와 복구비용이 큰 순서로 각각 나열하면 다음과 같다.
- 화재규모 : A − D − C − F
- 복구비용 : A − D − C − F

따라서 옳은 설명이다.

오답분석

① 터널길이가 긴 순서로, 사망자가 많은 순서로 사고를 각각 나열하면 다음과 같다.
- 터널길이 : A − D − B − C − F − E
- 사망자 수 : E − B − C − D − A − F

따라서 터널길이와 사망자 수는 관계가 없다.

② 화재규모가 큰 순서로, 복구기간이 긴 순서로 사고를 각각 나열하면 다음과 같다.
- 화재규모 : A − D − C − E − B − F
- 복구기간 : B − E − F − A − C − D

따라서 화재규모와 복구기간의 길이는 관계가 없다.

③ 사고 A를 제외하고 복구기간이 긴 순서로, 복구비용이 큰 순서로 사고를 각각 나열하면 다음과 같다.
- 복구기간 : B − E − F − C − D
- 복구비용 : B − E − D − C − F

따라서 옳지 않은 설명이다.

④ 사고 A ~ E의 사고비용을 구하면 다음과 같다.
- 사고 A : $4,200 + 1 \times 5 = 4,205$억 원
- 사고 B : $3,276 + 39 \times 5 = 3,471$억 원
- 사고 C : $72 + 12 \times 5 = 132$억 원
- 사고 D : $312 + 11 \times 5 = 367$억 원
- 사고 E : $570 + 192 \times 5 = 1,530$억 원
- 사고 F : $18 + 0 \times 5 = 18$억 원

따라서 사고 A의 사고비용이 가장 크다.

26 정답 ⑤

각 국가의 승용차 보유 대수 비율은 다음과 같다.
- 네덜란드 : $\frac{3,230}{3,585} \times 100 ≒ 90.1\%$
- 독일 : $\frac{17,356}{18,481} \times 100 ≒ 93.9\%$
- 프랑스 : $\frac{15,100}{17,434} \times 100 ≒ 86.6\%$
- 영국 : $\frac{13,948}{15,864} \times 100 ≒ 87.9\%$
- 이탈리아 : $\frac{14,259}{15,400} \times 100 ≒ 92.6\%$
- 캐나다 : $\frac{7,823}{10,029} \times 100 ≒ 78.0\%$
- 호주 : $\frac{4,506}{5,577} \times 100 ≒ 80.8\%$
- 미국 : $\frac{104,898}{129,943} \times 100 ≒ 80.7\%$

따라서 유럽 국가는 미국, 캐나다, 호주보다 승용차가 차지하는 비율이 높다.

오답분석

① 위의 해설에 의해 승용차가 차지하는 비율이 가장 높은 나라는 독일이다.

② 트럭·버스가 차지하는 비율은 100%에서 승용차 보유 대수 비율을 뺀 것과 같다. 즉, 승용차 보유 대수 비율이 낮은 국가가 트럭·버스 보유 대수 비율이 가장 높다. 따라서 트럭·버스 보유 대수 비율이 가장 높은 국가는 캐나다이다.

③ 승용차 보유 대수 비율이 가장 낮은 국가는 캐나다이고, 90%를 넘지 않는 78%이다.

④ 프랑스의 승용차와 트럭·버스의 비율은 15,100 : 2,334≒6.5 : 1로 3 : 1이 아니다.

27 　정답　④

아시아·태평양의 연도별 인터넷 이용자 수의 증가량은 다음과 같다.

- 2013년 : 872−726=146백만 명
- 2014년 : 988−872=116백만 명
- 2015년 : 1,124−988=136백만 명
- 2016년 : 1,229−1,124=105백만 명
- 2017년 : 1,366−1,229=137백만 명
- 2018년 : 1,506−1,366=140백만 명
- 2019년 : 1,724−1,506=218백만 명

따라서 아시아·태평양의 인터넷 이용자 수의 전년 대비 증가량이 가장 큰 해는 2019년이다.

오답분석

① 2012년 중동의 인터넷 이용자 수는 66백만 명이고, 2019년 중동의 인터넷 이용자 수는 161백만 명이다. 따라서 2019년 중동의 인터넷 이용자 수는 2012년에 비해 161−66=95백만 명이 늘었다.

②·⑤ 제시된 표에 의해 알 수 있다.

③ 2015년 아프리카의 인터넷 이용자 수는 124백만 명이고, 2019년 아프리카의 인터넷 이용자 수는 240백만 명이다. 따라서 2019년의 아프리카의 인터넷 이용자 수는 2015년에 비해 240÷124≒1.9배 증가했다.

28 　정답　③

2018년 3/4분기와 2019년 3/4분기 항만별 내항의 입항 선박 수의 차이를 구하면 다음과 같다.

- 부산항 : |11,433−11,603|=170
- 울산항 : |10,744−10,242|=502
- 인천항 : |11,392−12,897|=1,505
- 광양항 : |8,584−8,824|=240
- 목포항 : |5,988−8,222|=2,234
- 포항항 : |3,292−4,044|=752

따라서 내항의 입항 선박 수의 차이가 가장 큰 항만은 목포항이다.

오답분석

①·⑤ 제시된 자료를 통해 알 수 있다.

② 입항 선박 수가 감소한 울산항을 제외한 2018년 3/4분기 대비 2019년 3/4분기의 항구별 입항 선박의 증가율을 구하면 다음과 같다.

- 부산항 : $\frac{28,730-27,681}{27,681}\times100≒3.8\%$

- 인천항 : $\frac{17,751-16,436}{16,436}\times100≒8.0\%$

- 광양항 : $\frac{14,372-14,165}{14,165}\times100≒1.5\%$

- 목포항 : $\frac{8,496-6,261}{6,261}\times100≒36.0\%$

- 포항항 : $\frac{5,950-5,242}{5,242}\times100≒13.5\%$

따라서 목포항의 증가율이 가장 크다.

④ 2019년 3/4분기에 입항 선박 수가 전년 동분기 대비 감소한 항만은 울산항으로 1곳이다.

29 정답 ①

구입 후 1년 동안 대출되지 않은 도서가 5,302권이므로 대출된 도서는 절반 이하이다.

오답분석

② 구입 후 3년 동안 4,021권이, 5년 동안 3,041권이 대출되지 않았으므로 옳은 설명이다.

③ 구입 후 1년 동안 1회 이상 대출된 도서는 4,698권이고, 이 중 2,912권이 1회 대출됐다. 따라서 $\frac{2,912}{4,698}\times100 ≒62\%$이므로 옳은 설명이다.

④ $\{(5,302\times0)+(2,912\times1)+(970\times2)+(419\times3)+(288\times4)+(109\times5)\}\div10,000=\frac{7,806}{10,000}≒0.78$권

⑤ 구입 후 5년 동안 적어도 2회 이상 대출된 도서는 1,401+888+519+230=3,038권이므로 전체 도서의 약 30%이다.

30 정답 ⑤

3호선과 4호선의 7월 승차인원은 같으므로 1～6월 승차인원을 비교하면 다음과 같다.
- 1월 : 1,692-1,664=28만 명
- 2월 : 1,497-1,475=22만 명
- 3월 : 1,899-1,807=92만 명
- 4월 : 1,828-1,752=76만 명
- 5월 : 1,886-1,802=84만 명
- 6월 : 1,751-1,686=65만 명

따라서 3호선과 4호선의 승차인원 차이는 3월에 가장 컸다.

오답분석

①·② 제시된 자료를 통해 확인할 수 있다.

③ 8호선 7월 승차인원의 1월 대비 증가율 : $\frac{566-548}{548}\times100≒3.28\%$

④ · 2호선의 2～7월의 전월 대비 증감 추이 : 감소 - 증가 - 감소 - 증가 - 감소 - 증가
　 · 8호선의 2～7월의 전월 대비 증감 추이 : 감소 - 증가 - 감소 - 증가 - 감소 - 증가

31 정답 ①

대두의 대미 수입규모는 전체의 43.9%이지만 자료만 가지고 수입하는 모든 나라 중 가장 규모가 큰지 알 수 없다.

오답분석

② 곡류는 3,872백만 달러로 수입 금액이 가장 크다.
③ 치즈의 대미 수입 비중은 전체의 50%로 가장 크다.
④ 밀의 전체 규모인 4,064천 톤은 미국에서 수입하는 밀은 1,165천 톤의 세 배가 넘는다.
⑤ 돼지고기는 축산물 중 물량이 가장 많다.

32 정답 ③

7월과 9월에는 COD가 DO보다 많았다.

오답분석

①·⑤ 자료를 통해 확인할 수 있다.

② DO는 4월에 가장 많았고, 9월에 가장 적었다. 이때의 차는 12.1-6.4=5.7mg/L이다.

④ 7월 BOD의 양은 2.2mg/L이고 12월 BOD의 양은 1.4mg/L이다. 7월 대비 12월 소양강댐의 BOD 증감률은 $\frac{1.4-2.2}{2.2}\times100≒-36.36\%$이다.

　따라서 7월 대비 12월 소양강댐의 BOD 감소율은 30% 이상이다.

33 　정답　③

대구의 경우 18대 대통령 선거 투표율이 15대 대통령 선거 투표율보다 높으므로 옳지 않다.

오답분석

① 가장 높은 투표율은 광주의 15대 선거 투표율인 89.9%이다.
② 17대 대통령 선거에서 가장 높은 투표율은 경북의 68.5%이다.
④ 15대 최저는 충남의 77%이고, 16대는 충남의 66%, 17대는 인천의 60.3%, 18대는 충남의 72.9%로 매번 같은 곳은 아니다.
⑤ 17대 선거의 최고 투표율은 68.5%이므로 전체 투표율은 이보다 높을 수 없다.

34 　정답　②

2013 ~ 2019년 대출금리의 등락폭이 가장 높은 나라는 독일이지만 포인트 차이는 3.87－0.44＝3.43%p이므로 옳지 않은 설명이다.

오답분석

① 독일의 대출금리는 2013년 대비 2015년에 85%가량 상승했다.
③ 독일은 2013 ~ 2016년까지는 대출금리가 일본보다 높았으나 2017년과 2018년에는 일본보다 낮은 금리를 보이고 있다.
④ 중국은 2015년에 7.47%의 가장 높은 금리를 기록했다.
⑤ 2017년에 전년 대비 등락폭이 가장 큰 나라는 독일로 지수는 18.35%이며, 가장 작은 나라는 중국으로 전년 대비 보합세인 71.08%이다. 따라서 그 차이는 52.73%p이다.

35 　정답　②

대기보호 분야의 투자지출액은 대기보호 분야 전체 지출액의 $\frac{1,345,897}{2,970,974} \times 100 ≒ 45.3\%$로, 40% 이상이다.

오답분석

① 환경보호 관련 지출액이 가장 큰 분야는 35.2%로 폐수관리이고, 수입액이 가장 큰 분야는 61.1%로 폐기물관리이다.
③ 부산물 수입이 10% 미만인 분야는 8개이며, 보조금이 10% 미만인 분야는 7개이다.
④ 생태계보호 분야의 투자지출액은 생태계보호 분야 전체 지출액의 $\frac{987,942}{1,438,272} \times 100 ≒ 68.7\%$로, 70% 미만이다.
⑤ 투자지출은 3,767,561백만 원으로 폐수관리가 가장 많다.

36 　정답　⑤

2015년부터는 한국의 출원 건수가 더 많다.

오답분석

① 2019년은 전년도 5.88%에 비해 5.75%로 다소 감소했지만, 다른 해에는 모두 증가 추세를 보이고 있다.
② 중국은 8.86－1.83＝7.03%p가 증가했다.
③ 프랑스, 독일, 미국이 이에 해당한다.
④ 미국의 PCT 출원 비중은 2013 ~ 2019년에 매년 26% 이상을 유지하고 있으며 그 비중이 가장 크다.

37 　정답　③

전국의 화재 건수 증감 추이는 '증가 － 감소 － 증가 － 감소'이다. 전국과 같은 증감 추이를 보이는 지역은 강원도, 전라남도, 경상북도, 경상남도, 제주특별자치도로 총 5곳이다.

오답분석

① 매년 화재 건수가 많은 지역은 '경기도 － 서울 － 경상남도' 순서이다. 따라서 3번째로 화재 건수가 많은 지역은 경상남도이다.
② 충청북도의 화재 건수는 매년 증가하다가 2018년에 감소하였다.

④ 강원도의 2018년 화재 건수는 전년 대비 $\dfrac{2,364-2,228}{2,364}\times100\fallingdotseq5.8\%$ 감소하였으므로 7% 미만으로 감소하였다.

⑤ 2018년 서울의 화재 건수는 전체의 $\dfrac{6,368}{42,338}\times100\fallingdotseq15\%$이므로 20% 미만이다.

38 정답 ⑤

6건 가입한 사례 수를 비교할 때, 서비스 종사자 가입 건수는 $259\times\dfrac{4.1}{100}\fallingdotseq10.6$건, 기능원 및 관련 종사자 가입 건수는 $124\times\dfrac{6.2}{100}\fallingdotseq7.7$건으로 기능원 및 관련 종사자 가입 건수가 더 적다.

오답분석

① 3건 가입한 사례 수를 비교할 때, 판매 종사자 가입 건수는 $443\times\dfrac{14.5}{100}\fallingdotseq64.2$건, 서비스 종사자 가입 건수는 $259\times\dfrac{20.5}{100}\fallingdotseq53$건으로, 판매 종사자 가입 건수가 더 많다.
② 5건 가입한 사례 수를 비교할 때, 사무 종사자 가입 건수는 $410\times0.189\fallingdotseq77.5$건으로 가장 많다.
③ 2건 가입한 비율을 볼 때, 전문가 및 관련종사자는 20.1%, 단순 노무 종사자는 33.8%로 다른 가입 건수보다 비율이 높음을 알 수 있다.
④ 기계조작 및 조립 종사자의 평균 건수는 3.7건이고, 단순 노무 종사자의 평균 건수는 2.8건으로, 기계조작 및 조립 종사자가 평균적으로 생명보험을 많이 가입했다.

39 정답 ④

2019년 9월 온라인쇼핑 거래액은 모든 상품군이 전년 동월보다 같거나 높다.

오답분석

① 2019년 9월 온라인쇼핑 거래액은 7조 원으로 전년 동월 대비 $\dfrac{70,000-50,000}{50,000}\times100=40\%$ 증가했다.

② 2019년 9월 온라인쇼핑 거래액 중 모바일쇼핑 거래액은 4조 2,000억 원으로 전년 동월 대비 $\dfrac{42,000-30,000}{30,000}\times100=40\%$ 증가했다.

③ 2019년 9월 모바일쇼핑 거래액은 전체 온라인쇼핑 거래액의 $\dfrac{42,000}{70,000}\times100=60\%$를 차지한다.

⑤ 2019년 9월 온라인쇼핑 대비 모바일쇼핑 거래액의 비중이 가장 작은 상품군은 $\dfrac{10}{50}\times100=20\%$로 소프트웨어이다.

40 정답 ②

2018년 11세 여학생의 제자리 멀리뛰기 기록은 143.3cm로, 16세 남학생의 제자리 멀리뛰기 기록의 60%인 $225.0\times0.6=135$cm 이상이다. 따라서 옳은 설명이다.

오답분석

① 남학생의 경우, 2016년에는 17세 고등학생이 16세 고등학생보다 50m 달리기 기록이 0.1초 느려졌고, 15세와 16세 고등학생의 50m 달리기 기록이 동일하였다.
③ 2018년 14세 여학생의 경우에 2016년의 14세 여학생에 비해 50m 달리기와 제자리 멀리뛰기 기록은 좋아졌지만, 윗몸 일으키기 기록은 낮아졌다.
④ 2016년 중학교 남학생의 경우, 직전연령 대비 윗몸 일으키기 증가율은 12세의 경우 $\dfrac{38.0-35.0}{35.0}\times100\fallingdotseq8.6\%$, 13세의 경우 $\dfrac{41.0-38.0}{38.0}\times100$ $\fallingdotseq7.9\%$로 12세에 비해 13세에 직전연령 대비 증가율이 감소한다.
⑤ 남학생의 경우, 2016년과 2018년 모두 제자리 멀리뛰기 기록이 가장 좋은 연령은 17세이다. 그러나 윗몸 일으키기 기록이 가장 좋은 연령은 2016년에는 16세와 17세지만, 2018년에는 15세이다.

41 정답 ⑤

유럽의 국내 방문객 증가율 : $\dfrac{49,320-43,376}{43,376}\times100 \fallingdotseq 13.7\%$

내국인의 유럽 여행객 증가율 : $\dfrac{46,460-42,160}{42,160}\times100 \fallingdotseq 10.2\%$

따라서 유럽의 국내 방문객 증가율이 더 높다.

오답분석

① 홍콩, 필리핀, 싱가포르, 말레이시아, 인도네시아가 해당된다.
② 내국인의 미국 여행객 감소량은 $45,332-42,392=2,940$명이고, 말레이시아의 국내 방문객 감소량은 $10,356-7,847=2,509$명이다.
③ 자료를 통해 쉽게 확인할 수 있다.
④ 중국, 일본, 태국, 필리핀, 홍콩 순서로 동일하다.

42 정답 ④

ㄱ. 경기도의 전년 대비 가구 수 증가율은 2018년에 $\dfrac{4,484-4,383}{4,383}\times100 \fallingdotseq 2.3\%$로, $\dfrac{4,603-4,484}{4,484}\times100=2.7\%$인 2019년보다 낮다.

ㄷ. 2018년 서울의 주택 수가 수도권의 주택 수에서 차지하는 비중은 $\dfrac{3,644}{9,161}\times100 \fallingdotseq 39.8\%$로, 30% 이상이다.

ㄹ. 광주광역시의 주택보급률은 2017년에 $\dfrac{586}{567}\times100 \fallingdotseq 103\%$, 2018년에 $\dfrac{595}{569}\times100 \fallingdotseq 105\%$, 2019년에 $\dfrac{606}{575}\times100 \fallingdotseq 105\%$로 2018년은 전년 대비 증가하였다.

오답분석

ㄴ. 전라남도의 2017년 주택보급률은 $\dfrac{795}{720}\times100 \fallingdotseq 110\%$로, 대구광역시의 2019년 주택보급률 $\dfrac{988}{948}\times100 \fallingdotseq 104\%$보다 높다.

43 정답 ②

ㄱ. 2019년 친환경 인증 농산물 중 곡류·채소류·서류·특용작물의 경우에는 무농약 농산물의 비중이 가장 많고, 과실류는 저농약 농산물이, 기타는 유기 농산물의 비중이 가장 크다.

ㄹ. 2019년 전라도와 경상도에서 생산된 친환경 인증 농산물의 합은 $611,468+467,259=1,078,727$톤이므로, $\dfrac{1,078,727}{1,498,235}\times100=72\%$이다.

오답분석

ㄴ. 2019년 제주도의 인증형태별 생산량 순위는 유기 농산물>무농약 농산물>저농약 농산물로, 이와 동일한 생산량 순위를 나타내는 지역은 없다.
ㄷ. 2018년에 비해 2019년 친환경 인증 농산물의 생산량이 감소한 지역은 9곳으로, 감소율을 각각 계산한 값은 다음과 같다.

- 서울 : $\dfrac{1,938-1,746}{1,938}\times100 \fallingdotseq 9.9\%$
- 부산 : $\dfrac{6,913-4,040}{6,913}\times100 \fallingdotseq 41.56\%$
- 대구 : $\dfrac{13,852-13,835}{13,852}\times100 \fallingdotseq 0.12\%$
- 광주 : $\dfrac{7,474-5,946}{7,474}\times100 \fallingdotseq 20.44\%$
- 대전 : $\dfrac{1,550-1,521}{1,550}\times100 \fallingdotseq 1.87\%$
- 울산 : $\dfrac{13,792-10,859}{13,792}\times100 \fallingdotseq 21.27\%$
- 경기도 : $\dfrac{126,209-109,294}{126,209}\times100 \fallingdotseq 13.4\%$
- 충청도 : $\dfrac{207,753-159,495}{207,753}\times100 \fallingdotseq 23.23\%$
- 전라도 : $\dfrac{922,641-611,468}{922,641}\times100 \fallingdotseq 33.73\%$

따라서 전년 대비 친환경인증 농산물의 생산량이 30% 이상 감소한 지역은 부산, 전라도 2곳이다.

44 정답 ③

50 ~ 59세 중에서 1 ~ 5일 미만의 교육을 받은 농가의 수(36,163＋58,289＝94,452가구)는 65 ~ 69세의 교육을 받지 않는 농가 수(95,164가구)보다 적다.

45 정답 ③

전북은 3년간 재정력 지수가 0.379, 0.391, 0.408로 지속적으로 상승하였다.

오답분석

① 재정력 지수가 1 이상이면 지방교부세를 지원받지 않는데, 인천의 경우 2018년에 재정력 지수가 1 미만이다.
②・④ 재정력 지수는 비율이므로 절대적인 액수를 파악할 수 없다.
⑤ 기준 재정수입액이 동일하면 재정력 지수가 클수록 기준 재정수요액이 작다는 것이다. 따라서 대전은 울산보다 기준 재정수요액이 항상 적었다.

46 정답 ③

여성 조사인구가 매년 500명일 때, 2018년도 '매우 실천함'을 택한 인원은 500×0.168＝84명이고, 2019년도는 500×0.199＝99.5명으로 2018년도에 비해 15.5명이 증가했다.

오답분석

① 남성과 여성 모두 정확한 조사대상 인원이 나와있지 않으므로 알 수 없다.
② 2019년도에 모든 연령대에서 '실천 안함'의 비율이 가장 낮은 연령대는 40대이다.
④ 2019년 60대 이상 '조금 실천함'의 비율은 전년 대비 $\frac{31.3-30.7}{31.3}\times100≒1.9\%$만큼 감소했다.
⑤ 2018년 대비 2019년에 연령대별 '매우 실천함'을 선택한 비율은 50대와 60대 이상은 감소했다.

47 정답 ⑤

㉠ 제시된 자료를 통해 아파트단지, 놀이터, 공원의 경우 안전지킴이집의 수는 지속적으로 감소하지 않는다는 것을 알 수 있다.

㉢ • 2018년 대비 2019년의 학교 안전지킴이집의 증감률 : $\frac{7,270-7,700}{7,700}\times100≒-5.58\%$

　• 2018년 대비 2019년의 유치원 안전지킴이집의 증감률 : $\frac{1,373-1,381}{1,381}\times100≒-0.58\%$

따라서 0.58×10＝5.8%이므로 2018년 대비 2019년의 학교 안전지킴이집의 감소율은 2018년 대비 2019년의 유치원 안전지킴이집 감소율의 10배 미만이다.

㉣ • 2018년 전체 어린이 안전지킴이집에서 24시 편의점이 차지하는 비중 : $\frac{2,528}{20,512}\times100≒12.32\%$

　• 2019년 전체 어린이 안전지킴이집에서 24시 편의점이 차지하는 비중 : $\frac{2,542}{20,205}\times100≒12.58\%$

따라서 증가하였다.

오답분석

㉡ 2015년 대비 2019년의 각 선정업소 형태별 어린이 안전지킴이집 증감폭을 구하면 다음과 같다.
　• 24시 편의점 : 2,542－3,013＝－471개
　• 약국 : 1,546－1,898＝－352개
　• 문구점 : 3,012－4,311＝－1,299개
　• 상가 : 6,770－9,173＝－2,403개
　• 기타 : 6,335－5,699＝636개
따라서 2015년에 비해 2019년에 가장 많이 감소한 선정업소 형태는 상가이다.

48 정답 ③

SOC, 산업·중소기업 분야가 해당한다.

오답분석

① 2015년 총지출에 대한 기금의 비중은 $\frac{59}{196.3} \fallingdotseq 30\%$, 2017년의 비중은 $\frac{70.4}{224.1} \fallingdotseq 31\%$이다.

② 2016년 교육 분야 지출의 전년 대비 증가율은 $\frac{27.6-24.5}{24.5} \times 100 \fallingdotseq 12.7\%$이고, 2019년의 증가율은 $\frac{35.7-31.4}{31.4} \times 100 \fallingdotseq 13.7\%$이다.

④ 2015년에는 기타 분야가 차지하고 있는 비율이 더 높았다.

⑤ SOC, 산업·중소기업, 환경, 기타 분야가 해당하므로 4개이다.

49 정답 ②

㉠ 서울과 경기의 인구수 차이는 2010년에 10,463-10,173=290명, 2016년에 11,787-10,312=1,475명으로 2016년에 차이가 더 커졌다.

㉢ 광주는 2016년에 전년 대비 인구수가 22천 명 증가하여 가장 많이 증가했다.

오답분석

㉡ 인구가 감소한 지역은 부산, 대구이다.

㉣ 대구는 전년 대비 2012년부터 인구가 감소하다가 2016년에 다시 증가했다.

50 정답 ①

아시아의 소비실적이 1990년에 1,588Moe이었으므로 3배 이상이 되려면 1,588×3=4,764Moe 이상이 되어야 한다.

51 정답 ③

ㄱ. 서산시의 밭 면적은 27,285-21,730=5,555ha이고, 김제시의 밭 면적은 28,501-23,415=5,086ha이므로, 서산시의 밭 면적이 김제시의 밭 면적보다 더 넓다.

ㄷ. 먼저 당진시 논 면적의 80%는 21,726×0.8=17,380.8ha이다. 상주시의 밭 면적은 11,047ha이므로, 상주시의 논 면적이 17,380.8ha 이상이라고 할 경우 경지 면적은 11,047+17,380.8=28,427.8ha가 되어 경지 면적의 5위를 차지한 서산시보다도 면적이 많게 되어 옳지 않다. 따라서 상주시의 논 면적은 당진시 논 면적의 80% 이하가 옳다.

ㄹ. 2019년 해남군의 밭 면적은 12,327ha이므로 2.5% 증가한 2020년 해남군의 밭 면적은 12,327×1.025 ≒ 12,635, 약 12,635ha이다.

오답분석

ㄴ. 서귀포시의 논 면적은 31,271-31,246=25ha, 제주시의 논 면적은 31,585-31,577=8ha이므로, 서귀포시의 논 면적은 제주시 논 면적의 약 3배이다.

52 정답 ④

㉡ HCHO가 가장 높게 측정된 역은 청량리역이고 가장 낮게 측정된 역은 신설동역이다. 두 역의 평균은 $\frac{11.4+4.8}{2}=8.1\mu g/m^3$로 1호선 평균인 $8.4\mu g/m^3$보다 낮다.

㉣ 청량리역은 HCHO, CO, NO_2, Rn 총 4가지 항목에서 1호선 평균보다 높게 측정되었다.

오답분석

㉠·㉢ 제시된 자료를 통해 확인할 수 있다.

53 정답 ②

2017년도 전체 인구수를 100명으로 가정했을 때, 같은 해 문화예술을 관람한 비율은 60.8%이므로 100×61.0=61명이다. 61명 중 그 해 미술관 관람률은 10.2%이므로 61×0.102≒6명이다.

오답분석

① 문화예술 관람률은 52.4% → 54.5% → 61.0% → 64.5%로 지속적으로 증가하고 있다.
③ 문화예술 관람률이 접근성과 관련이 있다면 조사기간 동안 가장 접근성이 떨어지는 것은 관람률이 가장 낮은 무용이다.
④ 문화예술 관람률에서 남자보다는 여자가 관람률이 높으며, 20세 미만을 제외하고는 고연령층에서 저연령층으로 갈수록 관람률이 높아진다.
⑤ 60세 이상 문화예술 관람률의 2013년 대비 2019년의 증가율은 $\dfrac{28.9-13.4}{13.4}\times100 ≒ 115.7\%$이므로 100% 이상 증가했다.

54 정답 ③

연평균 무용 관람횟수가 가장 많은 시·도는 강원도이며, 연평균 스포츠 관람횟수가 가장 높은 시·도는 서울특별시이다.

오답분석

① 모든 시·도는 연평균 무용 관람횟수보다 연평균 영화 관람횟수가 더 많다.
② 경상남도에서 영화 다음으로 연평균 관람횟수가 많은 항목은 스포츠이다.
④ 대구광역시의 연평균 박물관 관람횟수는 2.5회로, 제주특별자치도의 연평균 박물관 관람횟수 2.9회의 $\dfrac{2.5}{2.9}\times100 ≒ 86.2\%$이므로 80% 이상이다.
⑤ 자료에 따르면 대전광역시는 연극·마당극·뮤지컬을 제외한 모든 항목에서 충청북도보다 연평균 관람횟수가 높은 것을 알 수 있다.

55 정답 ④

환경오염 사고는 2019년에 전년 대비 $\dfrac{116-246}{246}\times100 ≒ -52.8\%$의 감소율을 보였다.

오답분석

① 전기(감전) 사고는 2016년부터 2019년까지 매년 605건, 569건, 558건, 546건으로 감소하는 모습을 보이고 있다.
② 전체 사고 건수에서 화재 사고는 2013년부터 2019년까지 약 14.9%, 15.3%, 14.2%, 13.9%, 14.2%, 14.1%, 14.3%로 매년 13% 이상 차지하고 있다.
③ $\dfrac{2,839-1,627}{1,627}\times100 ≒ 74.5\%$
⑤ 2013년 전체 사고 건수에서 도로교통 사고의 비율은 $\dfrac{226,878}{280,607}\times100 ≒ 80.9\%$로 가장 높았다.

56 정답 ①

• 네 번째 조건을 이용하기 위해 6개 수종의 인장강도와 압축강도의 차를 구하면 다음과 같다.
  – A : $52-48=4\text{N/mm}^2$　　　　　　　　　　– B : $125-64=61\text{N/mm}^2$
  – C : $69-63=6\text{N/mm}^2$　　　　　　　　　　– 삼나무 : $45-41=4\text{N/mm}^2$
  – D : $24-21=3\text{N/mm}^2$　　　　　　　　　　– E : $59-51=8\text{N/mm}^2$
  즉, 인장강도와 압축강도의 차가 두 번째로 큰 수종은 E이므로 E는 전나무이다.
• 첫 번째 조건을 이용하기 위해 6개 수종의 전단강도 대비 압축강도 비를 구하면 다음과 같다.
  – A : $\dfrac{48}{10}=4.8$　　　　　　　　　　　　– B : $\dfrac{64}{12}≒5.3$
  – C : $\dfrac{63}{9}=7$　　　　　　　　　　　　　– 삼나무 : $\dfrac{41}{7}≒5.9$
  – D : $\dfrac{24}{6}=4$　　　　　　　　　　　　　– E : $\dfrac{51}{7}≒7.3$
  즉, 전단강도 대비 압축강도 비가 큰 상위 2개 수종은 C와 E이다. E가 전나무이므로 C는 낙엽송이다.

- 두 번째 조건을 이용하기 위해 6개 수종의 휨강도와 압축강도의 차를 구하면 다음과 같다.
  - A : $88-48=40\text{N/mm}^2$
  - C : $82-63=19\text{N/mm}^2$
  - D : $39-24=15\text{N/mm}^2$
  - B : $118-64=54\text{N/mm}^2$
  - 삼나무 : $72-41=31\text{N/mm}^2$
  - E : $80-51=29\text{N/mm}^2$

  즉, 휨강도와 압축강도의 차가 큰 상위 2개 수종은 A와 B이므로 소나무와 참나무는 A와 B 중 하나이다. 따라서 D는 오동나무이다.
- 오동나무 기건비중의 2.5배는 $0.31\times2.5=0.775$이다. 세 번째 조건에 의하여 참나무의 기건비중은 오동나무 기건비중의 2.5배 이상이므로, B는 참나무이고 A가 소나무이다.

따라서 A는 소나무, C는 낙엽송이다.

57 정답 ③

2018년 E강사의 수강생 만족도는 3.2점이므로 2019년 E강사의 시급은 2018년과 같은 48,000원이다. 2019년 시급과 수강생 만족도를 참고하여 2020년 강사별 시급과 2019년과 2020년의 시급 차이를 구하면 다음과 같다.

강사	2020년 시급	(2020년 시급) − (2019년 시급)
A	$55{,}000(1+0.05)=57{,}750$원	$57{,}750-55{,}000=2{,}750$원
B	$45{,}000(1+0.05)=47{,}250$원	$47{,}250-45{,}000=2{,}250$원
C	$54{,}600(1+0.1)=60{,}060$원 → 60,000원(∵ 시급의 최대)	$60{,}000-54{,}600=5{,}400$원
D	$59{,}400(1+0.05)=62{,}370$원 → 60,000원(∵ 시급의 최대)	$60{,}000-59{,}400=600$원
E	48,000원	$48{,}000-48{,}000=0$원

따라서 2019년과 2020년 시급 차이가 가장 큰 강사는 C이다.

오답분석

① E강사의 2019년 시급은 48,000원이다.
② 2020년 D강사의 시급과 C강사의 시급은 60,000원으로 같다(∵ 강사가 받을 수 있는 최대 시급 60,000원).
④ 2019년 C강사의 시급 인상률을 a%라고 하면 $52{,}000\left(1+\dfrac{a}{100}\right)=54{,}600 \rightarrow 520a=2{,}600 \therefore a=5$

   즉, 2019년 C강사의 시급 인상률은 5%이므로, 수강생 만족도 점수는 4.0점 이상 4.5점 미만이다.
⑤ 2020년 A강사와 B강사의 시급 차이는 $57{,}750-47{,}250=10{,}500$원이다.

58 정답 ④

2019년 5개국 수입금액이 큰 순서와 수입중량이 큰 순서는 다르므로 수입중량이 클수록 수입금액도 높아진다는 것은 옳지 않다.

오답분석

① 2016 ~ 2019년 동안 수출금액은 매년 감소했고, 수출중량 추이는 '감소 − 증가 −감소'이다.
② 2019년 5개국 수입금액 총합은 $39{,}090+14{,}857+25{,}442+12{,}852+18{,}772=111{,}013$천 달러로 전체 수입금액의 $\dfrac{111{,}013}{218{,}401}\times100 ≒ 50.8\%$를 차지한다.
③ 무역수지는 수출금액에서 수입금액을 제외한 것으로 2016년부터 2019년까지 무역수지는 다음과 같다.
   - 2016년 : $24{,}351-212{,}579=-188{,}228$천 달러
   - 2017년 : $22{,}684-211{,}438=-188{,}754$천 달러
   - 2018년 : $22{,}576-220{,}479=-197{,}903$천 달러
   - 2019년 : $18{,}244-218{,}401=-200{,}157$천 달러
   따라서 매년 전년 대비 감소함을 알 수 있다.
⑤ · 미국 : $518-39{,}090=-38{,}572$천 달러
   · 중국 : $6{,}049-14{,}857=-8{,}808$천 달러
   · 말레이시아 : $275-25{,}442=-25{,}167$천 달러
   · 싱가포르 : $61-12{,}852=-12{,}791$천 달러

• 독일 : $1-18,772=-18,771$천 달러

따라서 2019년 5개 국가에서 무역수지가 가장 낮은 국가는 미국이다.

59 　정답 ①

ㄱ. 중요도 점수가 높은 영역부터 순서대로 나열하면 '교수활동 – 학생복지 – 교육환경 및 시설 – 교육지원 – 비교과 – 교과'로 매년 동일하다.

ㄴ. 제시된 자료를 통해 전년 대비 2019년 만족도 점수는 모든 영역에서 높음을 알 수 있다.

오답분석

ㄷ. 만족도 점수가 가장 높은 영역과 가장 낮은 영역의 만족도 점수 차이는 2018년이 $3.52-3.27=0.25$점으로 2017년의 $3.73-3.39=0.34$점보다 낮다.

ㄹ. 2019년 요구충족도가 가장 높은 영역은 $\frac{3.56}{3.64}\times100≒97.8\%$인 비교과 영역이며, 교과 영역의 요구충족도는 $\frac{3.45}{3.57}\times100≒96.6\%$이다.

60 　정답 ④

ㄱ. 전체의약품 전체품목 수의 경우, 2018년과 2019년 외용약 등의 생산품목 수를 제외한 모든 일반의약품 품목 수가 전문의약품 품목 수보다 적은 것을 확인할 수 있다.

ㄴ. 전체 경구약 수입품목 수는 2018년 대비 2019년에 $\frac{926-916}{916}\times100≒1.1\%$ 증가하였다.

ㄹ. 2017년 수치가 제시되어 있지 않으므로 2018의 전년 대비 증가율은 알 수 없다.

오답분석

ㄷ. 2019년 경구약 전문의약품의 생산금액은 수입금액의 $\frac{96,478}{20,545}≒4.7$배이다.

61 　정답 ③

• 일본의 2013년 대비 2015년 음악 산업 수입액의 증가율 : $\frac{2,761-2,650}{2,650}\times100≒4.2\%$

• 일본의 2013년 대비 2015년 음악 산업 수출액의 증가율 : $\frac{242,370-221,379}{221,379}\times100≒9.5\%$

따라서 일본의 2013년 대비 2015년 음악 산업 수출액의 증가율은 수입액의 증가율보다 크다.

오답분석

① 제시된 자료의 수출액, 수입액의 전년 대비 증감률의 수치를 통해 중국의 2014년 대비 2015년 음악 산업 수출액과 수입액의 증가율이 다른 지역보다 월등히 높음을 알 수 있다.

② 2013년에 비해 2014년의 수입액이 감소한 국가는 일본, 북미, 기타이며 2014년의 전체 수입액도 2013년에 비해 감소했다.

④ 연도별 동남아의 수출액을 수입액으로 나누어 보면 다음과 같다.

• 2013년 : $\frac{38,166}{63}≒605.81$배

• 2014년 : $\frac{39,548}{65}≒608.43$배

• 2015년 : $\frac{40,557}{67}≒605.33$배

따라서 매해 동남아의 음악 산업 수출액은 수입액의 600배를 넘었다.

⑤ 2015년의 북미와 유럽의 음악 산업 수입액의 합을 구하면 $2,786+7,316=10,102$천 달러이다.

따라서 2015년 전체 음악 산업 수입액 중 북미과 유럽의 음악 산업 수입액이 차지하는 비중을 구하면 $\frac{2,786+7,316}{13,397}\times100≒75.4\%$이다.

62 정답 ④

고속국도 평균 버스 교통량의 증감 추이는 '증가 – 감소 – 증가 – 감소'이고, 일반국도 평균 버스 교통량의 증감 추이는 '감소 – 감소 – 감소 – 감소'이다. 따라서 고속국도와 일반국도의 평균 버스 교통량의 증감 추이는 같지 않다.

오답분석

① 2012 ～ 2016년의 일반국도와 국가지원지방도의 승용차 평균 교통량의 합을 구하면 다음과 같다.
- 2012년 : 7,951+5,169=13,120대
- 2013년 : 8,470+5,225=13,695대
- 2014년 : 8,660+5,214=13,874대
- 2015년 : 8,988+5,421=14,409대
- 2016년 : 9,366+5,803=15,169대

   따라서 고속국도의 평균 승용차 교통량은 일반국도와 국가지원지방도의 평균 승용차 교통량의 합보다 항상 많음을 알 수 있다.
② 제시된 자료를 통해 확인할 수 있다.
③ 전년 대비 교통량이 감소한 2013년을 제외하고 국가지원지방도의 각 연도별 평균 버스 교통량의 전년 대비 증가율을 구하면 다음과 같다.
- 2014년 : $\dfrac{226-219}{219}\times100 \fallingdotseq 3.20\%$
- 2015년 : $\dfrac{231-226}{226}\times100 \fallingdotseq 2.21\%$
- 2016년 : $\dfrac{240-231}{231}\times100 \fallingdotseq 3.90\%$

   따라서 2016년에 국가지원지방도의 평균 버스 교통량의 전년 대비 증가율이 가장 컸다.
⑤ 2016년 일반국도와 국가지원지방도의 평균 화물차 교통량의 합은 2,757+2,306=5,063대이고, 5,063×2.5=12,657.5<13,211이다. 따라서 2016년 고속국도의 화물차 평균 교통량은 2016년 일반국도와 국가지원지방도의 화물차 평균 교통량의 합의 2.5배 이상이다.

63 정답 ②

ㄱ. 가구별 보험가입 목적에서 각 항목들의 비율 합을 구하면 210.0%이다. 따라서 모든 가구가 2개 이상의 항목에 응답하였다면 3개 항목에 복수 응답한 가구는 10.0%를 차지함을 알 수 있다. 이는 조사대상 6,000가구의 10%이므로 600가구이다.
   또한 만약 1개의 항목에만 응답한 가구가 있다면 3개 항목에 복수 응답한 가구 수는 600가구보다 많을 것이다. 따라서 조사대상 가구 중 복수 응답한 가구 수는 최소 600가구임을 알 수 있다.
ㄹ. 사고나 질병 시 본인의 의료비 보장을 위해 보험에 가입한 가구의 수는 6,000×59.3%=3,558가구로, 세금혜택을 받기 위해 보험에 가입한 가구의 수인 6,000×5.0%=300가구의 11배인 3,300가구를 초과한다.

오답분석

ㄴ. 설계사의 권유로 보험에 가입한 가구와 평소 필요성을 인식하여 보험에 가입한 가구에 대하여는 표에서 6,000가구 중 비율이 제시되어 있으므로 제시된 비율만을 이용하여 확인할 수 있다. 설계사의 권유로 보험에 가입한 가구 수 대비 평소 필요성을 인식하여 보험에 가입한 가구 수의 비율은 $\dfrac{15.9}{34.2}\times100 \fallingdotseq 46.5\%$이므로 틀린 설명이다.
ㄷ. 가구별 보험가입 목적에 대한 자료는 복수응답이 가능했으므로, 노후의 생활자금과 자녀의 교육 결혼자금에 대하여 복수응답을 한 가구 수를 알 수 없어 확인이 불가능하다.

64 정답 ⑤

2017년 멕시코 지식재산권 사용료 지급의 전년 대비 증가율은 $\frac{292-277}{277}\times100 ≒ 5.4\%$, 2016년 콜롬비아 지식재산권 사용료 수입의 전년 대비 감소율은 $\frac{52-46}{52}\times100 ≒ 11.5\%$이다. 따라서 11.5−5.4=6.1%p가 더 높다.

오답분석

① 2015 ~ 2017년 동안 지적재산권 사용료 수입이 지급보다 많은 국가는 미국과 파라과이이다.
② 미국의 지식재산권은 2016 ~ 2017년까지 지급이 수입에서 차지하는 비중은 다음과 같다.

　• 2016년 : $\frac{44,392}{124,454}\times100 ≒ 35.7\%$

　• 2017년 : $\frac{48,353}{127,935}\times100 ≒ 37.8\%$

③ 2016 ~ 2017년 동안 지식재산권 사용료 수입과 지급이 전년 대비 모두 증가한 나라는 미국이다.
④ 2015년 캐나다 지식재산권 사용료 수입은 4,105백 만 달러이고, 미국을 제외한 국가들의 총 수입인 7+42+52+33+7+38=179백 만 달러의 약 23배이다.

65 정답 ④

생후 1주일 내 사망자 수는 1,162+910=2,072명이고, 생후 셋째 날 사망자 수는 166+114=280명이므로, 전체의 약 13.5%를 차지한다.

오답분석

① 생후 첫날 신생아 사망률은 여아가 3.8+27.4+8.6=39.8%이고, 남아가 2.7+26.5+8.3=37.5%로 여아가 남아보다 높다.
② 신생아 사망률은 산모의 연령이 40세 이상일 때가 제일 높으나, 출생아 수는 40세 이상이 제일 적기 때문에, 신생아 사망자 수는 산모의 연령이 19세 미만인 경우를 제외하고는 40세 이상의 경우보다 나머지 연령대가 더 많다.
③ 생후 1주일 내에서 첫날 여아의 사망률은 39.8%이고, 남아의 사망률은 37.5%이므로, 첫날 신생아 사망률은 40%를 넘지 않는다.
⑤ 산모 연령 25 ~ 29세의 출생아 수가 가장 많지만 사망률은 20 ~ 24세 산모의 신생아 사망률이 가장 낮다.

66 정답 ④

〈표3〉은 완제 의약품 특허출원 중 다이어트제 출원 현황을 나타낸 자료이다. 즉, 다국적기업에서 출원한 완제 의약품 특허출원 중 다이어트제 출원 비중은 제시된 자료에서 확인할 수 없다.

오답분석

① 〈표1〉의 합계를 살펴보면 매년 감소하고 있음을 확인할 수 있다.
② 2019년 전체 의약품 특허출원에서 기타 의약품이 차지하는 비중 : $\frac{1,220}{4,719}\times100 ≒ 25.85\%$

③ • 2019년 원료 의약품 특허출원건수 : 500건
　• 2019년 다국적기업의 원료 의약품 특허출원건수 : 103건

　∴ 2019년 원료 의약품 특허출원에서 다국적기업 특허출원이 차지하는 비중 : $\frac{103}{500}\times100 = 20.6\%$

67 정답 ④

85세 이상을 제외한 모든 연령대의 총 재산소득에서 75 ~ 79세의 재산소득 비중은 $\dfrac{233.6}{221+251.7+233.6+208.1}\times100=\dfrac{233.6}{880.9}\times100\fallingdotseq26.5\%$이다.

오답분석

① 노인 항목별 현황에서 네 항목 중 재산소득을 제외한 항목이 65 ~ 69세가 70 ~ 74세보다 많다.

② 남자의 연간 총 소득에서 사업소득의 비율은 $\dfrac{428}{2,817.3}\times100\fallingdotseq15.2\%$이며, 여자의 연 총소득에서 재산소득 비율보다 $\dfrac{191.3}{2421.5}\times100\fallingdotseq7.9\%$의 약 1.9배이다.

③ 동부에서 기타소득 세부항목 중 공적이전소득은 85세 이상의 사적연금소득보다 744.9−40.1=704.8만 원 많다.

⑤ 사적이득소득에서 동부와 읍·면부의 차액은 396.4−390.5=5.9만 원이고, 남자와 여자 차액의 $\dfrac{5.9}{409.2-369.6}\times100\fallingdotseq14.9\%$에 해당한다.

68 정답 ④

경기도 우정직 전체 직원은 우정8급 전체 직원의 $\dfrac{4,143}{5,384}\times100\fallingdotseq77\%$를 차지한다.

오답분석

① A+B=(1,287−773)+(989−569)=934

② 우정4급 전체 인원에서 전체 광역시 우정직 직원인원의 비율은 $\dfrac{3+7+2+10+2}{107}\times100\fallingdotseq22.4\%$이다.

③ 강원도의 우정직 전체 직원 수는 전라북도 전체 직원 수보다 1,009−990=19명 적다.

⑤ 자료의 모든 지역에서 우정8급이 우정9급보다 많다.

69 정답 ⑤

ㄱ. 학교생활 만족도에서 '매우만족'을 택한 학생 수는 5,000×(0.156+0.109)≒1,325명이고, 교우관계 만족도에서도 동일한 선택지를 택한 학생 수는 5,000×(0.355+0.315)=3,350명이다. 따라서 교우관계에서 '매우만족'을 택하고 학교생활에서 다른 선택지를 택한 학생 수는 3,350−1,325=2,025명이다.

ㄴ. B지역에서 교우관계를 '보통'을 택한 학생 비율은 23.1%이고, F지역의 '약간 만족'을 택한 학생 비율은 41.3%로 높고 인원도 820×0.231≒189명인 B지역이 F지역 500×0.413≒206명보다 17명 적다.

ㄹ. A, E지역 학생은 학교생활 만족도에서 '약간 불만족' 비율은 '매우 불만족' 비율의 4배 미만이다.

오답분석

ㄷ. A, D, E지역의 교우관계에 '약간 불만족, 매우 불만족'을 택한 인원이 전체 인원에서 차지하는 비중은 $\dfrac{670\times0.035+620\times0.026+670\times0.011}{5,000}\times100\fallingdotseq\dfrac{46}{5,000}\times100\fallingdotseq0.92\%$이다.

70 정답 ④

경기의 아파트 수 대비 주택이외의 거처 수의 비율은 구성비를 활용하여 구할 수 있다. 2018년은 $\dfrac{4.0}{44.3}\times100\fallingdotseq9.0\%$이며, 2019년은 $\dfrac{4.4}{55.4}\times100\fallingdotseq7.9\%$로 2018년이 더 높다.

오답분석

① 2018년 다세대주택 비율이 단독주택 비율의 50% 이상인 행정구역은 서울특별시, 인천광역시 2곳뿐이다.

② 해당 자료는 구성비를 나타내는 자료이므로, 아파트의 정확한 수치를 알 수 없다. 따라서 지역별 아파트의 전년 대비 증가율은 비교할 수 없다.

③ 충북의 주택유형 구성비 순위는 2018년에 단독주택 − 아파트 − 비거주용 건물 내 주택 − 연립주택 − 주택이외의 거처 − 다세대주택 순서이고, 2019년에는 아파트 − 단독주택 − 주택이외의 거처 − 다세대주택 − 연립주택 − 비거주용 건물 내 주택 순서이다.

⑤ 인천광역시의 2019년 단독주택의 수는 비거주용 건물 내 주택의 수의 $\dfrac{19.0}{1.2}\fallingdotseq15.8$배이다.

I wish you the best of luck!

2

PART

자료[그래프 유형] 해석 연습

정답 및 해설

71	72	73	74	75	76	77	78	79	80	81	82	83	84	85	86	87	88	89	90
①	②	⑤	④	①	⑤	④	②	②	⑤	③	③	③	④	②	②	②	③	④	②

91	92	93	94	95	96	97	98	99	100	101	102	103	104	105	106	107	108	109	110
④	⑤	④	①	②	④	④	⑤	②	③	⑤	①	③	①	④	④	②	④	④	④

111	112	113	114	115	116	117	118	119	120	121	122	123	124	125	126	127	128	129	130
⑤	⑤	③	⑤	①	②	③	③	⑤	⑤	①	③	②	⑤	⑤	④	②	②	②	②

131	132	133	134	135	136	137	138	139	140										
④	③	②	③	①	③	⑤	④	②	④										

유형 ❶ 자료계산

71 정답 ①

2019년 학생 만 명당 사교육비는 약 292억으로 통계 기간 중 가장 많다.

72 정답 ②

가장 구성비가 큰 항목은 국민연금으로 57%이며, 네 번째로 구성비가 큰 항목은 사적연금으로 8.5%이다. 따라서 가장 구성비가 큰 항목의 구성비 대비 네 번째로 구성비가 큰 항목의 구성비의 비율은 $\frac{8.5}{57.0} \times 100 ≒ 14.9\%$이다.

73 정답 ⑤

변화율이므로 증감과는 무관하게 3% 이상 변화한 2019년 6월이 전월 대비 변화율이 가장 큰 달이다.

• 2019년 6월 : $\frac{1,154.7 - 1,190.9}{1,190.9} \times 100 ≒ -3.04\%$

오답분석

① 2018년 10월 : $\frac{1,139.6 - 1,109.3}{1,109.3} \times 100 ≒ 2.73\%$

② 2019년 2월 : $\frac{1,124.7 - 1,112.7}{1,112.7} \times 100 ≒ 1.08\%$

③ 2019년 4월 : $\frac{1,168.2 - 1,135.1}{1,135.1} \times 100 ≒ 2.92\%$

④ 2019년 5월 : $\frac{1,190.9 - 1,168.2}{1,168.2} \times 100 ≒ 1.94\%$

74 **정답** ④

각 연도마다 총 비율은 100%이므로 취업률의 변화율은 취업률 또는 비취업률의 증감률을 구하여 비교하면 된다. 선택지에 해당되는 비취업률의 증감률은 다음과 같다.

- 1998년 : $\dfrac{71-71.5}{71.5} \times 100 ≒ -0.7\%$

- 2008년 : $\dfrac{65.5-69.2}{69.2} \times 100 ≒ -5.3\%$

- 2011년 : $\dfrac{66.0-65.5}{65.5} \times 100 ≒ 0.8\%$

- 2014년 : $\dfrac{71.1-66.0}{66.0} \times 100 ≒ 7.7\%$

- 2017년 : $\dfrac{69.1-71.1}{71.1} \times 100 ≒ -2.8\%$

따라서 노인 취업률의 변화율이 조사한 직전 연도 대비 가장 큰 연도는 2014년이다.

75 **정답** ①

온실가스 총 배출량의 증가율은 2017년을 제외한 나머지 연도의 감소율을 계산하면 다음과 같다.

- 2014년 : $\dfrac{682.9-657.4}{657.4} \times 100 ≒ 3.9\%$

- 2015년 : $\dfrac{687.1-682.9}{682.9} \times 100 ≒ 0.6\%$

- 2016년 : $\dfrac{696.7-687.1}{687.1} \times 100 ≒ 1.4\%$

- 2018년 : $\dfrac{692.9-690.9}{690.9} \times 100 ≒ 0.3\%$

따라서 온실가스 총 배출량의 증가율이 가장 큰 연도는 2014년도임을 알 수 있다.

76 **정답** ⑤

선택지에 해당되는 연도의 고용률과 실업률의 차이는 다음과 같다.
- 2011년 : 40.4－7.6＝32.8%p
- 2012년 : 40.3－7.5＝32.8%p
- 2015년 : 41.2－9.1＝32.1%p
- 2017년 : 42.1－9.8＝32.3%p
- 2018년 : 42.7－9.5＝33.2%p

따라서 2018년 고용률과 실업률의 차이가 가장 크다.

77 **정답** ④

- 대학교 이상인 인구 구성비의 2015년 대비 2019년 증가율 : $\dfrac{48-41}{41} \times 100 ≒ 17.1\%$

- 중학교 이하인 인구 구성비의 2015년 대비 2018년 감소율 : $\dfrac{13-18}{18} \times 100 ≒ -27.8\%$

78 정답 ②

ㄷ. 초·중·고등학교 수의 총합은 2016년에 6,001+3,209+2,353=11,563교, 2018년에 6,064+3,214+2,358=11,636교로, 2016년 대비 2018년에 증가하였다.

오답분석

ㄱ. 2018년을 보면, 고등학교 수는 전년 대비 감소하였지만 초등학교 수는 증가하였다.

ㄴ. 2014년부터 2018년까지 초등학교 수와 중학교 수의 차이를 구하면
- 2014년 : 5,934−3,186=2,748
- 2015년 : 5,978−3,204=2,774
- 2016년 : 6,001−3,209=2,792
- 2017년 : 6,040−3,213=2,827
- 2018년 : 6,064−3,214=2,850

따라서 초등학교 수와 중학교 수의 차이가 가장 큰 해는 2018년이다.

79 정답 ②

- 2010년 유엔 정규분담률의 전년 대비 증가율 : $\dfrac{2.26-2.173}{2.173}\times100≒4.0\%$

- 2016년 유엔 정규분담률의 전년 대비 증가율 : $\dfrac{2.039-1.994}{1.994}\times100≒2.3\%$

80 정답 ⑤

- 2014년 아동 10만 명당 안전사고 사망자 수의 전년 대비 감소율 : $\dfrac{3.86-2.93}{3.86}\times100≒24.1\%$

- 2016년 아동 10만 명당 안전사고 사망자 수의 전년 대비 감소율 : $\dfrac{3.15-2.81}{3.15}\times100≒10.8\%$

81 정답 ③

총 수출액은 10대 품목수출액을 총 수출액 대비 비중으로 나누고 100을 곱하여 총 수출액을 구하면 다음과 같다.

① 2015년 : $327,762\times\dfrac{100}{58.6}≒559,321$백만 달러

② 2016년 : $335,363\times\dfrac{100}{58.6}≒572,292$백만 달러

③ 2017년 : $305,586\times\dfrac{100}{58}≒526,872$백만 달러

④ 2018년 : $276,513\times\dfrac{100}{55.8}≒495,543$백만 달러

⑤ 2019년 : $337,345\times\dfrac{100}{59}≒571,771$백만 달러

따라서 총 수출액이 두 번째로 적은 연도는 2017년이다.

82 정답 ③

〈보기〉에 제시된 지도는 축척 1/25,000로 제작되었다. 등고선에 관한 설명을 보면 축척 1/25,000 지도에서는 표고 10m마다 등고선을 그린다고 하였으므로 A의 표고는 180m, B의 표고는 150m이다.

즉, A, B 두 지점 사이의 표고 차이는 180−150=30m이다.

축척 1/25,000 지도는 25,000cm를 1cm로 나타내므로, 4cm는 실제 거리로 환산하면 25,000×4=100,000cm=1,000m이다.

따라서 경사도는 $\dfrac{30}{1,000}=0.03$이다.

유형 ② 도표분석

83　정답　③

인구성장률 그래프의 경사가 완만할수록 인구변동이 적다.

오답분석

① 인구성장률은 1970년 이후 계속 감소하고 있다.
② 총 인구가 감소하려면 인구성장률 그래프가 (−)값을 가져야 하는데 2011년과 2015년에는 (+)값을 갖는다.
④ 그래프를 통해 1990년 인구가 더 적다는 것을 알 수 있다.
⑤ 그래프를 통해 2020년부터 총 인구가 감소하는 모습을 보이고 있음을 알 수 있다.

84　정답　④

오답분석

① A − 호주
② B − 캐나다
③ C − 프랑스
⑤ E − 일본

85　정답　②

ⓒ 제시된 그래프에서 선의 기울기가 가파른 구간은 2010 ∼ 2011년, 2011 ∼ 2012년, 2014 ∼ 2015년이다. 2011년, 2012년, 2015년 물이용부담금 총액의 전년 대비 증가폭을 구하면
　• 2011년 : $6,631 - 6,166 = 465$억 원
　• 2012년 : $7,171 - 6,631 = 540$억 원
　• 2015년 : $8,108 - 7,563 = 545$억 원
　따라서 물이용부담금 총액이 전년 대비 가장 많이 증가한 해는 2015년이다.

오답분석

㉠ 제시된 자료를 통해 확인할 수 있다.
ⓒ 2019년 금강유역 물이용부담금 총액 : $8,661 \times 0.2 = 1,732.2$억 원
　∴ 2019년 금강유역에서 사용한 물의 양 : $1,732.2$억 원 $\div 160$원$/\text{m}^3 \fallingdotseq 10.83$억$\text{m}^3$
㉣ 2019년 물이용부담금 총액의 전년 대비 증가율 : $\dfrac{8,661 - 8,377}{8,377} \times 100 \fallingdotseq 3.39\%$

86　정답　②

㉠ 연도별 지하수 평균수위 자료를 통해 확인할 수 있다.
ⓒ 2019년 지하수 온도가 가장 높은 곳은 영양입암 관측소이고, 온도는 27.1℃이다. 2019년 지하수 평균 수온과의 차이는 $27.1 - 14.4 = 12.7$℃이다.

오답분석

ⓒ 2019년 지하수 전기전도도가 가장 높은 곳은 양양손양 관측소이고, 전기전도도는 $38,561.0\mu S/\text{cm}$이다.
　$38,561.0 \div 516 \fallingdotseq 74.73$이므로 2019년 지하수 전기전도도가 가장 높은 곳의 지하수 전기전도도는 평균 전기전도도의 76배 미만이다.

87 정답 ②

제시된 그래프는 구성비에 해당하므로 2019년에 전체 수송량이 증가하였다면 2019년 구성비가 감소하였어도 수송량은 증가했을 수 있다. 구성비로 수송량 자체를 비교해서는 안 된다는 점에 유의해야 한다.

88 정답 ③

A와 B음식점 간 가장 큰 차이를 보이는 부문은 분위기이다(A : 약 4.5, B : 1).

89 정답 ④

2012년 노령연금 수급자 대비 유족연금 수급자 비율은 $\dfrac{485,822}{2,748,455} \times 100 = 17.7\%$이며, 2014년 노령연금 수급자 대비 유족연금 수급자 비율은

$\dfrac{563,996}{2,947,422} \times 100 = 19.1\%$이므로 2014년이 더 높다.

오답분석

① 조사기간 동안 유족연금 수급자 수는 매년 증가했다.

② $\dfrac{563,996}{2,947,422} \times 100 = 19.1\%$이므로 20% 미만이다.

③ 전년 대비 2014년에는 346명, 2015년에는 301명이 증가했다. 따라서 가장 많이 증가한 해는 2014년이다.

⑤ 2017년 장애연금 수급자와 노령연금 수급자 수의 차이는 3,706,516−75,486=3,631,030명으로 가장 크다.

90 정답 ②

$\dfrac{(대학졸업자 \ 중 \ 취업자)}{(전체 \ 대학졸업자)} \times 100 = (대학졸업자 \ 취업률) \times (대학졸업자의 \ 경제활동인구 \ 비중) \times \dfrac{1}{100}$

따라서 OECD 평균은 $40 \times 50 \times \dfrac{1}{100} = 20\%$이고, 이보다 높은 국가는 B, C, E, F, G, H이다.

91 정답 ④

미국의 점수 총합은 4.2+1.9+5.0+4.3=15.4점으로 프랑스의 총점 5.0+2.8+3.4+3.7=14.9점보다 높다.

오답분석

① 기술력 분야에서는 프랑스가 제일 높다.

② 성장성 분야에서 점수가 가장 높은 국가는 한국이고, 시장지배력 분야에서 점수가 가장 높은 국가는 미국이다.

③ 브랜드파워 분야에서 각국 점수 중 최댓값과 최솟값의 차이는 4.3−1.1=3.2점이다.

⑤ 시장지배력 분야의 점수는 일본이 1.7점으로 3.4인 프랑스보다 낮다.

92 정답 ⑤

ㄱ. 2017년 대비 2019년 의사 수의 증가율은 $\dfrac{11.40-10.02}{10.02}\times100≒13.77\%$이며, 간호사 수의 증가율은 $\dfrac{19.70-18.60}{18.60}\times100≒5.91\%$이다. 따라서 의사 수의 증가율은 간호사 수의 증가율보다 $13.77-5.91=7.86\%p$ 높다.

ㄷ. 2010 ~ 2014년 동안 의사 한 명당 간호사 수를 구하면 다음과 같다.

- 2010년 : $\dfrac{11.06}{7.83}≒1.41$명
- 2011년 : $\dfrac{11.88}{8.45}≒1.40$명
- 2012년 : $\dfrac{12.05}{8.68}≒1.38$명
- 2013년 : $\dfrac{13.47}{9.07}≒1.48$명
- 2014년 : $\dfrac{14.70}{9.26}≒1.58$명

따라서 2014년도의 의사 한 명당 간호사 수가 약 1.58명으로 가장 많다.

ㄹ. 2013 ~ 2016년까지 간호사 수 평균은 $\dfrac{13.47+14.70+15.80+18.00}{4}≒15.49$만 명이다.

오답분석

ㄴ. 2011 ~ 2019년 동안 의사 수의 전년 대비 증가량이 2천 명 이하인 해는 2014년이다. 2014년의 의사와 간호사 수의 차이는 $14.7-9.26=5.44$만 명이다.

93 정답 ④

전년 대비 하락한 항목은 2017년 종합청렴도, 2017년 외부청렴도, 2018년 내부청렴도, 2019년 내부청렴도, 2017년 정책고객평가, 2019년 정책고객평가이다. 항목별 하락률을 구하면

- 2017년
  - 종합청렴도 : $\dfrac{8.21-8.24}{8.24}\times100≒-0.4\%$
  - 외부청렴도 : $\dfrac{8.35-8.56}{8.56}\times100≒-2.5\%$
  - 정책고객평가 : $\dfrac{6.90-7.00}{7.00}\times100≒-1.4\%$
- 2018년
  - 내부청렴도 : $\dfrac{8.46-8.67}{8.67}\times100≒-2.4\%$
- 2019년
  - 내부청렴도 : $\dfrac{8.12-8.46}{8.46}\times100≒-4.0\%$
  - 정책고객평가 : $\dfrac{7.78-7.92}{7.92}\times100≒-1.8\%$

따라서 전년 대비 가장 크게 하락한 항목은 2019년 내부청렴도이다.

오답분석

① • 최근 4년간 내부청렴도 평균 : $\dfrac{8.29+8.67+8.46+8.12}{4}≒8.4$

　 • 최근 4년간 외부청렴도 평균 : $\dfrac{8.56+8.35+8.46+8.64}{4}≒8.5$

　 따라서 최근 4년간 내부청렴도의 평균이 외부청렴도의 평균보다 낮다.

② 2017 ~ 2019년 외부청렴도와 종합청렴도의 증감추이는 '감소 - 증가 - 증가'로 같다.

③ · ⑤ 그래프를 통해 알 수 있다.

94 정답 ①

2013 ~ 2017년 동안 투자액이 전년 대비 증가한 해의 증가율은 다음과 같다.

- 2013년 : $\dfrac{125-110}{110} \times 100 ≒ 13.6\%$

- 2015년 : $\dfrac{250-70}{70} \times 100 = 257\%,$

- 2016년 : $\dfrac{390-250}{250} \times 100 = 56\%$

따라서 2015년도에 전년 대비 증가율이 가장 높다.

오답분석

② 투자건수 전년 대비 증가율은 2017년에 $\dfrac{63-60}{60} \times 100 = 5\%$로 가장 낮다.

③ 2012년과 2015년 투자건수의 합(8+25=33건)은 2017년 투자건수(63건)보다 작다.

④ · ⑤ 제시된 자료에서 확인할 수 있다.

95 정답 ②

전체 판매량 중 수출량은 2015년에서 2018년까지 매년 증가하였다.

오답분석

① 전체 판매량은 2015년에서 2018년까지 매년 증가하였으나, 2019년에는 감소하였다.

③ 2017년에서 2018년 사이 수출량은 약 50,000대에서 약 130,000대로 그 증가폭이 가장 컸다.

④ 전체 판매량이 가장 많은 해는 2018년이다.

⑤ 2013년과 2014년의 수출량은 그래프에서 알 수 없다.

96 정답 ④

- 2011 ~ 2012년 사이 축산물 수입량은 약 10만 톤 감소했으나, 수입액은 약 2억 달러 증가하였다.
- 2016 ~ 2017년 사이 축산물 수입량은 약 10만 톤 감소했으나, 수입액은 변함이 없다.

따라서 축산물 수입량과 수입액의 변화 추세는 동일하지 않다.

97 정답 ④

그래프만으로는 회귀율 변화의 원인을 알 수 없다.

오답분석

① $0.1 = \dfrac{x}{600만} \times 100 \to x = 6,000$

② $\dfrac{1.3+1.3+1.0+0.7}{4} = 1.075$

③ $\dfrac{0.1+0.2+0.3+0.2+0.5+0.2+0.3+0.8}{8} = 0.325$

⑤ 2015년 포획량은 0.2×6=1.2만 마리이고, 2017년 포획량은 0.2×10=2만 마리이다.

98 정답 ⑤

2018년 2분기부터 2019년 1분기까지 차이가 줄어들다가, 2019년 2분기에 차이가 다시 늘어났다.

오답분석

② 2018년 4분기의 한국과 일본, 일본과 중국의 점유율 차이는 각각 10.2%p이다.

③ 한국과 중국의 점유율 차이가 가장 적었던 시기는 2019년 3분기로, 이때 점유율의 차이는 15.6%p이다.

④ 2016년 2분기 중국과 일본의 차이는 25.3%p, 2019년 3분기의 차이는 2.3%p이므로, 2016년 2분기 중국과 일본 점유율 차이는 2019년 3분기의 10배 이상이다.

99 정답 ②

자료의 분포는 B상품이 더 고르지 못하므로 표준편차는 B상품이 더 크다.

오답분석

① • A : 60+40+50+50=200
   • B : 20+70+60+51=201

③ 봄 판매량의 합은 80으로 가장 적다.

④ 시간이 지남에 따라 둘의 차는 점차 감소한다.

⑤ 여름에 B상품의 판매량이 가장 많다.

100 정답 ③

총 이동자 수 대비 20 ~ 30대 이동자 수 비율은 2009년이 약 45.4%로 가장 높다.

101 정답 ⑤

2016년에 갑상선암은 26.1−21.4=4.7명, 위암이 54.1−48.7=5.4명으로, 위암 발생자 수가 가장 많이 증가했다.

오답분석

① 2015년 대비 2019년의 발생자 수는 다른 암에 비해서 간암의 경우 29.9명에서 31.7명으로 1.8명 늘어났으므로 간암의 증가율이 가장 낮다.

② 매년 인구증가율 평균이 1.54%인데, 전년 대비 가장 적게 상승한 2017년에도 약 4% 이상 증가했다.

③ 가장 낮은 암은 유방암이고 가장 높은 암은 위암이므로 이 격차가 가장 큰 해를 찾으면 된다. 2016년의 위암은 54.1명이고 유방암은 20.8명이므로 그 차는 33.3명으로 가장 큰 폭을 보이고 있다.

④ 간암의 경우 2017년에는 전년 대비 증가율이 마이너스(−)를 보이고 있다.

102 정답 ①

오답분석

ㄱ. 2019년에 전력소비량이 가장 많은 지역은 경기지역이고, 두 번째로 많은 지역은 충남지역이다. 두 지역의 전력소비량 차이는 122,696−52,013=70,683GWh이므로 충남지역의 전력소비량 52,013GWh보다 크다. 따라서 옳은 설명이다.

ㄴ. 2018년에 전력소비량이 가장 적은 지역은 세종지역이고, 세종지역은 2019년에도 전력소비량이 가장 적은 것을 확인할 수 있으므로 옳은 설명이다.

ㄷ. • 2019년 부산지역과 인천지역의 전력소비량 합 : 21,217+24,922=46,139GWh
   • 2018년 부산지역과 인천지역의 전력소비량 합 : 21,007+24,514=45,521GWh
   서울지역의 2018년 전력소비량은 46,294GWh이고, 2018년 전력소비량은 47,810GWh이므로 2018년과 2019년에 부산지역과 인천지역의 전력소비량 합은 서울지역의 전력소비량보다 적다.

ㄹ. 2019년 전남지역 전력소비량의 전년 대비 증가율은 $\frac{34,118-33,562}{33,562} \times 100 ≒ 1.7\%$이므로 1.5% 이상이다.

103 정답 ③

- 지방의 준공 호수 : $36,827 \times \dfrac{36}{100} \fallingdotseq 13,258$호

- 지방의 착공 호수 : $34,919 \times \dfrac{47}{100} \fallingdotseq 16,412$호

따라서 지방의 준공 호수는 착공 호수보다 작다.

오답분석

① 2019년 5월 분양 실적은 26,768호이고, 2018년 5월 분양 실적은 50,604호이므로, 2019년 5월 분양 실적의 전년 동월 대비 증감률은 $\dfrac{26,768-50,604}{50,604} \times 100 \fallingdotseq -47.1\%$이다. 따라서 2019년 5월의 분양 실적은 작년 같은 달의 분양 실적보다 약 47.1% 감소하였다.

② 전체 인허가 실적은 53,511호 인허가 실적 중 지방이 차지하는 비율은 55%이다. 따라서 지방의 인허가 실적 수는 $53,511 \times \dfrac{55}{100} \fallingdotseq 29,431$호이다.

④ 2017 ~ 2019년 5월 전체 인허가 호수 대비 전체 준공 호수의 비중을 구하면 다음과 같다.

- 2017년 5월 : $\dfrac{27,763}{56,861} \times 100 \fallingdotseq 48.83\%$

- 2018년 5월 : $\dfrac{36,785}{52,713} \times 100 \fallingdotseq 69.78\%$

- 2019년 5월 : $\dfrac{36,827}{53,511} \times 100 \fallingdotseq 68.82\%$

따라서 전체 인허가 호수 대비 전체 준공 호수의 비중은 2018년 5월에 가장 컸다.

⑤ 2018년과 2019년 5월의 지역별 전체 물량 호수를 크기가 큰 순서로 나열하면 다음과 같다.
- 2018년 5월 : 착공 – 인허가 – 분양 – 준공
- 2019년 5월 : 인허가 – 준공 – 착공 – 분양

104 정답 ①

오답분석

ㄹ. 여성의 비만율은 2014년에 증가하고 있다.

ㅁ. 남성의 음주율의 증감 추이는 '증가 – 증가 – 증가'이고, 비만율의 증감 추이는 '감소 – 증가 – 증가'로 동일하지 않다.

105 정답 ④

ㄴ. 미국 크루즈 방한객 수 대비 미국의 한국발 크루즈 탑승객 수의 비율은 $\dfrac{14,376}{15,462} \times 100 \fallingdotseq 93.0\%$이다.

ㄹ. 영국의 한국발 크루즈 탑승객의 수는 일본의 한국발 크루즈 탑승객의 수의 $\dfrac{7,976}{54,273} \times 100 \fallingdotseq 14.7\%$이므로 옳은 설명이다.

오답분석

ㄱ. 전체 크루즈 방한객 수의 순위는 중국, 필리핀, 일본 순서이지만, 한국발 크루즈 탑승객 수의 국가별 순위는 중국, 일본, 미국 순서이므로 다르다.

ㄷ. 필리핀의 한국발 크루즈 탑승객의 수는 기타로 분류되어 있다. 따라서 최대로 많아야 7,976명인 영국보다 1명이 적은 7,975명이다. 따라서 필리핀의 크루즈 방한객 수는 필리핀의 한국발 크루즈 탑승객 수의 최소 $\dfrac{60,861}{7,975} \fallingdotseq 7.63$배이다. 필리핀의 한국발 크루즈 탑승객의 수가 7,975명보다 작을수록 그 배수는 더 높아질 것이므로, 최소 7.63배 이상임을 알 수 있다.

106 정답 ④

ㄴ. 2018년 : $279 \times 17.1 \fallingdotseq 4,771$개

2019년 : $286 \times 16.8 \fallingdotseq 4,805$개

따라서 2019년 창업보육센터의 전체 입주업체 수는 전년보다 많다.

ㄹ. 2017년 : $273 \times 85 = 23,205$억 원

2018년 : $279 \times 91 = 25,389$억 원

2019년 : $286 \times 86.7 = 24,796.2$억 원

창업보육센터 입주업체의 전체 매출액은 2019년에는 감소했다는 것을 알 수 있다.

오답분석

ㄱ. 2019년 창업보육센터 지원금액의 전년 대비 증가율 : $\dfrac{353-306}{306} \times 100 \fallingdotseq 15.4\%$

2019년 창업보육센터 수의 전년 대비 증가율 : $\dfrac{286-279}{279} \times 100 \fallingdotseq 2.5\%$

따라서 $2.5 \times 5 = 12.5 < 15.4$, 5배 이상임을 알 수 있다.

ㄷ. 자료를 통해 쉽게 확인할 수 있다.

107 정답 ②

2017년 50대 선물환거래 금액은 $1,980 \times 0.306 = 605.88$억 원이며, 2018년에는 $2,084 \times 0.297 = 618.948$억 원이다. 따라서 2018년 50대 선물환거래 금액의 2017년 대비 증가량은 $618.948 - 605.88 = 13.068$억 원으로 13억 원 이상이다.

오답분석

① 2017 ~ 2018 10대의 선물환거래 금액 비율의 전년 대비 증감 추이는 '증가 – 감소'이고, 20대는 '증가 – 증가'이다.

③ 2016 ~ 2018년의 40대 선물환거래 금액은 다음과 같다.

- 2016년 : $1,920 \times 0.347 = 666.24$억 원
- 2017년 : $1,980 \times 0.295 = 584.1$억 원
- 2018년 : $2,084 \times 0.281 = 585.604$억 원

따라서 2018년의 40대 선물환거래 금액은 전년 대비 증가했다.

④ 2018년 10 ~ 40대 선물환거래 금액 총 비율은 $2.5 + 13 + 26.7 + 28.1 = 70.3\%$로 2017년 50대 비율의 2.5배인 $30.6 \times 2.5 = 76.5\%$보다 낮다.

⑤ 2018년 30대의 선물환거래 비율은 2016년에 비해 $26.7 - 24.3 = 2.4\%$p 더 높다.

108 정답 ④

실험오차가 절댓값이라는 점을 유의하여야 한다.

물질2에 대한 4개 기관의 실험오차율은 다음과 같다.

- A기관의 실험오차율 : $\dfrac{|26-11.5|}{11.5} \times 100 = \dfrac{14.5}{11.5} \times 100$

- B기관의 실험오차율 : $\dfrac{|7-11.5|}{11.5} \times 100 = \dfrac{4.5}{11.5} \times 100$

- C기관의 실험오차율 : $\dfrac{|7-11.5|}{11.5} \times 100 = \dfrac{4.5}{11.5} \times 100$

- D기관의 실험오차율 : $\dfrac{|6-11.5|}{11.5} \times 100 = \dfrac{5.5}{11.5} \times 100$

→ A기관의 실험오차율과 나머지 기관의 실험오차율의 합과 비교

$$\dfrac{14.5}{11.5} \times 100 = \left(\dfrac{4.5}{11.5} + \dfrac{4.5}{11.5} + \dfrac{5.5}{11.5} \right) \times 100$$

따라서 두 비교대상이 같음을 알 수 있다.

109 정답 ④

(전북 지역 농가 수 감소율)$=(100-235)\div235\times100\fallingdotseq-57.4\%$

(경남 지역 농가 수 감소율)$=(131-297)\div297\times100\fallingdotseq-55.9\%$

따라서 농가 수 감소율은 경남 지역보다 전북 지역이 더 크다는 것을 알 수 있다.

오답분석

① 농가 수 및 총가구 중 농가 비중 추이를 통해 총 가구 중 농가 비중은 지속적으로 감소했음을 알 수 있다.

② 2019년 충남 지역 농가의 구성비는 $\dfrac{132}{1,088}\times100\fallingdotseq12.1\%$이다.

③ 지역별 농가 수를 통해 농가 수는 특·광역시를 제외하고 전국 모든 지역에서 감소했음을 알 수 있다.

⑤ 2019년 제주 지역의 농가 수는 1985년에 비해 $\dfrac{133-53}{53}\times100\fallingdotseq-37.7\%$ 감소했다.

110 정답 ④

농업에 종사하는 고령근로자 수는 $600\times0.2=120$명이고, 교육 서비스업은 $48,000\times0.11=5,280$명, 공공기관은 $92,000\times0.2=18,400$명이다. 따라서 총 $120+5,280+18,400=23,800$명으로 과학 및 기술업에 종사하는 고령근로자 수 $160,000\times0.125=20,000$명보다 많다.

오답분석

① 건설업에 종사하는 고령근로자 수는 $97,000\times0.1=9,700$명으로 외국기업에 종사하는 고령근로자 수의 3배인 $12,000\times0.35\times3=12,600$명 이하이다.

② 국가별 65세 이상 경제활동 조사 인구가 같을 경우 그래프에 나와 있는 비율로 비교하면 된다. 따라서 미국의 고령근로자 참가율 17.4%는 영국의 참가율의 3배인 $8.6\times3=25.8\%$ 이하이다.

③ 모든 업종의 전체 근로자 수에서 제조업에 종사하는 전체 근로자 비율은 $\dfrac{1,080}{0.6+1,080+97+180+125+160+48+92+12}\times100=\dfrac{1,080}{1,794.6}\times100\fallingdotseq60.2\%$이다. 따라서 80% 미만이다.

⑤ 독일, 네덜란드와 아이슬란드의 65세 이상 경제활동 참가율 합은 $4.0+5.9+15.2=25.1\%$이고, 한국은 29.4%이다. 세 국가의 참가율 합은 한국의 참가율 합의 $\dfrac{25.1}{29.4}\times100\fallingdotseq85.4\%$로 90% 미만이다.

111 정답 ⑤

제시된 자료에 따르면 2006년 모든 품목의 가격지수는 100이다. 품목별로 2006년 가격지수 대비 2019년 3월 가격지수의 상승률을 구하면 다음과 같다.

• 육류 : $\dfrac{177.0-100}{100}\times100=77\%$

• 낙농품 : $\dfrac{184.9-100}{100}\times100=84.9\%$

• 곡물 : $\dfrac{169.8-100}{100}\times100=69.8\%$

• 유지류 : $\dfrac{151.7-100}{100}\times100=51.7\%$

• 설탕 : $\dfrac{187.9-100}{100}\times100=87.9\%$

따라서 2006년 가격지수 대비 2019년 3월 가격지수의 상승률이 가장 낮은 품목은 유지류이다.

오답분석

① 2019년 3월 식량 가격지수의 전년 동월 대비 하락률 : $\dfrac{213.8-173.8}{213.8}\times100\fallingdotseq18.71\%$

② 식량 가격지수 자료를 통해 확인할 수 있다.

③ 품목별 2019년 3월 식량 가격지수의 전년 동월 대비 하락폭을 구하면 다음과 같다.
- 육류 : $185.5-177.0=8.5$
- 낙농품 : $268.5-184.9=83.6$
- 곡물 : $208.9-169.8=39.1$
- 유지류 : $204.8-151.7=53.1$
- 설탕 : $254.0-187.9=66.1$

따라서 2019년 3월 식량 가격지수가 전년 동월 대비 가장 큰 폭으로 하락한 품목은 낙농품이다.
④ 품목별 가격지수 자료를 통해 확인할 수 있다.

112 정답 ⑤

2015 ~ 2019년의 국가공무원 중 여성의 비율과 지방자치단체공무원 중 여성의 비율의 차를 구하면 다음과 같다.
- 2015년 : $47-30=17\%p$
- 2016년 : $48.1-30.7=17.4\%p$
- 2017년 : $48.1-31.3=16.8\%p$
- 2018년 : $49-32.6=16.4\%p$
- 2019년 : $49.4-33.7=15.7\%p$

비율의 차는 2016년에 증가했다가 2017년부터 계속 감소한다.

오답분석

① · ② · ③ • 2015년 국가공무원 중 여성 수 : $621,313\times0.47≒292,017$명
- 2015년 지방자치단체공무원 중 여성 수의 3배 : $280,958\times0.3≒84,287$명, $84,287\times3=252,861$
- 2016년 국가공무원 중 여성 수 : $622,424\times0.481≒299,385$명
- 2016년 지방자치단체공무원 중 여성 수의 3배 : $284,273\times0.307≒87,271$명, $87,271\times3=261,813$
- 2017년 국가공무원 중 여성 수 : $621,823\times0.481≒299,096$명
- 2017년 지방자치단체공무원 중 여성 수의 3배 : $287,220\times0.313≒89,899$명, $89,899\times3=269,697$
- 2018년 국가공무원 중 여성 수 : $634,051\times0.49≒310,684$명
- 2018년 지방자치단체공무원 중 여성 수의 3배 : $289,837\times0.326≒94,486$명, $94,486\times3=283,458$
- 2019년 국가공무원 중 여성 수 : $637,654\times0.494≒315,001$명
- 2019년 지방자치단체공무원 중 여성 수의 3배 : $296,193\times0.337≒99,817$명, $99,817\times3=299,451$

따라서, 매년 국가공무원 중 여성 수는 지방자치단체공무원 여성 수의 3배 이상 많고, 지방자치단체공무원 여성 수는 매년 증가한다는 것을 알 수 있다.
④ 국가공무원 남성의 비율은 100%에서 여성의 비율을 뺀 값과 같다. 2016년과 2017년 성별 비율이 동일하므로 2017년에 국가공무원 남성의 수가 더 적다는 것을 알 수 있다.

113 정답 ③

2010년대 유지관리하는 도로의 총 거리는 4,113km이고, 1990년대는 $367.5+1,322.6+194.5+175.7=2,060.3$km이다. 따라서 1990년대보다 2010년대 도로는 $4,113-2,060.3=2,052.7$km 더 길어졌다.

오답분석

① 2000년대 4차선 거리는 $3,426-(155+450+342)=2,479$km이므로 1960년대부터 유지관리되는 4차로 도로 거리는 2010년대까지 계속 증가했음을 알 수 있다.
② 2010년대 유지관리하는 도로 한 노선의 평균거리는 $\dfrac{4,113}{29}≒141.8$km로 120km 이상이다.
④ 차선이 만들어진 순서는 4차로(1960년대) – 2차로(1970년대) – 6차로(1980년대) – 8차로(1990년대) – 10차로(2010년대)이다.
⑤ 1970년대 전체 도로 거리에서 2차로의 비중은 $\dfrac{761}{1,232.8}\times100≒61.7\%$이고, 1980년대 전체 도로 거리의 6차로 비중은 $\dfrac{21.7}{1,558.9}\times100≒1.4\%$이다. 따라서 $\dfrac{61.7}{1.4}≒44$배이다.

114 정답 ⑤

2019년 10월 전체 자동차 매출 총액을 x억 원이라 하고, J자동차의 10월 월매출액과 시장점유율을 이용해 10월 전체 자동차 매출 총액을 구하면

$$\frac{27}{x} \times 100 = 0.8 \rightarrow x = 2,700 \div 0.8 = 3,375$$

따라서 2019년 10월 A국의 전체 자동차 매출액 총액은 4,000억 원 미만이다.

오답분석

① 2019년 C자동차의 9월 매출액을 a억 원(단, $a \neq 0$)이라고 하자.

   2019년 C자동차의 10월 매출액은 285억 원이고, 전월 대비 증가율은 50%이므로 $a(1+0.5)=285$

   ∴ $a=190$

   즉, 2019년 9월 C자동차의 매출액은 200억 원 미만이다.

② 2019년 10월 매출액 상위 6개 자동차의 9월 매출액을 구하면 다음과 같다.

   • A자동차 : $1,139 \div (1+0.6) \fallingdotseq 711.88$억 원

   • B자동차 : $1,097 \div (1+0.4) \fallingdotseq 783.57$억 원

   • C자동차 : $285 \div (1+0.5) = 190$억 원

   • D자동차 : $196 \div (1+0.5) \fallingdotseq 130.67$억 원

   • E자동차 : $154 \div (1+0.4) = 110$억 원

   • F자동차 : $149 \div (1+0.2) \fallingdotseq 124.17$억 원

   즉, 2019년 9월 매출액 상위 5개 자동차의 순위는 B자동차 – A자동차 – C자동차 – D자동차 – F자동차 – E자동차이다. 따라서 옳지 않은 설명이다.

③ 2017년 I자동차 누적매출액 자료를 살펴보면 I자동차의 1월부터 5월까지 누적매출액을 알 수 없으므로 6월 매출액은 정확히 구할 수 없다. 다만, 6월 누적매출액을 살펴보았을 때, 6월 매출액의 범위는 0원 ≤ (6월 매출액) ≤ 5억 원임을 알 수 있다.

   2019년 I자동차의 7 ~ 9월 매출액을 구하면 다음과 같다.

   • 7월 매출액 : $9-5=4$억 원

   • 8월 매출액 : $24-9=15$억 원

   • 9월 매출액 : $36-24=12$억 원

   따라서 2019년 6 ~ 9월 중 I자동차의 월매출액이 가장 큰 달은 8월이다.

④ 2019년 10월 매출액 상위 5개 자동차의 10월 매출액 기준 시장점유율을 각 자동차의 시장점유율을 합해 구하면 $34.3+33.0+8.6+5.9+4.6=86.4\%$이다.

115 정답 ①

2008 ~ 2016년 국세 징수액과 지방세 징수액의 차이를 구하면 다음과 같다.

구분	2008년	2009년	2010년	2011년	2012년	2013년	2014년	2015년	2016년
국세 징수액(조 원)	138	161	167	165	178	192	203	202	216
지방세 징수액(조 원)	41	44	45	45	49	52	54	54	62
차이(조 원)	97	117	122	120	129	140	149	148	154

국세 징수액과 지방세 징수액의 차이가 가장 큰 해는 2016년이다.

그러나 국세 및 지방세 감면율 추이를 보면 2016년의 국세 감면율과 지방세 감면율의 차이는 가장 작음을 확인할 수 있다.

오답분석

② 국세 및 지방세 감면율 추이에서 확인할 수 있다.

③ 국세 및 지방세 징수액과 감면액에서 확인할 수 있다.

④ • 2008년 대비 2016년 국세 징수액 증가율 : $\dfrac{216-138}{138} \times 100 \fallingdotseq 56.52\%$

   • 2008년 대비 2016년 지방세 징수액 증가율 : $\dfrac{62-41}{41} \times 100 \fallingdotseq 51.22\%$

⑤ 국세 감면액은 2015년에 전년 대비 1조 원 증가, 2016년에 전년 대비 1조 원 감소했고, 지방세 감면액은 2014 ~ 2016년 동안 지속해서 감소했다. 따라서 2014 ~ 2016년 동안 국세 감면액과 지방세 감면액의 차이는 매년 증가했다고 추론할 수 있다.

   실제로 2014 ~ 2016년의 국세 감면액과 지방세 감면액의 차이를 구하면 다음과 같다.

- 2014년 : 33−15=18조 원
- 2015년 : 34−14=20조 원
- 2016년 : 33−11=22조 원

116 정답 ②

연도별 마늘 재배면적 및 가격 추이를 살펴보면 마늘의 재배면적이 넓어질 때, 가격이 상승하는 경우(2019년)도 있다는 것을 알 수 있다.

오답분석

① 조생종의 증감률은 −6.5%이고, 중만생종의 증감률은 −1.0%이다.
③ 마늘의 재배면적은 2015년이 29,352ha로 가장 넓다.
④ 2019년 양파의 면적은 19,896ha → 19,538ha로 감소하였고, 마늘은 20,758ha → 24,864ha로 증가하였다.
⑤ 마늘 가격은 2016년 이래로 계속 증가하여 2019년에는 6,364원이 되었다.

117 정답 ③

매년 조사대상의 수는 동일하게 2,500명이므로 비율의 누적 값으로만 판단한다. 3년간의 월간 인터넷 쇼핑 이용 누적 비율을 구하면 다음과 같다.
- 1회 미만 : 30.4+8.9+18.6=57.9%
- 1회 이상 2회 미만 : 24.2+21.8+22.5=68.5%
- 2회 이상 3회 미만 : 15.9+20.5+19.8=56.2%
- 3회 이상 : 29.4+48.7+39.0=117.1%
따라서 두 번째로 많이 응답한 인터넷 쇼핑 이용 빈도수는 1회 이상 2회 미만이다.

오답분석

① 제시된 자료를 통해 알 수 있다.
② 2017년 월간 인터넷 쇼핑을 3회 이상 이용했다고 응답한 사람은 2,500×0.487=1,217.5명이다.
④ 매년 조사 대상이 2,500명씩 동일하므로 비율만 비교한다. 2018년 월간 인터넷 쇼핑을 2회 이상 3회 미만 이용했다고 응답한 사람은 2,500×0.198=495명이고, 2017년 1회 미만으로 이용했다고 응답한 사람은 2,500×0.089≒226명이다. 따라서 226×2=452<495이므로 2배 이상 많다.
⑤ 1회 이상 2회 미만 쇼핑했다고 응답한 사람의 2017년 비율은 21.8%이고, 2018년은 22.5%이다. 따라서 $\frac{22.5-21.8}{21.8}\times100≒3.2\%$이므로 3% 이상 증가했다.

118 정답 ③

- 2016년 2월 중국인 방한객의 전년 동월 대비 증가율 : $\frac{546,408-516,787}{516,787}\times100≒5.73\%$

- 2016년 4월 중국인 방한객의 전년 대비 증가율 : $\frac{682,318-641,610}{641,610}\times100≒6.34\%$

따라서 2016년 2월 중국인 방한객의 전년 동월 대비 증가율은 2016년 4월 중국인 방한객의 증가율보다 작다.

오답분석

① 제시된 그래프를 통해 확인할 수 있다.
② 보고서에 따르면 2015년 6월에는 메르스 때문에 중국인 방한객 수가 감소했음을 알 수 있다. 2015년 5월 중국인 방한객 수는 618,083명, 6월 중국인 방한객 수는 315,095명이므로 2015년 6월 중국인 방한객 수는 전월에 비해 618,083−315,095=302,988명 감소했다.
④ 2015년 그래프의 기울기가 가파른 구간을 찾으면 1~2월, 5~6월, 7~8월이다. 이의 전월 대비 증감률을 계산하면 다음과 같다.
  - 2월 : $\frac{516,787-394,345}{394,345}\times100≒31.0\%$
  - 6월 : $\frac{315,095-618,083}{618,083}\times100≒-49.0\%$

- 8월 : $\frac{513,275-255,632}{255,632}\times100\fallingdotseq100.8\%$

따라서 8월의 증감률이 가장 크다.

⑤ 2016년 중국인 방한객 수가 가장 많은 달은 7월로 917,519명이고, 가장 적은 달은 1월로 521,981명이다. $\frac{917,519}{521,981}\fallingdotseq1.76$이므로 2016년 중국인 방한객 수가 가장 많은 달의 방한객 수는 가장 적은 달의 방한객 수의 약 1.8배이다.

119 　정답　 ⑤

㉠ 2011년 회계상부채의 부채 중 구성비는 $\frac{32.8}{130.6}\times100\fallingdotseq25.1\%$이고, 2012년에는 $\frac{34.2}{138.1}\times100\fallingdotseq24.8\%$이다. 따라서 2012년에 전년 대비 부채 중 구성비가 감소하였다.

㉡ 2012년의 경우 이자부담부채비율은 전년 대비 증가하였으나, 부채비율은 전년 대비 감소하였다.

㉢ C사의 금융부채 증가규모는 자료의 기간 중 2009년부터 감소세가 시작되었다. 2014년은 금융부채 증가규모의 감소가 아니라, 금융부채 증가규모가 0 이하로 하락하기 시작하며 금융부채의 감소가 시작된 시점이다.

㉣ 2009 ~ 2018년 전년 대비 금융부채 증가규모에 따르면, 2017년과 2016년에는 전년 대비 금융부채의 증가규모가 -6.8조 원으로 동일한 것이지, 감소율이 동일한 것이 아니다. 2년 연속 전년 대비 감소폭이 동일하다면, 최근 연도의 감소율이 더 높다.

오답분석

㉢ 부채비율 대비 이자부담부채비율은 2015년에 $\frac{252}{376}\times100\fallingdotseq67.0\%$이고, 2016년은 $\frac{213}{342}\times100\fallingdotseq62.3\%$로 2016년에 전년 대비 감소하였다.

유형 ❸ 도표작성

120 　정답　 ⑤

강수량의 증감추이를 나타내면 다음과 같다.

1월	2월	3월	4월	5월	6월	7월	8월	9월	10월	11월	12월
−	증가	감소	증가	감소	증가	증가	감소	감소	감소	감소	증가

이와 동일한 추이를 보이는 그래프는 ⑤이다.

오답분석

① 증감추이는 같지만 4월의 강수량이 50mm 이하로 표현되어 있다.

121 　정답　 ①

오답분석

② 자료보다 2013년 영아의 수치가 낮다.
③ 자료보다 2014년 영아의 수치가 높다.
④ 자료보다 2017년 유아의 수치가 낮다.
⑤ 자료보다 2019년 유아의 수치가 높다.

122 정답 ③

오답분석

① 자료보다 2016년 컴퓨터 수치가 낮다.

② 자료보다 2016년 스마트폰 수치가 높다.

④ 자료보다 2019년 스마트폰 수치가 높다.

⑤ 자료보다 2019년 스마트패드 수치가 높다.

123 정답 ②

오답분석

① 자료보다 2015년 가정의 수치가 낮다.

③ 자료보다 2019년 가정의 수치가 높다.

④ 자료보다 2015년 회사의 수치가 높다.

⑤ 자료보다 2019년 공공시설의 수치가 높다.

124 정답 ⑤

오답분석

① 자료보다 2013년 남자 사망자 수의 수치가 높다.

② 자료보다 2013년 여자 사망자 수의 수치가 높다.

③ 자료보다 2016년 남자 사망자 수의 수치가 낮다.

④ 자료보다 2017년 여자 사망자 수의 수치가 높다.

125 정답 ⑤

사망원인이 높은 순서대로 나열하면 '암, 심장질환, 뇌질환, 자살, 당뇨, 치매, 고혈압'이며, 암은 10만 명당 185명이고, 심장질환과 뇌질환은 각각 암으로 인한 사망자와 20명 미만의 차이이다. 또한 자살은 10만 명당 50명이다.

오답분석

① 사망원인 중 암인 사람은 185명이다.

②·④ 뇌질환 사망자가 암 사망자와 20명 이상 차이난다.

③ 자살로 인한 사망자는 50명이다.

126 정답 ④

교통사고·화재·산업재해 피해액의 비중이 아닌 사망자 수의 비중을 나타낸 그래프이며, 피해금액별 교통사고·화재·산업재해 비중의 올바른 수치는 다음과 같다.

- 교통사고 : $\dfrac{1,290}{1,290+6,490+1,890} \times 100 = \dfrac{1,290}{9,670} \times 100 \fallingdotseq 13.3\%$

- 화재 : $\dfrac{6,490}{9,670} \times 100 \fallingdotseq 67.1\%$

- 산업재해 : $\dfrac{1,890}{9,670} \times 100 \fallingdotseq 19.5\%$

127 정답 ②

조사기간 동안 모든 최저임금 수치가 자료보다 낮다.

128 정답 ②

① 무 직원의 장소에 대한 만족도 점수가 없다.
③ B장소의 평균 점수가 3.9점이지만 4.0점 이상으로 나타냈다.
④ 병 직원의 A~E장소에 대한 만족도 평균이 없고, 한 직원의 A~E장소 평균은 자료의 목적과는 거리가 멀다.
⑤ A~E장소에 대한 만족도 평균에서 표와의 수치를 비교해 보면 3.6점인 A장소가 없고, 수치가 어느 장소의 평균을 나타내는지 알 수 없다.

129 정답 ②

중국의 의료 빅데이터 예상 시장 규모의 전년 대비 성장률을 구하면 다음과 같다.

구분	2015년	2016년	2017년	2018년	2019년	2020년	2021년	2022년	2023년	2024년
성장률(%)	–	56.3	90.0	60.7	93.2	64.9	45.0	35.0	30.0	30.0

2021년과 2022년의 증감률은 전년 대비 비슷한 감소폭을 보이는 것에 비해 ④의 그래프는 증감률이 크게 차이를 보이므로 ②의 그래프가 적절하다.

130 정답 ②

광주, 울산, 제주지역마다 초등학교 수와 중학교 수의 수치가 바뀌었다.

131 정답 ④

20대의 연도별 흡연율은 40대 흡연율로, 30대는 50대의 흡연율로 반영되었다.

132 정답 ③

ㄱ. 재배면적 수치가 제시된 표와 다르다.
ㄹ. 2017년 전년 대비 감소량은 2018년 전년 대비 감소량인 224톤과 같다.

133 정답 ②

내국인 여성과 내국인 남성의 연도별 수치가 모두 바뀌었다.

134 정답 ③

살인과 강간의 발생 건수와 검거 건수의 수치가 바뀌었다.

135 정답 ①

② 10세 남녀 체중 모두 그래프의 수치가 자료보다 높다.
③ 4~5세 남자 표준 키 수치가 자료보다 낮다.
④ 12~13세 여자 표준 키 및 체중이 자료보다 높다.
⑤ 11~13세의 바로 전 연령 대비 남자 표준 키의 차가 자료보다 낮다.

136 정답 ③

오답분석
① 2007~2008년 개업점 수가 자료보다 높고, 2009~2010년 개업점 수는 낮다.
② 2014년 폐업점 수는 자료보다 낮고, 2015년의 폐업점 수는 높다.
④ 2016~2017년 개업점 수와 폐업점 수가 자료보다 낮다.

137 정답 ⑤

전체 밭벼 생산량은 2,073톤이고, 광주·전남 지역의 밭벼 생산량은 1,662톤이다.

비율을 구하면, $\frac{1,662}{2,073} \times 100 = 80.17\%$이다. 따라서 ⑤는 옳지 않다.

138 정답 ④

내수 현황을 누적으로 나타내었으므로 적절하지 않다.

오답분석
①·② 제시된 자료를 통해 알 수 있다.
③ 신재생에너지원별 고용인원 비율을 구하면 다음과 같다.

- 태양광 : $\frac{8,698}{16,177} \times 100 = 54\%$
- 풍력 : $\frac{2,369}{16,177} \times 100 = 15\%$
- 폐기물 : $\frac{1,899}{16,177} \times 100 = 12\%$
- 바이오 : $\frac{1,511}{16,177} \times 100 = 9\%$
- 기타 : $\frac{1,700}{16,177} \times 100 = 10\%$

⑤ 신재생에너지원별 해외공장매출 비율을 구하면 다음과 같다.

- 태양광 : $\frac{18,770}{22,579} \times 100 = 83.1\%$
- 풍력 : $\frac{3,809}{22,579} \times 100 = 16.9\%$

139 정답 ②

ㄱ. 트위터와 블로그의 성별 이용자 수는 다음과 같다.
- 트위터 이용자 남자 : $2,000 \times 0.532 = 1,064$명
- 트위터 이용자 여자 : $2,000 \times 0.468 = 936$명
- 블로그 이용자 남자 : $1,000 \times 0.534 = 534$명
- 블로그 이용자 여자 : $1,000 \times 0.466 = 466$명

ㄷ. 블로그 이용자와 트위터 이용자의 소득수준별 구성비는 표에서 쉽게 확인할 수 있다.

오답분석
ㄴ. 교육수준별 트위터 이용자 대비 블로그 이용자 비율은 다음과 같다.

- 중졸 이하 : $\frac{1,000 \times 0.02}{2,000 \times 0.016} \times 100 = 62.5\%$
- 고졸 : $\frac{1,000 \times 0.234}{2,000 \times 0.147} \times 100 = 79.6\%$
- 대졸 : $\frac{1,000 \times 0.661}{2,000 \times 0.744} \times 100 = 44.4\%$
- 대학원 이상 : $\frac{1,000 \times 0.085}{2,000 \times 0.093} \times 100 = 45.7\%$

ㄹ. 연령별 블로그 이용자의 구성비는 자료에서 그래프와 수치가 다른 것을 쉽게 확인할 수 있다.

140 정답 ④

파랑과 빨강의 전체 당첨횟수(500×6=3,000회) 대비 색상별 당첨횟수 비율이 바뀌었다. 파랑은 10번대 비율과 같고, 빨강은 20번대 비율과 같다.

3

PART

자료[SET 유형] 해석 연습

정답 및 해설

141	142	143	144	145	146	147	148	149	150	151	152	153	154	155	156	157	158	159	160
⑤	①	②	④	③	④	④	③	②	④	③	③	②	②	②	②	④	③	③	③
161	162	163	164	165	166	167	168	169	170	171	172	173	174	175	176	177	178	179	180
④	④	①	④	①	④	③	②	②	⑤	②	①	③	①	①	①	④	⑤	③	①
181	182	183	184	185	186	187	188	189	190	191	192	193	194	195	196	197	198	199	200
⑤	③	④	④	⑤	③	⑤	③	③	③	③	⑤	③	④	③	⑤	②	③	④	⑤

유형 ❶ 표 SET

141 정답 ⑤

2019년 3분기의 이전 분기 대비 수익 변화량(−108)이 가장 크다.

오답분석

① 수익의 증가는 2019년 2분기에 유일하게 관찰된다.
② 재료비를 제외한 금액은 2019년 4분기가 2018년 4분기보다 낮다.
③ 2019년 3분기와 4분기에는 이전 분기 대비 증감추이가 다르다.
④ 조사 기간에 수익이 가장 높을 때는 2019년 2분기이고, 재료비가 가장 낮을 때는 2019년 1분기이다.

142 정답 ①

2020년 1분기의 재료비는 $(1.6 \times 70,000) + (0.5 \times 250,000) + (0.15 \times 200,000) = 267,000$원이다. 2020년 1분기의 제품가격은 (2020년 1분기의 수익)+(2020년 1분기의 재료비)이며 2020년 1분기의 수익은 2019년 4분기와 같게 유지된다고 하였으므로 291,000원이다.
따라서 $291,000 + 267,000 = 558,000$원이므로 책정해야 할 제품가격은 558,000원이다.

143 정답 ②

• 2019년 원자력 발전설비 점유율 : $\frac{17,716}{76,079} \times 100 ≒ 23.3\%$

• 2018년 원자력 발전설비 점유율 : $\frac{17,716}{73,370} \times 100 ≒ 24.1\%$

∴ $24.1 - 23.3 = 0.8\%p$

144 정답 ④

2019년 석탄은 전체 에너지원 발전량의 $\dfrac{197,917}{474,211} \times 100 ≒ 42\%$를 차지했다.

145 정답 ③

일본에 수출하는 용접 분야 기업의 수는 96개이고, 중국에 수출하는 주조 분야 기업의 수는 15개이므로 $96 \div 15 = 6.4$이다. 따라서 7배가 되지 않는다.

오답분석

① 열처리 분야 기업 60개 중 중국에 수출하는 기업의 수는 13개로 $\dfrac{13}{60} \times 100 ≒ 21.67\%$이므로 20% 이상이다.

② 금형 분야 기업의 수는 전체 기업 수의 40%인 1,016개보다 적으므로 옳은 설명이다.

④ 소성가공 분야 기업 중 미국에 수출하는 기업의 수(94개)가 동남아에 수출하는 기업의 수(87개)보다 많다.

⑤ 주조 분야 기업 중 일본에 24개의 기업이 수출하므로 가장 많은 기업이 수출하는 국가이다.

146 정답 ④

• 준엽 : 국내 열처리 분야 기업이 가장 많이 수출하는 국가는 중국(13개)이며, 가장 많은 열처리 분야 기업이 진출하고 싶어 하는 국가도 중국(16개)으로 같다.

• 진경 : 용접 분야 기업 중 기타 국가에 수출하는 기업 수는 77개로, 용접 분야 기업 중 독일을 제외한 유럽에 수출하는 기업의 수인 49개보다 많다.

오답분석

• 지현 : 가장 많은 수의 금형 분야 기업이 진출하고 싶어 하는 국가는 유럽(독일 제외)이다.

• 찬영 : 표면처리 분야 기업 중 유럽(독일 제외)에 진출하고 싶어 하는 기업은 13개로, 미국에 진출하고 싶어 하는 기업인 7개의 2배인 14개 미만이다.

147 정답 ④

규제 완화 및 철폐를 위해 가장 적은 자원이 투입될 곳, 즉 현지 사업규제가 진입하기에 수월한 수준인 곳은 현지 사업규제 평가점수가 가장 높은 태국이다.

오답분석

① 태국은 베트남에 비해 규모의 경제성이 더욱 잘 적용되고 있으나, 현지 시장규모는 베트남보다 작다.

② 진출 시 수익을 낼 수 있는 시장으로서 더욱 유망한 곳은 시장 잠재력이 높은 국가이다. 태국은 라오스에 비해 시장 잠재력 평가점수가 더 낮다.

③ 현지 인프라 활용도에서 가장 높은 점수를 받은 국가는 태국이다.

⑤ 현지 시장규모가 클수록 기존 시장이 더욱 활성화되어 있어 진입이 용이하다고 볼 수 있다. 따라서 현지 시장규모에 있어 평가점수가 더 높은 베트남이 필리핀보다 기존 시장이 더욱 활성화되어 있다고 볼 수 있다.

148 정답 ③

각 국가별로 S기업의 대응력 평가 점수가 국가별 진입수월성 평가점수보다 높은 경우를 ○, 아닌 경우를 ×로 표시하면 다음과 같다.

고려요인 \ 동남아 국가	필리핀	베트남	태국	인도네시아	라오스
현지 사업규제	×	×	○	×	×
현지 시장규모	×	○	×	×	×
시장 잠재력	×	×	○	○	○
규모의 경제성	×	×	×	○	×
현지 인프라 활용도	○	×	○	×	×

따라서 해당 요인의 개수가 3개로 가장 많은 '태국'이 S기업의 진출국가로 선정될 것이다.

149 정답 ②

2016년부터 2019년까지 법인 어린이집의 개소 수는 증가 - 감소 - 감소의 모습을 보이나, 교직원 수는 계속 증가하는 모습을 보이므로 일치하지 않는다.

오답분석

① 2019년에 민간 어린이집이 15,004개소, 가정 어린이집이 20,722개소로 민간 어린이집이 개소 수는 더 적으나, 교직원 수는 120,503명, 82,911명으로 민간 어린이집의 교직원 수가 더 많다. 따라서 1개소 당 교직원 수는 민간 어린이집이 더 많다.
③ 가정 어린이집의 경우 전년 대비 2017년에는 1,834개소, 2018년에는 2,008개소, 2019년에는 1,355개소 증설되어 2018년에 가장 많이 증설되었음을 알 수 있다.
④ 2019년 가정 어린이집의 개소 수는 전체 어린이집의 개소 수의 $20,722 \div 39,842 \times 100 = 52\%$를 차지함을 알 수 있다.
⑤ 2016년부터 2019년까지 민간 어린이집의 교직원 수의 비중은 전체 교직원 수의 51.3%, 50.1%, 49.0%, 48.5%로 다른 어린이집의 교직원 수보다 매년 가장 많은 비중을 차지함을 알 수 있다.

150 정답 ④

전년 대비 2017년에 증설된 어린이집 수가 가장 많은 시설은 가정 어린이집으로, 작년에 비해 17,359-15,525=1,834개소가 증설되었다.

151 정답 ③

2016년의 교직원 수가 3,214명이고 2019년 교직원 수는 5,016명이므로 2016년 대비 2019년 교직원의 증가율은 $\dfrac{5,016-3,214}{3,214} \times 100 = 56\%$이다.

152 정답 ③

ㄱ. 35,075-32,052=3,023명
ㄷ. A, C, D유형에서 비정규직 인원은 여성이 항상 더 많다.

오답분석

ㄴ. C유형의 집체훈련 인원은 37,354명으로 C유형 전체인원에서 차지하는 비중은 약 98.9%이고, D유형의 집체훈련 인원은 17,872명으로 D유형 전체인원에서 차지하는 비중은 약 96.5%이다. 따라서 집체훈련 인원의 비중은 D유형이 C유형보다 낮다.
ㄹ. C유형 인터넷과정의 남성 수는 217명으로 197명인 여성보다 더 많다.

153 정답 ②

A유형으로 훈련을 받는 정규직 근로자 중 남성의 비율은 약 64.7%, B유형으로 훈련을 받는 정규직 근로자 중 남성의 비율은 약 82.8%이므로, 그 차이는 18.1%p이다.

154 정답 ②

C유형의 비정규직 인원 중 남성의 비중은 $\dfrac{733}{2,693} \times 100 = 27.2\%$, A유형의 비정규직 인원 중 남성의 비중은 $\dfrac{4,372}{10,547} \times 100 = 41.4\%$이다.

오답분석

① 여성이 남성보다 비정규직 수가 많으므로 올바른 해석이다.
③ C유형이 D유형보다 총 인원 수에서 두 배 정도 많은데 외국어과정은 4배 이상 많기 때문에 올바른 해석이다.
④ 개인지원방식에서 원격훈련 인원이 차지하는 비중은 약 1.8%이다.
⑤ D유형의 집체훈련과 원격훈련 모두 여성의 수가 많으므로 올바른 해석이다.

155 정답 ②

ㄱ. 100m 종목의 경우 2016년과 2018년 기록은 전년에 비해 단축되지 않았다.

ㄷ. 2018년 A선수의 기록에서 아시아 평균기록을 넘어선 종목은 200m 한 종목뿐이다.

ㄹ. 1,500m 종목에서 평균기록은 아시아기록이 세계기록보다 높다.

156 정답 ②

ⓒ A선수의 2013년 400m 경기 기록은 47.1초이고, 2018년 기록은 45.3초이다. 따라서 $\frac{47.1-45.3}{47.1} \times 100 ≒ 3.8\%$ 감소하였다.

ⓜ 모든 종목에서 아시아 최고기록과 평균기록이 세계 최고기록보다 좋지 않다.

오답분석

㉠ 전년 대비 기록이 단축되지 않은 해는 2016년과 2018년으로 총 두 번이다.

ⓛ A선수의 최고기록은 10.3초로 2015년이다.

ⓔ 2018년 아시아 최고기록과의 종목별 차이는 100m 0.8초, 200m 0.5초, 400m 1.4초, 800m 2.7초, 1,500m 9.5초, 5,000m 51초로 200m 종목의 경우 100m보다는 경기거리가 길지만, 기록은 오히려 감소했다.

157 정답 ④

ㄱ. 수입에너지원 중 석유가 차지하는 비중은 2019년 5월에 $\frac{17,255}{28,106} \times 100 ≒ 61.4\%$이고, 8월에 $\frac{18,792}{31,763} \times 100 ≒ 59.2\%$이므로 옳지 않은 설명이다.

ㄴ. 2019년 4월 국내의 최종에너지원별 소비량이 높은 순서는 '석유 – 전력 – 석탄 – 도시가스 – 신재생 – 열 – 천연가스'이며, 5월은 '석유 – 전력 – 석탄 – 도시가스 – 신재생 – 천연가스 – 열'로 다르다.

ㄹ. 2019년 5월부터 7월까지 석탄 소비량의 전월 대비 증감량 추이는 '증가 – 감소 – 증가'이며, 도시가스는 계속 감소하였다.

오답분석

ㄷ. 전월 대비 석유 수출량이 증가한 달은 2019년 7월로, 이 달의 천연가스 수입량은 감소하였다.

158 정답 ③

신재생 에너지의 경우, 석탄 에너지에 비해 진입 시 추가확충 필요자금은 더 적지만, 진입 후 흑자전환 소요기간은 2년 더 길다.

오답분석

① 국내 최종에너지원별 소비량을 보면, 열 에너지 부문의 소비량이 제시된 기간 중 매월 신재생 에너지에 비해 더 적다. 따라서 시장규모 역시 더 작을 것이라 생각할 수 있다.

② 규제의 적실성 점수가 낮을수록 제도적 장애물에 자주 부딪힐 것이므로, 해당 점수가 가장 낮은 열 에너지 부문이 규제로 인한 애로사항을 가장 많이 겪을 것이라 예상할 수 있다.

④ 기존 기업의 시장점유율이 클수록 해당 기업의 시장 수요처 내 인지도도 높아 신진기업은 점유율을 확보하기 힘들 것으로 예측할 수 있다. 따라서 1위 기업의 현재 시장점유율이 더 높은 천연가스 에너지 부문에 진입 시 초기 점유율 확보가 더 어려울 것이다.

⑤ 규제의 적실성이 가장 높은 부문은 '석탄'이며, 국내 최종에너지원별 소비량 자료를 보면 석유와 전력 다음으로 소비량이 높음을 알 수 있다.

159 정답 ③

'무응답'을 제외한 9개의 항목 중 2017년에 비해 2019년에 그 구성비가 증가한 항목은 '사업 추진 자금의 부족', '정부의 정책적 지원 미비', '보유 기술력 / 인력 부족', '가격 부담', '사물인터넷 인식 부족' 5개이다. 이는 $\frac{5}{9} \times 100 = 55.6\%$이므로 옳은 설명이다.

오답분석

① 2017년에는 '불확실한 시장성', 2019년에는 '정부의 정책적 지원 미비'가 가장 많은 비중을 차지하므로 옳지 않은 설명이다.

② 2017년 대비 2019년에 '사물인터넷 인식 부족'을 애로사항으로 응답한 기업 비율의 증가율은 $5.1 - 4.2 = 0.9\%$p이고, '사업 추진 자금의 부족'을 애로사항으로 응답한 기업 비율의 증가율은 $22.4 - 10.1 = 12.3\%$p이다. 따라서 '사물인터넷 인식 부족'을 애로사항으로 응답한 기업 비율의 증가율이 더 높다.

④ 제시된 자료는 비율 자료일 뿐, 해당 항목이 애로사항이라고 응답한 기업의 수는 파악할 수 없다.

⑤ 2019년에 '불확실한 시장성'을 애로사항으로 응답한 기업의 수는 알 수 없지만, 동일한 연도이므로 비율을 이용해 두 항목 간 비교가 가능하다. '불확실한 시장성'을 애로사항으로 응답한 기업의 비율은 10.9%로, '비즈니스 모델 부재'를 애로사항으로 응답한 기업 비율의 80%인 $12.3\% \times 0.8 = 9.84\%$ 이상이므로 옳지 않은 설명이다.

160 정답 ③

- 진영 : 2017년에 '가격 부담'을 애로사항이라고 응답한 기업의 비율은 5.5%로, 2019년에 '개발 및 도입자금 지원'을 정부 지원 요청사항으로 응답한 기업의 비율의 45%인 $26.5\% \times 0.45 = 11.9\%$ 미만이다.
- 준엽 : 제시된 자료는 비율 자료이므로 2017년과 2019년의 조사에 참여한 기업의 수를 알 수 없다. 따라서 비교가 불가능하다.

오답분석

- 지원 : 동일한 연도 내이므로 기업의 수는 알 수 없어도 비율을 이용해 비교가 가능하다. 2019년에 정부 지원 요청사항에 대해 '도입 시 세제 / 법제도 지원'이라고 응답한 기업의 비율은 15.5%로, '기술 인력 양성 지원 확대'라고 응답한 기업의 수보다 30% 더 많은 $10.5\% \times 1.3 = 13.65\%$ 이상이므로 옳은 설명이다.

161 정답 ④

ㄷ. 상식점수가 가장 낮은 지원자는 대호이고, 대호는 영어능력점수가 두 번째로 높다.
ㄹ. 전체 지원자의 평균 영어능력점수는 $(76 + 92 + 88 + 50 + 100 + 80) \div 6 = 81$점이다.

오답분석

ㄱ. 자격증이 있는 지원자와 없는 지원자는 각각 3명으로 비율이 같다.
ㄴ. 여자 지원자의 평균 상식점수는 71점, 남자 지원자의 평균 상식점수는 $(72 + 48 + 69 + 57) \div 4 = 61.5$점이다.

162 정답 ④

대호는 100m 달리기와 팔굽혀 펴기에서 과락이고, 근우는 제자리 멀리뛰기에서 과락이며, 영식이와 수진이는 윗몸 일으키기를 제외한 나머지 종목 모두 과락이다.

- 지희 : $88 + 50 \times 1.1 + 72 + 8 + 10 + 10 + 12 = 255$점
- 준혁 : $68 + 100 + 57 + 8 + 8 + 8 + 12 = 261$점

따라서 준혁이 합격자이다.

163 정답 ①

ㄱ. 2019년 지역별 실업률이 가장 높은 국가는 북유럽에서는 핀란드로 9.0>8.9>8.4, 동유럽에서는 폴란드로 19.6>19.0>17.7, 북미는 캐나다로 7.6>7.2>6.8, 아시아·오세아니아는 호주로 6.1>5.5>5.1이며, 이들 모두 2018년과 2019년의 실업률이 전년 대비 매년 감소했다.

ㄷ. 2018 ~ 2019년 서유럽에서 실업률이 매년 증가한 나라는 오스트리아, 프랑스, 포르투갈, 스위스 4개국이며, 매년 감소한 나라는 이탈리아, 스페인 2개국이다.

ㄹ. 2017년 지역별 실업률이 가장 높은 국가는 서유럽에서는 스페인으로 11.1%이고, 동유럽에서는 폴란드로 19.6%이다.

오답분석

ㄴ. 2017년에 한국의 경제활동인구가 3,000만 명, 2019년에 3,500만 명이라고 할 경우, 2017년부터 2019년까지 한국의 실업자 수는 $3,500 \times 0.037 - 3,000 \times 0.036 = 129.5 - 108 = 21.5$만 명 증가했다.

ㅁ. 2019년 프랑스와 영국의 경제활동인구가 4,000만 명으로 같다고 했으므로 두 나라의 실업자 수 차이는 비율 차에 경제활동인구를 곱하면 빠르게 구할 수 있다. 따라서 $4,000 \times (0.099 - 0.048) = 204$만 명으로 200만 명 이상이다.

164 정답 ④

OECD 전체 평균의 증감 추이는 '감소 - 감소'이며, EU-15 평균의 증감 추이는 '증가 - 감소'이다.

165 정답 ①

ㄱ. 면적 비율이 큰 순서로 순위를 매길 때, 공장용지면적 비율의 순위는 소기업, 대기업, 중기업 순서로 2018년부터 2019년 상반기까지 모두 동일하다.

ㄴ. 2018년 하반기 제조시설면적은 소기업이 전체의 53.3%으로 26.3%인 중기업의 2배인 52.6% 이상이므로 옳은 설명이다.

오답분석

ㄷ. 제시된 자료는 실제 면적이 아닌 면적 비율을 나타내고 있으므로 2018년 상반기에 소기업들이 보유한 제조시설면적과 부대시설면적은 비교할 수 없다.

ㄹ. 대기업이 차지하는 공장용지면적 비율은 계속 감소하지만, 소기업의 부대시설면적 비율은 2018년 하반기에 증가 후 2019년 상반기에 감소했다.

166 정답 ④

제시된 자료는 등록현황의 비율만 나타내는 것으로, 등록완료된 실제 공장의 수는 비교할 수 없다.

오답분석

① 2017년 상반기부터 2018년 하반기까지 부분등록된 중기업의 비율은 2017년 하반기에 증가, 2018년 상반기에 감소, 2018년 하반기에 증가한다. 반면, 휴업 중인 중기업의 비율은 지속적으로 감소한다.

② 부분등록된 공장 중 대기업과 중기업의 비율의 격차는 2018년 상반기에 $8.8-3.4=5.4$%p로, $8.7-3.5=5.2$%p인 2017년 상반기 대비 증가하였다.

③ 휴업 중인 공장 중 소기업의 비율은 2017년 상반기부터 계속 증가하였으므로 옳은 설명이다.

⑤ 2019년 상반기에 부분등록된 기업 중 대기업의 비율은 2.8%로, 중기업 비율의 30%인 $8.6 \times 0.3 = 2.58$%보다 크다.

167 정답 ③

수신건수가 가장 많은 사람은 D(46건)이고, 발신건수가 가장 적은 사람은 C(13건)이므로 옳지 않은 설명이다.

오답분석

① C와 D 사이의 이메일 교환건수는 서로 2건으로 동일하다.

② 수신용량이 가장 많은 사람과 발신용량이 가장 적은 사람은 모두 D로, D의 이메일 교신용량의 차이는 $137-42=95$MB이므로 옳은 설명이다.

④ F가 송수신한 용량은 $120+172=292$MB이고, 송수신 총량은 $615 \times 2 = 1,230$MB이므로 $\frac{292}{1,230} \times 100 = 23.7$%이므로 옳은 설명이다.

⑤ D와 F 두 사람 간 이메일 교신용량은 $64+14=78$MB로 가장 많다.

168 정답 ②

F가 D에게 보낸 메일은 22건, 총 용량은 64MB이므로 평균 $\frac{64}{22}$ ≒ 2.91MB이고, E가 G에게 보낸 메일은 4건, 총 용량은 17MB이므로 평균 $\frac{17}{4}$ = 4.25MB이다. 따라서 둘의 차이는 4.25 − 2.91 = 1.34MB이다.

169 정답 ②

ㄱ. 2019년까지 출원 및 등록된 산업재산권 총계는 100건으로, SW권 총계의 140%인 71×1.4 = 99.4건보다 크므로 옳은 설명이다.
ㄷ. 2019년까지 등록된 저작권 수는 214건으로, SW권의 3배인 71×3 = 213건보다 크므로 옳은 설명이다.

오답분석

ㄴ. 2019년까지 출원된 특허권 수는 16건으로, 산업재산권의 80%인 21×0.8 = 16.8건보다 작으므로 옳지 않은 설명이다.
ㄹ. 2019년까지 출원된 특허권 수는 등록 및 출원된 특허권의 $\frac{16}{66}$ ×100 ≒ 24.2%로 50%에 못 미친다. 또한 등록 및 출원된 특허권은 등록된 특허권과 출원된 특허권을 더하여 산출하는데, 출원된 특허권 수보다 등록된 특허권 수가 더 많으므로 옳지 않은 설명임을 알 수 있다.

170 정답 ⑤

등록된 지식재산권 중 2017부터 2019년까지 건수에 변동이 없는 것은 상표권, 저작권, 실용신안권 3가지이다.

오답분석

① 등록된 누적 특허권 수는 2017년에 33건, 2018년에 43건, 2019년에 50건으로 매년 증가하였다.
② 디자인권 수는 2019년에 24건, 2017년에 28건으로 $\frac{24-28}{28}$ ×100 ≒ −14.3%, 즉 5% 이상 감소한 것이므로 옳은 설명이다.
③ 2017년부터 2019년까지 모든 산업재산권에서 등록된 건수가 출원된 건수 이상인 것을 확인할 수 있다.
④ 등록된 SW권 수는 2017년에 57건, 2019년에 71건으로 $\frac{71-57}{57}$ ×100 ≒ 24.6% 증가하였으므로 옳은 설명이다.

171 정답 ②

$\frac{32}{122}$ ×100 ≒ 26.3%이므로 올바른 판단이 아니다.

오답분석

① 참여어업인 현황을 보면 참여어업인 수가 계속 증가하고 있음을 알 수 있다.
③ 모든 지역이 최소 8배 이상 증가했으나, 인천지역은 증가율이 8배 미만이다.
④ 어업 유형별 참여공동체 현황에서 확인할 수 있다.
⑤ 충남지역의 2016년과 2017년 참여공동체 순위는 4위로 동일하다.

172 정답 ①

2018년 참여공동체 중 가장 큰 비중을 차지하는 곳은 전남으로 비율은 $\frac{271}{932}$ ×100 ≒ 29%이고, 최저는 충북으로 $\frac{17}{932}$ ×100 ≒ 1.8%이다. 따라서 차이는 약 27%p이다.

173 정답 ③

2월부터 6월까지 전월 대비 전국 총 이동률 증감추이는
- 2018년 : 증가 – 감소 – 감소 – 증가 – 감소
- 2019년 : 증가 – 감소 – 감소 – 감소 – 감소

전월 대비 5월의 총 이동률 증감추이가 다르므로 옳지 않은 내용이다.

오답분석

① 전국 이동인구 및 이동률에서 총 이동률이 가장 높은 달은 2018년 2월(19.1%), 2019년 2월(17.7%)로 같다.

② 2019년도에 전년 대비 시도별 총 전입자 수가 증가한 지역은 '인천, 광주, 대전, 세종, 경기, 강원, 충북, 충남, 전북'으로 총 9곳이다.

④ 2018년도 전국 시도 내와 시도 간 이동률 차이는 다음과 같다.

(단위 : %p)

구분	시도 내와 시도 간 이동률 차이	구분	시도 내와 시도 간 이동률 차이
1월	8.5−4.8=3.7	7월	8.4−4.1=4.3
2월	11.9−7.1=4.8	8월	9.6−4.8=4.8
3월	9.9−5.5=4.4	9월	9.6−4.4=5.2
4월	8.4−4.2=4.2	10월	8.4−3.8=4.6
5월	8.9−4.4=4.5	11월	9.7−4.4=5.3
6월	8.6−4.2=4.4	12월	9.3−4.8=4.5

따라서 2018년도 전국 시도 내와 시도 간 이동률 차이는 매월 3%p 이상이다.

⑤ 지역별 순 이동인구의 부호를 보고 비교하면 된다. 양의 부호이면 총 전입자가 더 많은 것이고, 반대로 음의 부호이면 총 전출자가 많은 것이다. 순 이동인구가 (−)인 지역은 2018년에 9곳(서울, 부산, 대구, 광주, 대전, 울산, 전북, 전남, 경북)이며, 2019년은 12곳(2018년 9곳, 인천, 강원, 경남)이고, (+)인 지역은 2018년 7곳, 2018년 5곳으로 2018년과 2019년 모두 총 전출자 수가 많은 지역이 총 전입자 수가 많은 지역보다 많다.

174 정답 ①

2018년 순 이동인구 절댓값이 세 번째로 많은 지역은 경기, 서울 다음으로 세종이다.

세종의 전년 대비 2019년 총 전입자 증감률은 $\frac{85-81}{81} \times 100 ≒ 4.9\%$, 총 전출자 증감률은 $\frac{54-49}{49} \times 100 ≒ 10.2\%$이다.

175 정답 ①

2019년의 수리답 면적을 x천 ha라 하면, $\dfrac{x}{934,000} \times 100 = 80.6 \rightarrow \dfrac{x}{934,000} = 0.806 \rightarrow x = 752,804$

따라서 2019년의 수리답 면적은 752,804ha이므로 약 753천 ha이다.

176 정답 ①

ㄱ. 해당 연도별 전체 경지면적에서 밭이 차지하는 비율은 다음과 같다.

- 2012년 : $\dfrac{712}{1,782} \times 100 ≒ 39.96\%$

- 2013년 : $\dfrac{713}{1,759} \times 100 ≒ 40.53\%$

- 2014년 : $\dfrac{727}{1,737} \times 100 ≒ 41.85\%$

- 2015년 : $\dfrac{731}{1,715} \times 100 ≒ 42.62\%$

- 2016년 : $\dfrac{738}{1,698} \times 100 ≒ 43.46\%$

- 2017년 : $\dfrac{764}{1,730} \times 100 ≒ 44.16\%$

따라서 전체 경지 면적에서 밭이 차지하는 비율은 계속 증가하고 있다.

2017년까지 전체 경지면적은 줄어들고 있는 반면 밭의 면적은 계속 늘어나고 있으므로, 경지면적에서 밭의 비율을 일일이 계산해보지 않더라도 증가함을 알 수 있다.

ㄴ. 2012 ~ 2019년 논 면적의 평균은 $\dfrac{1,070+1,046+1,010+984+960+966+964+934}{8} = 991.75$천 ha로 이보다 논 면적이 줄어들기 시작한 해는 2015년부터이므로 옳은 설명이다.

오답분석

ㄷ. 전체 논 면적 중 수리답 면적을 제외한 면적만 줄어들고 있다면 수리답 면적은 그대로이거나 증가해야 한다. 그런데 이는 2012년과 2013년 수리답 면적만 확인해 보아도 사실이 아님을 알 수 있다.

2012년 수리답 면적을 x천 ha라 하면, $\dfrac{x}{1,070} \times 100 = 79.3 \rightarrow x = 848.51$천 ha이고, 2013년 수리답 면적을 y천 ha라 하면, $\dfrac{y}{1,046} \times 100 = 79.5 \rightarrow y = 831.57$천 ha이다.

따라서 논 면적이 감소하면서 수리답 면적도 함께 감소하였으므로 수리시설로 농업용수를 공급받지 않는 면적이 증가하고 있다.

177 정답 ④

본사부터 F사까지의 총 주행거리는 200km이고, 휘발유는 1분기에 1,500원이므로 유류비는 $200 \div 15 \times 1,500 = 20,000$원이다.

178 정답 ⑤

3분기에 경유는 리터당 2,000원에 공급되고 있으므로 10만 원의 예산으로 사용할 수 있는 연료량은 50L이다. 006 차종의 총 주행가능거리는 $50 \times 25 = 1,250$km이다.

179 정답 ③

- 외국어 학습을 하는 직원의 수 : $500 \times \dfrac{30.2}{100} = 151$명

- 체력단련을 하는 직원의 수 : $500 \times \dfrac{15.6}{100} = 78$명

따라서 외국어 학습 또는 체력단련을 하는 직원의 수는 $151 + 78 = 229$명이다.

오답분석

① 일주일에 1시간에서 3시간 사이의 자기계발 시간을 갖는 직원의 비율은 48.4%이므로 전체 직원의 반이 넘지 않는다.

② 자기계발에 30만 원에서 50만 원을 투자하는 직원의 수가 가장 적다.

④ • 자기계발에 3시간 초과 6시간 이하를 투자하는 직원의 수 : $500 \times \dfrac{16.6}{100} = 83$명

   • 자기계발에 6시간을 초과하는 직원의 수 : $500 \times \dfrac{19.8}{100} = 99$명

   따라서 3시간 초과 6시간 이하를 투자하는 직원은 6시간을 초과하는 직원보다 $99 - 83 = 16$명 적다.

⑤ 가장 많은 비율을 차지하는 자기계발 분야는 해당직무 전문분야이고, 가장 적은 비율을 차지하는 자기계발 분야는 인문학 교양분야이다.

   • 해당직무 전문분야로 자기계발을 하는 직원의 수 : $500 \times \dfrac{42.6}{100} = 213$명

   • 인문학 교양분야로 자기계발을 하는 직원의 수 : $500 \times \dfrac{3.2}{100} = 16$명

   따라서 직원 수의 차이는 $213 - 16 = 197$명이다.

180 정답 ①

원 그래프는 부분과 부분, 부분과 전체 사이의 비율을 쉽게 알아볼 수 있는 특징을 가지고 있다. 따라서 비율의 크기가 큰 순서로 배열하지 않았고, 비율 표시도 하지 않았으므로 적절하지 않다.

181 정답 ⑤

ㄴ. 2019년, 2018년 정부지원금 모두 G기업이 1위이므로 2017년 또한 1위라면, 3개년 연속 1위이다.

ㄷ. F기업과 H기업은 2018년에 비해 2019년 정부지원금이 감소하였다.

ㄹ. 2019년 상위 7개 기업의 총 정부지원금은 454,943만 원으로, 2018년 총 정부지원금 420,850만 원에 비해 $454,943 - 420,850 = 34,093$만 원 증가하였다.

오답분석

ㄱ. 2018년과 2019년의 정부지원금이 동일한 기업은 없다.

182 정답 ③

2018년을 기준으로 1위와 2위가 바뀌었다고 했으므로 2017년에는 1위가 D기업, 2위가 G기업이다. E기업은 매년 한 순위씩 상승했고, 2018년에 4위였으므로 2017년에는 5위이다. 2017년부터 3년간인 2019년까지 5위 안에 드는 기업이 동일하다 했으므로, 5위 안에 드는 기업은 C, D, E, G, H기업이고, H기업은 2018년까지 매년 3위를 유지했으므로 2017년에도 3위이다.

따라서 1위는 D기업, 2위는 G기업, 3위는 H기업, 4위는 C기업, 5위는 E기업이다.

183 정답 ④

월 급여가 300만 원 미만인 직원은 $1,200 \times (0.18 + 0.35) = 636$명, 월 급여가 350만 원 이상인 직원은 $1,200 \times (0.12 + 0.11) = 276$명으로 $\dfrac{636}{276} \fallingdotseq$ 2.3배이다. 따라서 2.5배 미만이다.

① 4년제 국내 수도권 내 대학교 졸업자의 비율은 $0.35 \times 0.45 = 0.1575$이므로 15% 이상을 차지한다.
② 고등학교 졸업학력을 가진 직원은 $1,200 \times 0.12 = 144$명이고, 월 급여 300만 원 미만인 직원은 $1,200 \times (0.18 + 0.35) = 636$명이다. 따라서 이 인원이 차지하는 비율은 $\frac{144}{636} \times 100 ≒ 22.6\%$이다.
③ 4년제 대학교 졸업 이상의 학력을 가진 직원은 $1,200 \times 0.35 = 420$명이고, 월 급여 300만 원 이상인 직원은 $1,200 \times (0.24 + 0.12 + 0.11) = 564$명이다. 따라서 이 인원이 차지하는 비율은 $\frac{420}{564} \times 100 ≒ 74.4\%$로 78% 이하이다.
⑤ 전체 직원이 1,000명이라면 외국 대학교 졸업의 학력을 가진 직원은 $1,000 \times 0.35 \times 0.2 = 70$명이다.

184 정답 ④

국내소재 대학 및 대학원 졸업자는 $1,200 \times (0.17 + 0.36) + 1,200 \times 0.35 \times (0.25 + 0.45 + 0.1) = 972$명으로 이들의 25%는 $972 \times 0.25 = 243$명이다. 월 급여 300만 원 이상인 직원은 $1,200 \times (0.24 + 0.12 + 0.11) = 564$명이므로, 이들이 차지하는 비율은 $\frac{243}{564} \times 100 ≒ 43\%$이다.

185 정답 ⑤

ㄱ. 사업체 수 증감률과 종사자 수 증감률의 차이는 산업별로 광업은 2.9%p, 제조업은 2.4%p, 건설업은 4.1%p, 도매 및 소매업은 0.8%p, 운수업은 1.4%p이므로, 증감률의 차가 가장 적은 산업은 도매 및 소매업이다.
ㄴ. 2014년 1 ~ 4인 사업체 수는 전체 사업체 수의 약 81.2% 정도를 차지하고 있다.

186 정답 ③

① 표보다 2011년·2013년 수치가 모두 증가하였고, 2014년 종사자 수의 증감률 수치는 감소하였다.
② 표보다 제조업과 도매 및 소매업, 운수업의 사업체 수의 수치가 증가했다. 그리고 건설업과 도매 및 소매업의 종사자 수의 수치가 증가했다.
④ 표보다 2013년 건설업의 수치가 증가했고, 2013년과 2014년 도매 및 소매업의 수치가 감소했다.
⑤ 표보다 100 ~ 299인의 수치가 증가했다.

187 정답 ⑤

총무부서 직원은 총 $250 \times 0.16 = 40$명이다. 2018년과 2019년의 독감 예방접종 여부가 총무부서에 대한 자료라면, 총무부서 직원 중 2018년과 2019년의 예방접종자 수의 비율 차는 $56 - 38 = 18\%$p이다. 따라서 $40 \times 0.18 ≒ 7.2$이므로 7명 증가하였다.

① 2018년 독감 예방접종자 수는 $250 \times 0.38 = 95$명, 2019년 독감 예방접종자 수는 $250 \times 0.56 = 140$명이므로, 2018년에는 예방접종을 하지 않았지만 2019년에는 예방접종을 한 직원은 총 $140 - 95 = 45$명이다.
② 2018년의 예방접종자 수는 95명이고, 2019년의 예방접종자 수는 140명이다. 따라서 $\frac{140 - 95}{95} \times 100 ≒ 47\%$ 이상 증가했다.
③ 2018년의 예방접종을 하지 않은 직원들을 대상으로 2019년의 독감 예방접종 여부를 조사한 자료라고 한다면, 2018년과 2019년 모두 예방접종을 하지 않은 직원은 총 $250 \times 0.62 \times 0.44 ≒ 68$명이다.
④ 제조부서를 제외한 직원은 $250 \times (1 - 0.44) = 140$명이고, 2019년 예방접종을 한 직원은 $250 \times 0.56 = 140$명이다. 따라서 제조부서 중 예방접종을 한 직원은 없다.

188 정답 ③

2018년에 예방접종을 한 직원은 $250 \times 0.38 = 95$명이고, 제조부서를 제외한 부서별 예방접종을 한 직원은 $250 \times (0.08 + 0.06 + 0.14) = 70$명이다. 즉, 제조부서 직원 중 예방접종을 한 직원은 $95 - 70 = 25$명이다. 따라서 제조부서 직원은 총 $250 \times 0.44 = 110$명이므로 제조부서 직원 중 2018년에 예방접종을 한 직원의 비율은 $\frac{25}{110} \times 100 ≒ 22\%$이다.

189 정답 ③

제품별 밀 소비량 그래프에서 라면류와 빵류의 밀 사용량의 10%는 각각 6.6톤, 6.4톤이다. 따라서 과자류에 사용될 밀 소비량은 총 $42 + 6.6 + 6.4 = 55$톤이다.

190 정답 ③

A ~ D과자 중 밀을 가장 많이 사용하는 과자는 45%를 사용하는 D과자이고, 가장 적게 사용하는 과자는 15%인 C과자이다. 따라서 두 과자의 밀 사용량 차이는 $42 \times (0.45 - 0.15) = 42 \times 0.3 = 12.6$톤이다.

191 정답 ③

그래프에는 2018년 11월까지의 가입자 수만 나와 있으므로 2018년에 국민연금 지역가입자 수가 최종적으로 감소했는지 알 수 없다.

오답분석

① 2014 ~ 2017년 국민연금 지역가입자 수는 그래프에서 감소하는 추세라는 것을 알 수 있다.
② 국민연금 임의가입자 수는 2018년 11월까지 계속해서 수치가 증가하고 있으므로 해마다 증가하고 있다.
④ 2017년 임의가입자 수의 전년 대비 증가율을 구하면 $\frac{327,723 - 296,757}{296,757} \times 100 ≒ 10.4\%$이다.
⑤ 가입자 집단 중 지속적으로 수가 증가하고 있는 집단은 사업장가입자, 임의가입자, 임의계속가입자 3개이다.

192 정답 ⑤

• 사업장가입자 : $13,459,240 \times 1.1 - 13,835,005 = 970,159$명
• 지역가입자 : $7,691,917 \times 1.1 - 7,310,178 ≒ 1,150,930$명
• 임의가입자 : $327,723 \times 1.1 - 334,480 ≒ 26,015$명
• 임의계속가입자 : $345,292 \times 1.1 - 363,143 ≒ 16,678$명

193 정답 ④

입원기간이 1년 초과인 사망자는 $1,500 \times 0.21 = 315$명이고, 전체 암으로 인한 사망자 수는 $1,500 \times 0.36 = 540$명이다. 따라서 $\frac{315}{540} \times 100 ≒ 58.3\%$이므로 입원기간이 1년 초과인 사망자가 모두 암으로 사망했다면 전체 사망자 수의 55% 이상을 차지한다.

오답분석

① 20대와 30대 사망자의 비율은 24%로 20대 사망자의 비율이 30대 사망자의 비율의 2배라고 한다면, 20대 사망자의 비율은 16%이다. 이는 40대 사망자의 비율보다 낮으므로, 사망자 수 또한 적다.
② 자살로 인한 사망자 수는 $1,500 \times 0.13 = 195$명이고, 입원기간이 3개월 이하인 사망자 수는 $1,500 \times 0.46 = 690$명이다. 따라서 $\frac{195}{690} \times 100 ≒ 28.26\%$이므로 30% 이하이다.

③ 자살로 인한 사망자 수는 195명, 10대 사망자 수는 120명이다. 10대와 20대 사망자 모두 자살이라고 하면 20대 사망자 수는 75명이다.

⑤ 20대 사망자의 비율이 50대 사망자 비율의 $\frac{1}{3}$ 이라면, 50대의 사망자 비율은 51%이므로, 20대의 사망자 비율은 17%, 30대 사망자 수의 비율은 7%이다. 따라서 30대 사망자 수는 1,500×0.07=105명이므로 100명 이상이다.

194　정답　⑤

암으로 인한 사망자의 수는 1,500×0.36=540명이고, 입원기간이 1년 초과인 사망자의 수는 1,500×0.21=315명이므로, 암으로 인한 사망자 중 입원기간이 1년 초과인 사망자를 제외한 사망자는 540-315=225명이다. 이 중 40%가 40대라고 했으므로 그 인원은 225×0.4=90명으로, 전체 40대 사망자인 1,500×0.17=255명의 $\frac{90}{255}×100≒35\%$를 차지한다.

195　정답　③

이륜차와 관련된 교통사고는 29+11=40%로 총 1,000건이며, 전체 30대 이하 가해자는 38+21=59%로 총 1,475명이므로 $\frac{1,000}{1,475}×100≒67.8\%$이다.

오답분석
① 60대 이상의 비율은 100-(38+21+11+8)=22%로, 30대보다 높다.
② 사륜차와 사륜차 교통사고 사망사건은 2,500×0.42×0.32=336건이고, 전체 20대 가해자 수는 2,500×0.38=950명으로, $\frac{336}{950}×100≒$ 35.4%로 35% 이상이다.
④ 보행자와 관련된 교통사고는 18+11=29%로 총 725건이며, 그중 40%가 사망사건이라고 했으므로 사망사건은 총 290건이다. 또 사륜차와 사륜차 교통사고 사건 수는 2,500×0.42=1,050건으로 그중 사망사건 비율이 32%로 1,050×0.32=336건이 되어 보행자와 관련된 교통사고 사망사건보다 많다.
⑤ 사륜차와 이륜차 교통사고 사상자 수는 2,500×0.29=725명이고, 이중 사망자의 비율은 68%이므로 사망사건은 725×0.68=493건이다. 따라서 사륜차와 사륜차 교통사고 사망사건인 336건보다 많다.

196　정답　⑤

이륜차 또는 보행자와 관련된 교통사고는 29+18+11=58%로 2,500×0.58=1,450건이다. 이중 20%의 가해자가 20대라고 했으므로 그 건수는 1,450×0.2=290건이다. 전체 교통사고 중 20대 가해자는 2,500×0.38=950건이므로, 이륜차 또는 보행자와 관련된 교통사고 중 20대 가해자는 전체 교통사고 20대 가해자의 $\frac{290}{950}×100≒30\%$를 차지한다.

197　정답　②

차량연료별 판매 현황 그래프가 A차종에 대한 것일 때의 휘발유 차량 판매 수는 800×0.11×0.62≒55대, 차량연료별 판매 현황 그래프가 E차종에 대한 것일 때의 경유 차량 판매 수는 800×0.28×0.38≒85대로, E차종의 경유 차량 판매 수가 더 많다.

오답분석
① 20대와 60대의 비율은 100-(34+21+27)=18%이므로 40대의 비율인 21%보다 작다. 따라서 인원수 역시 적을 것이다.
③ 40대 차량 구매자는 800×0.21=168명이고, E차종 판매량은 800×0.28=224대이다. 40대가 모두 E차종 경유 차량을 구매했다면, E차종 중 경유 차량은 168대, 휘발유 차량은 224-168=56대이다. 따라서 E차종 경유 차량 판매량은 E차종 휘발유 차량 판매량의 $\frac{168}{56}=3$배이다.
④ 30대, 40대, 50대 모두 A차량을 구매하지 않았다면, 차량 B, C, D, E 중에서 구매했을 것이다. 자동차를 구입한 30대, 40대, 50대는 총 800×(0.34+0.21+0.27)=656명이고, B, C, D, E 판매량은 총 800×(0.16+0.21+0.24+0.28)=712대이다. 30대, 40대, 50대가 구매하지 않은 차량 중 A차량 이외에 차량 판매량은 712-656=56대이므로, A차량 판매량인 800×0.11=88대보다 작다.

⑤ 20대와 60대의 비율이 같다면, 20대의 비율은 9%일 것이며 이는 800×0.09=72명에 해당한다. 이 인원 모두 A차량을 구매했다면, A차량 판매량 인 800×0.11=88대의 $\frac{72}{88}×100≒81\%$에 해당한다.

198 정답 ③

차종 A, B, C의 휘발유 차량 판매량 수 a대는 800×(0.11+0.16+0.21)×0.62≒238, 차종 D, E의 경유 차량 판매량 수 b대는 800×(0.24+0.28) ×0.38≒158이므로 $a+b$의 값은 238+158=396이다. 따라서 전체 차량 판매량에서 차지하는 비율은 $\frac{396}{800}×100≒49\%$이다.

199 정답 ④

그래프에서 주택부문 시장규모의 비율은 거의 비슷하나, 네 번째 자료에서 E국의 시장규모에 가장 큰 액수가 주어져 있기 때문에, 주택부문 시장규모가 가장 큰 국가는 E국이다.
다음으로 2019년 각국의 16층 이상 시장규모를 구하면 다음과 같다.
• A국의 16층 이상 시장규모 : 50×0.28×0.45=6.3조 원
• B국의 16층 이상 시장규모 : 150×0.29×0.25=10.875조 원
• C국의 16층 이상 시장규모 : 100×0.23×0.09=2.07조 원
• D국의 16층 이상 시장규모 : 200×0.28×0.51=28.56조 원
• E국의 16층 이상 시장규모 : 250×0.26×0.30=19.5조 원
따라서 16층 이상 시장규모가 두 번째로 작은 국가는 A국이다.

200 정답 ⑤

ㄴ. 첫 번째, 세 번째 자료를 통해서 확인할 수 있다.
ㄷ. 2015 ~ 2019년에 건설시장의 주택부문에서 16층 이상 시장규모 비율이 매년 증가한 국가는 A국과 D국 2개국이다.
ㄹ. • A국의 3 ~ 10층 시장규모 : 50×0.28×0.22=3.08조 원
　　• B국의 3 ~ 10층 시장규모 : 150×0.29×0.40=17.4조 원
　　• C국의 3 ~ 10층 시장규모 : 100×0.23×0.45=10.35조 원
　　• D국의 3 ~ 10층 시장규모 : 200×0.28×0.11=6.16조 원
　　• E국의 3 ~ 10층 시장규모 : 250×0.26×0.24=15.6조 원
　　따라서 3 ~ 10층 시장규모가 가장 큰 국가는 B국이다.

오답분석
ㄱ. 2019년 A국은 비주택부문 시장규모 비율이 가장 낮으므로 잘못된 설명이다. 주택부문 시장규모 비율이 가장 낮은 국가는 C국이다.

MEMO

I wish you the best of luck!

좋은 책을 만드는 길 독자님과 함께하겠습니다.

도서나 동영상에 궁금한 점, 아쉬운 점, 만족스러운 점이
있으시다면 어떤 의견이라도 말씀해 주세요.
시대고시기획은 독자님의 의견을 모아 더 좋은 책으로 보답하겠습니다.

www.sidaegosi.com

2021 최신판 NCS 자료해석 연습노트 200제

개정1판1쇄 발행	2021년 06월 30일 (인쇄 2021년 04월 29일)
초 판 발 행	2020년 08월 20일 (인쇄 2020년 06월 30일)
발 행 인	박영일
책 임 편 집	이해욱
편 저	NCS직무능력연구소
편 집 진 행	이민지
표 지 디 자 인	이미애
편 집 디 자 인	김지수 · 채현주
발 행 처	(주)시대고시기획
출 판 등 록	제 10-1521호
주 소	서울시 마포구 큰우물로 75 [도화동 538 성지 B/D] 9F
전 화	1600-3600
팩 스	02-701-8823
홈 페 이 지	www.sidaegosi.com
I S B N	979-11-254-9738-7 (13320)
정 가	16,000원

잠깐!

도서 관련 최신 정보 및 정오사항이 있는지
우측 QR을 통해 확인해 보세요!